建设工程项目管理咨询服务指南

北京银建建设工程管理有限公司
潘自强 赵家新 主编

中国建筑工业出版社

图书在版编目（CIP）数据

建设工程项目管理咨询服务指南/潘自强，赵家新主编. —北京：中国建筑工业出版社，2017.8
ISBN 978-7-112-20876-0

Ⅰ.①建… Ⅱ.①潘… ②赵… Ⅲ.①基本建设项目-项目管理-指南 Ⅳ.①F284-62

中国版本图书馆 CIP 数据核字（2017）第 144488 号

本书内容包括工程项目管理的理念与定位、工程项目的范围管理与项目实施组织策划、设计及设计阶段的报批管理、工程发包与物资采购管理、开工前的项目管理工作、施工阶段的项目管理、竣工验收及收尾阶段的项目管理。

本书适合于从事监理与项目管理的人员使用，也可供相关专业大中专院校师生采用。

责任编辑：徐 冉 张 磊
责任设计：李志立
责任校对：李欣慰 张 颖

建设工程项目管理咨询服务指南

北京银建建设工程管理有限公司
潘自强 赵家新 主编

*

中国建筑工业出版社出版、发行（北京海淀三里河路 9 号）
各地新华书店、建筑书店经销
霸州市顺浩图文科技发展有限公司制版
大厂回族自治县正兴印务有限公司印刷

*

开本：787×1092 毫米 1/16 印张：15½ 字数：322 千字
2017 年 8 月第一版 2017 年 8 月第一次印刷
定价：40.00 元
ISBN 978-7-112-20876-0
（30513）

版权所有 翻印必究
如有印装质量问题，可寄本社退换
（邮政编码 100037）

本书编委会

主　编： 潘自强　赵家新

副主编： 常彦腾　高　峰　王春波

编　委： 田　晟　郝淑军　刘国强　曹　阳　韩军旺
　　　　　申全乐　付京妹

前 言

2003年2月住房和城乡建设部发布了《关于培育发展工程总承包和工程项目管理企业的指导意见》（建市［2003］30号），鼓励监理企业开展工程项目管理业务。十八届三中全会党中央提出全面深化改革的决定后，增强与加快了对监理行业改革发展的需求和进程。2016年12月30日江苏省住房和城乡建设厅发布了《关于推进工程建设全过程项目管理咨询服务的指导意见》，明确指出："推进监理行业结构调整，消除监理孤岛，促进监理企业为委托人提供全过程项目管理咨询服务，实现项目全寿命周期的投资目标、进度目标、质量目标的规划和管理，成为工程领域系统服务供应商"。该指导意见的指导思想是"推进工程咨询服务行业的供给侧结构性改革，促进工程监理与相关咨询行业的业务融合。"该指导意见旗帜鲜明地倡导对监理行业进行结构性改革，将其回归到推行监理制的初衷，为委托人提供全过程项目管理咨询服务，以提高我国工程管理水平和投资效益。该指导意见的发布，使广大监理企业和监理人员看到了监理行业改革和发展的方向。在《住房城乡建设部建筑市场监管司2017年工作要点》中将推进全过程工程咨询服务作为2017年深化建筑业重点环节改革的工作之一，并要"出台《关于促进工程监理行业转型升级创新发展的意见》，提出监理行业转型升级改革措施。"

北京银建建设工程管理有限公司成立于1993年，承担过天安门广场改造、北京饭店改扩建、北京会议中心等项目的监理服务，并承担了一些项目的工程项目管理业务，经历了监理行业的发展过程。深感在党中央提出的"经济体制改革是全面深化改革的重点，核心问题是处理好政府和市场的关系，使市场在资源配置中起决定性作用和更好地发挥政府作用"这一指导思想下，监理将向全过程全方位的工程项目管理的方向改革、发展。公司提出要进一步为做好工程项目管理做技术准备，并提出要以项目管理的思维提供监理服务，以满足业主方的需求。为此，公司自2014年开始编写这本《建设工程项目管理咨询服务指南》，以指导监理人员更好地开展全过程全方位的项目管理服务，并便于监理人员系统地学习和掌握工程项目管理的理论和实操技能。

2013年11月上海市建设工程咨询行业协会发布了《建设工程项目管理服务大纲和指南》（以下简称《大纲和指南》），该书系统地条目性的确定了工程项目管理应完成的工作。我们在编写《建设工程项目管理咨询服务指南》过程中，注意到应尽量满足《大纲和指南》对工程项目管理服务的要求，根据我们对工程项目管理工作的理解，结合多年来工程管理的经验、教训，对项目管理的各项工作进行阐述，以便于读者掌握其理论和实操技能。我们编写的《建设工程项目管理咨询服务指南》主要是阐述工程项目管理公司所做的工作，考虑到我们所提供的工程项目管理是属于业主方项目管理的范畴，项目管理工作是全过程全方位的，要实现项目的投资、质量、进度总目标，对招标代理公司、造价咨询公司等单位所做的工作应进行总体策划和管控，所以对这些参建单位的工作也作了适度的阐述。当前，不少业主方在选择、委托工程项目管理公司时，希望项目管理公司一并完成该项目招标代理、造价咨询的业务，这样就更有必要在本书中对招标代理、造价咨询的工作作适度的阐述。

工程项目管理包含决策阶段的项目管理和实施阶段的项目管理，本书所阐述的是实施阶段项目管理服务的内容，包含项目立项后的设计准备阶段、设计阶段、施工准备阶段、施工阶段和竣工与收尾阶段的工程项目管理服务的内容。由于实施阶段的项目管理工作是在决策阶段项目管理工作基础上开展的，所以对决策阶段的部分项目管理工作作了简要的描述，主要对决策阶段向实施阶段项目管理应提供的相关成果进行描述。

本书所述的工程项目管理是以房屋建筑与市政基础设施工程为例，并且主要针对北京地区。对其他地区和其他行业的工程项目，应特别关注这些地区与行业主管部门发布的法规、规范性文件与规范、标准的要求。本书在编写过程中尽可能地收集法律、法规和规范性文件的最新版本，以满足法律法规的要求。当前正值深化改革时期，主管部门也在清理、调整这些文件，故在工程项目实施过程中，读者应关注届时是否有替代的相关文件最新版本。

在本书的编写过程中编者参阅了大量文献，也引用了其中部分内容，在此对这些文献的作者和单位深表感谢。

由于编者水平有限，不足之处欢迎读者批评、指正。

目 录

1 工程项目管理的理念与定位 ·· 1
  1.1 工程项目管理的概念 ·· 1
  1.2 工程项目管理的理念与定位 ·· 2
    1.2.1 项目管理的理念 ·· 2
    1.2.2 项目管理的定位 ·· 4

2 工程项目的范围管理与项目实施组织策划 ···························· 6
  2.1 工程项目管理范围的确定 ·· 6
    2.1.1 管理范围确定的依据 ·· 6
    2.1.2 范围确定的步骤 ·· 6
  2.2 工程分解与工作分解 ·· 6
    2.2.1 分解的原则 ·· 6
    2.2.2 分解的方法 ·· 7
    2.2.3 分解应注意的事项 ·· 7
    2.2.4 分解的输出 ·· 7
  2.3 项目实施组织策划 ·· 9
    2.3.1 项目实施总体组织策划 ······································ 9
    2.3.2 项目管理团队的组织策划 ································· 10
    2.3.3 项目管理部与其他咨询单位的关系 ····················· 14

3 设计及设计阶段的报批管理 ··· 17
  3.1 设计阶段项目管理工作的总流程 ································· 17
  3.2 设计准备阶段的工作 ·· 18
    3.2.1 选择、确定设计单位 ·· 18
    3.2.2 工程勘察管理的有关问题 ·································· 27
  3.3 建设项目在设计阶段的征询与报批 ······························ 29
    3.3.1 设计阶段建设项目征询与报批程序 ····················· 30
    3.3.2 工程项目及其用地的规划许可 ··························· 31
    3.3.3 工程项目设计阶段建设专项审查 ······················· 38
    3.3.4 工程项目的配套建设 ·· 48
    3.3.5 上级主管部门与建设行政主管部门的设计审查 ······ 53
    3.3.6 做好设计阶段建设项目征询与报批工作的措施 ····· 57

3.4 项目设计质量控制 · 59
3.4.1 项目设计质量控制概述 · 59
3.4.2 设计准备阶段的质量控制 · 61
3.4.3 方案设计阶段的质量控制 · 63
3.4.4 初步设计阶段的质量控制 · 65
3.4.5 施工图设计阶段的质量控制 · 67
3.5 建设项目设计投资控制 · 68
3.5.1 建设项目投资的特点和构成 · 68
3.5.2 熟悉项目决策阶段投资估算的编制要求和作用 · 71
3.5.3 充分认识设计阶段投资控制的作用与原理 · 72
3.5.4 设计准备阶段的投资控制 · 74
3.5.5 方案设计阶段的投资控制 · 75
3.5.6 初步设计阶段的投资控制 · 76
3.5.7 施工图设计阶段的投资控制 · 81
3.5.8 设计投资控制的技术措施 · 84
3.6 项目设计进度控制 · 87
3.6.1 设计进度控制的原则 · 87
3.6.2 设计进度控制的主要工作内容和措施 · 88
3.7 项目设计合同管理 · 92
3.7.1 设计合同的编制 · 92
3.7.2 设计合同履行过程中的管理要点 · 100
3.8 设计阶段的沟通管理 · 101
3.8.1 项目管理团队应充分认识设计沟通的作用 · 101
3.8.2 有效设计沟通应遵循的原则（沟通技巧） · 102
3.8.3 设计沟通管理要点 · 103

4 工程发包与物资采购管理 · 107
4.1 工程发包与物资采购的总体策划 · 107
4.1.1 确定工程发包的合同结构 · 107
4.1.2 确定甲供材料、设备的种类 · 108
4.1.3 工程发包与物资采购界面管理的策划 · 109
4.1.4 选择工程发包与物资采购的方式 · 110
4.1.5 编制工程项目发包与采购总体计划 · 111
4.1.6 与招标代理机构等参建单位沟通 · 111
4.2 工程发包与物资采购的管理要点 · 112
4.2.1 项目管理团队负责招采的人员要树立正确的理念 · 112
4.2.2 认真审核招标文件 · 113
4.2.3 考察与确定投标人 · 114
4.2.4 组织编制并审核招标控制价 · 115

4.2.5 审核合同文本 … 116
4.2.6 合同谈判 … 116
4.2.7 合同的签订与备案 … 117
4.3 工程发包与物资采购的主要依据性文件 … 117
5 开工前的项目管理工作 … 119
5.1 确定施工总承包单位和监理单位 … 119
5.1.1 施工总承包招标应具备的条件 … 119
5.1.2 施工招标投标活动所需时间的规定 … 119
5.1.3 确定监理单位 … 120
5.2 开工前各项计划（策划）的管理 … 121
5.2.1 审核施工组织设计 … 121
5.2.2 编制监理规划 … 122
5.2.3 编制施工阶段控制性总进度计划 … 122
5.2.4 策划现场用地 … 122
5.2.5 督促造价咨询机构编制施工阶段资金使用计划并审核 … 123
5.2.6 制定项目管理团队施工阶段工程管理制度和工作计划 … 124
5.2.7 施工降水的申请 … 124
5.2.8 委托深基坑支护工程的设计 … 124
5.3 施工场地的准备 … 124
5.3.1 施工现场临时用电 … 124
5.3.2 施工现场临时用水 … 125
5.3.3 施工现场临时排水 … 125
5.3.4 道路及施工现场出入口 … 126
5.3.5 组织场地移交 … 126
5.3.6 组织规划验线 … 127
5.4 办理项目开工手续 … 127
5.4.1 缴纳相关规费 … 127
5.4.2 申报质量、安全监督 … 127
5.4.3 办理《建筑工程施工许可证》 … 128
5.5 开工前的检查与其他工作 … 129
5.5.1 组织图纸会审与设计交底 … 129
5.5.2 检查施工单位现场人员的准备情况及质量、安全保证体系 … 130
5.5.3 核查基坑专项施工方案 … 131
5.5.4 检查现场施工机械、材料等准备情况 … 131
5.5.5 检查督促施工现场临时设施的建造 … 131
5.5.6 组织召开第一次工地会议 … 132
5.5.7 签发工程开工令 … 132
5.6 开工前项目管理工作的主要依据性文件 … 133

6 施工阶段的项目管理 …… 134

6.1 施工阶段的进度控制 …… 134
6.1.1 项目总进度目标的论证与完善 …… 134
6.1.2 编制施工阶段进度总控计划 …… 135
6.1.3 审核各部门、各参建单位编制的进度计划，并督促其落实 …… 136
6.1.4 对进度计划进行风险分析，并采取规避措施 …… 137
6.1.5 比较进度计划值与实际值，根据需要采取措施并督促落实 …… 138
6.1.6 调整进度计划 …… 140
6.1.7 审批、处理工程停工、复工及工期变更事宜 …… 141

6.2 施工阶段的费用控制 …… 141
6.2.1 施工阶段费用管理的概念 …… 141
6.2.2 施工阶段投资控制的任务 …… 142
6.2.3 施工阶段造价控制的任务 …… 144

6.3 施工阶段的质量控制 …… 159
6.3.1 建立施工阶段工程质量的目标体系 …… 159
6.3.2 建立项目施工阶段工程质量管理体系 …… 160
6.3.3 施工质量控制 …… 161
6.3.4 施工阶段工程质量的技术管理 …… 162
6.3.5 本节主要依据性文件 …… 165

6.4 施工阶段的安全、文明管理 …… 165
6.4.1 依据项目管理委托合同，履行法律法规和行政主管部门规定的责任 …… 165
6.4.2 督促施工单位进行安全、文明施工管理 …… 166
6.4.3 主要依据性文件 …… 169

6.5 施工阶段的沟通与组织协调 …… 169
6.5.1 充分发挥沟通的作用 …… 169
6.5.2 掌握良好沟通的要点 …… 170
6.5.3 选择适宜的沟通方式 …… 172
6.5.4 召开成功的项目会议 …… 173
6.5.5 施工阶段组织协调的任务 …… 173

7 竣工验收及收尾阶段的项目管理 …… 175

7.1 项目竣工验收前的准备工作 …… 175
7.1.1 督促各参建方认真进行各系统联动调试 …… 175
7.1.2 检查工程项目是否具备竣工验收的条件 …… 176
7.1.3 组织编制项目竣工验收计划和方案 …… 177
7.1.4 实施工程竣工验收前必须进行的各项专项验收 …… 179
7.1.5 组织编制竣工档案资料，请城建档案馆对其预验收 …… 186
7.1.6 组织工程质量竣工预验收，督促整改预验收中发现的问题 …… 190

目录

- 7.1.7 组织工程质量竣工验收 …………………………………………… 191
- 7.2 **工程竣工验收和竣工验收备案** …………………………………………… 192
  - 7.2.1 工程竣工验收的概念 …………………………………………… 192
  - 7.2.2 工程竣工验收的程序 …………………………………………… 192
  - 7.2.3 项目管理团队编写《工程竣工验收报告》 …………………… 193
  - 7.2.4 办理工程竣工验收备案 ………………………………………… 193
  - 7.2.5 主要依据性文件 ………………………………………………… 194
- 7.3 **工程项目交付使用前的专项验收和各项配套** …………………………… 194
  - 7.3.1 消防验收 ………………………………………………………… 194
  - 7.3.2 环境保护验收 …………………………………………………… 196
  - 7.3.3 人防工程的竣工验收备案 ……………………………………… 198
  - 7.3.4 防雷装置竣工验收 ……………………………………………… 199
  - 7.3.5 环境卫生设施竣工验收 ………………………………………… 200
  - 7.3.6 卫生防疫竣工验收 ……………………………………………… 201
  - 7.3.7 电梯等特种设备的验收与使用许可 …………………………… 201
  - 7.3.8 办理供电配套 …………………………………………………… 202
  - 7.3.9 办理供水配套 …………………………………………………… 203
  - 7.3.10 办理排水配套 ………………………………………………… 204
  - 7.3.11 办理电信配套 ………………………………………………… 205
  - 7.3.12 住宅工程的交接查验和办理交接手续 ……………………… 206
  - 7.3.13 办好交付使用前专项验收和各项配套的措施 ……………… 208
- 7.4 **竣工结算的审查** ……………………………………………………………… 209
  - 7.4.1 竣工结算审查的依据 …………………………………………… 210
  - 7.4.2 造价咨询机构审查竣工结算的程序和内容 …………………… 211
  - 7.4.3 竣工结算审查的方法 …………………………………………… 216
  - 7.4.4 建设项目的审计 ………………………………………………… 217
  - 7.4.5 与竣工结算审查相关的其他规定 ……………………………… 219
  - 7.4.6 竣工结算款的支付 ……………………………………………… 221
  - 7.4.7 竣工结算相关的依据性文件 …………………………………… 222
- 7.5 **竣工移交** ……………………………………………………………………… 222
  - 7.5.1 工程竣工移交 …………………………………………………… 222
  - 7.5.2 向城建档案馆移交工程档案，向建设单位移交项目管理资料 … 224
  - 7.5.3 有关竣工移交的主要依据性文件 ……………………………… 224
- 7.6 **组织编制竣工决算** …………………………………………………………… 225
  - 7.6.1 竣工决算编制的依据 …………………………………………… 225
  - 7.6.2 竣工决算文件的组成和内容 …………………………………… 226
  - 7.6.3 项目管理团队在编制竣工决算过程中的主要工作 …………… 227
  - 7.6.4 编制工程竣工决算的主要相关文件 …………………………… 228
- 7.7 **项目管理工作总结和资料归档** …………………………………………… 228

7.7.1 项目管理工作总结的内容 …………………………………………… 228
7.7.2 编制好项目管理工作总结的要点 …………………………………… 230
7.7.3 项目管理资料归档 …………………………………………………… 231
7.7.4 资料归档的主要依据性文件 ………………………………………… 232

参考文献 ……………………………………………………………………………… 233

1 工程项目管理的理念与定位

1.1 工程项目管理的概念

工程项目管理是以工程项目为对象，在一定的约束条件下，为实现工程项目目标，运用科学的理念、程序和方法，采用先进的管理技术和手段，对工程项目建设周期内的所有工作进行计划、组织、协调和控制等系列的活动❶。

工程项目管理分为工程项目管理承包和工程项目管理服务，本书所阐述的是工程项目管理服务，即工程项目管理单位接收建设单位（业主方）的委托，按照项目管理委托合同的约定对工程项目提供管理咨询服务。对工程项目而言，各参建单位（如建设单位/业主方、勘察设计单位、施工单位、材料设备供货单位等）均存在项目管理，本书所述的工程项目管理属于业主方项目管理的范畴。

工程项目管理包含决策阶段的项目管理和实施阶段的项目管理，其分界点为项目立项，对于审批制的项目为项目可行性研究报告获得批复。项目决策阶段由项目建议书阶段和可行性研究阶段组成；实施阶段的项目管理一般包含设计准备阶段、设计阶段、施工准备阶段、施工阶段、竣工与收尾阶段的项目管理。本书所述的项目管理基本是项目实施阶段项目管理服务的内容。

基于上述工程项目管理的定义和属性，从事工程项目管理的企业和人员应提高下列认识。

（1）业主方的工程项目管理在工程项目建设过程中始终处于主导地位：业主方的工程项目管理是全过程、全方位的，业主方在工程建设过程中组织各参建方实现工程项目的质量、投资、进度总目标，是工程项目重大事项的决策者，是各参建方工程项目管理的集成者。工程项目管理单位既然接受了业主方的委托，提供工程项目管理服务，则工程项目管理单位/团队就成为各参建方工程项目管理的集成者，在工程项目建设过程中起主导作用。

（2）项目管理的各项工作应始终围绕实现项目的目标：任何领域的项目均存在项目目标，项目管理的任务就是实现项目的目标，工程项目管理的这一特性更为突出，就是要实现工程项目的质量、投资、进度总目标。项目管理团队开展的各项工作应紧紧围绕实现项目目标，千方百计实现工程项目的

---

❶ 李明安，邓铁军，杨卫东．工程项目管理理论与实务．长沙：湖南大学出版社，2012年7月：7

质量、投资、进度总目标。

（3）工程项目具备一次性特征：所谓项目，顾名思义都具备一次性特征，都存在一定的约束条件。工程项目的这一特性也更为突出，建设产品和建设过程单一性，使每个工程项目都存在不同的约束条件。不同的约束条件表现在建设项目的技术特征、建设地点和条件、建设环境和资源、当地经济和社会影响、施工队伍等方面。这就需要项目管理团队在策划和实施各项工作时，要符合工程项目的特点，满足当地法律、法规和规范性文件的要求，适应当地的建设环境。

（4）项目管理工作中要坚持全过程、全方位的系统原理：本书所述实施阶段的项目管理从项目立项后即开始，包含设计、施工及其准备阶段，直至竣工和收尾阶段，应特别注重设计阶段，因工程项目设计完成后，项目的功能、标准、投资都基本确定了，这对于原从事监理行业的人员进行项目管理尤为重要。工程项目质量、投资、进度这三大目标是对立、统一的关系，项目管理的任务是实现这三大目标，不可偏废，当今政府强调监理行业主要进行施工质量控制和施工现场安全管理，对于原从事监理行业的人员进行项目管理，一定要改变这一孤岛式的思维模式。

（5）应注重行使计划（策划）职能：工程项目管理要行使计划、组织、协调和控制四大职能，项目管理团队在工程建设过程中又处于主导地位。原从事监理行业的人员习惯于依据业主方提供的施工合同和现行的规范、标准进行施工质量控制和施工现场安全管理，进行总体策划的意识不太强。而工程项目管理首先要行使策划职能，各阶段、各事项若未策划或策划成果不科学、不严密，将无法组织实施或达不到预期效果，会造成各项工作的混乱，使工程项目建设无法进展，所以项目管理人员应特别注重行使计划（策划）职能，并要提前策划，要"走一步看三步"，否则工程项目建设将不会顺利进行。

（6）坚持咨询服务的定位：工程项目管理服务的属性是向业主方提供工程项目管理咨询服务，不同于工程项目管理承包。对于重大事项的决策，如质量、投资、进度目标的确定与调整、项目的功能、建设标准的确定与调整、各项费用的拨付、各项合同的签署等，其决策权仍在业主方。报请业主方决策前，项目管理团队应提出决策建议并提供其依据。项目管理团队一定要依据工程项目管理委托合同的约定，正确行使职权，不可越权。在工程项目管理服务过程中，多主动向业主方报告、请示，努力取得业主方的认可与支持。

1.2 工程项目管理的理念与定位

1.2.1 项目管理的理念

围绕实现工程项目建设的各项目标，精心策划，周密组织协调，严密监控，热忱地为建设单位提供高效的项目管理服务。

(1) 明确、优化、分解目标：项目显著的特征之一是具有特定的目标，工程建设项目也不例外，具有特定的质量、进度与投资等目标，工程项目管理的各项工作都应围绕实现项目目标开展，这是进行项目管理工作必须确立的第一理念。项目管理团队，特别是项目经理从一开始接触项目起，通过与建设单位沟通，查阅工程项目前期策划成果，明确建设单位在本工程项目上设定的质量、进度与投资等目标。在各阶段的项目管理工作中，特别在设计阶段，要进一步深化、优化各项目标，在工程分解与工作分解的基础上，分解各项目标，确保质量、进度和投资总目标的实现。工程项目建设的最终目的是使用该项目的建筑物（对建筑工程而言），一般情况下，功能目标是诸目标中最重要的目标。在设计阶段，要将科学界定项目的功能、标准放在重中之重的位置，在施工阶段，特别是在装修和设备安装阶段，当建设单位提出新的使用功能需求时，应慎重地对项目的各项目标作统一的分析，必要时经建设单位同意作出调整、优化。工程项目的质量、进度与投资目标是相互制约、相互影响的，在各阶段的项目管理过程中要注重协调各目标的统一性，当预测任一项总目标将要出现偏离时，应上报建设单位，如需调整，则应由建设单位决策。

(2) 精心策划：由于工程项目具有投资大、周期长、整体性强、约束条件多、参建单位多等特点，在项目管理诸职能上，策划是第一位的。要依据法定的建设程序、工程建设的规律，策划各项工作的流程、衔接，制订工作计划，各项工作的安排上要有超前性。对项目管理的各项工作，特别是重要的复杂的事项，需提前策划，分析工作的输入条件、制约因素和风险，制定计划、措施、方法、要求，输出结果还应满足后续工作的衔接。并应随工作进展、内外部条件的变化动态调整，不断完善策划结果。策划的内容主要包含两方面：一方面是策划如何实现项目的总目标与阶段性目标；另一方面是策划项目管理各项工作（如工程报批报建，施工单位与材料设备的招标采购，施工图提供，作业面的提供，资金筹措等），如何创造各项必备条件，使施工及竣工交付顺利进行。

(3) 周密组织协调：项目管理团队组织协调包含下列两方面内容。

1) 项目管理各项工作之间的组织协调：由于工程项目管理是包含众多相互独立、相互作用、相互依存的活动，每项活动往往需要多项输入才能转化为输出，该输出往往又是下一个活动的一项输入，故各项工作之间的组合协调必不可少。工程项目建设必须符合法定建设程序和工程项目建设的客观规律，这就需要分析各项工作之间的逻辑关系，确定先后顺序，组织各项工作的开展，否则必将造成工作混乱，事倍功半，影响目标的实现。其最有效的方法是依据进度目标，编制项目管理各项工作（包括施工）的网络计划。对于某一项工作，也应组织协调相关方按期完成该工作的输入，并在该工作进展中对相关方进行协调。

2) 参建单位之间的组织协调：除项目管理团队的内部协调外，项目管理团队还必须完成近外层（勘察设计单位、招标代理机构、造价咨询单位、监理单位、施工单位等）、远外层（各建设主管部门、专项审批单位、各监管部门）的组织协调。必须周密地组织协调各参建单位的工作，对于需多个参建单位完成的工作，应明确各自职责，并分析相互影响、相互作用的界面，对界面实施主动控制、协调。

（4）严密监控：在工程项目进展过程中，各项工作实际完成情况与目标计划发生偏离是经常发生的，要确保目标、计划的实现，必须对实施情况进行跟踪、检查、分析和评估，及时发现计划执行中出现的偏差，分析偏差的原因，并针对出现的偏差采取有效措施，纠正和消除产生偏差的原因。实施有效的控制要关注两点：①对各项目标、计划的完成，事先应进行风险分析与评估，识别风险点，并对其进行评估，制定风险控制的措施，这样才能实施事前、主动控制，才能实施有重点的控制；②要实施控制，必须保证信息的畅通，不掌握信息，控制将是无源之水，要建立保证信息畅通的机制与制度，采用各种正式与非正式的沟通方式，获取、分析信息，为策划与决策、采取对策提供依据。

工程项目管理服务是一种服务，提供良好服务的前提是服务人必须热心、真诚，应想建设单位所想，急建设单位所急，力求使建设单位放心、省心、称心，围绕实现工程项目建设的各项目标，紧紧抓住策划、组织协调和监控三大环节，努力提高工作效率，为建设单位提供优质服务。

1.2.2 项目管理的定位

项目管理的职能分为四大类：策划与计划、决策、组织指挥与协调、监督与控制。项目管理团队主要负责策划与计划、组织指挥与协调、监督与控制三大职能；建设单位主要负责决策职能。

（1）策划与计划：由于项目管理工作是工程项目实施阶段全过程、全方位的，并要实现项目建设的各项目标，所以项目管理团队应依据项目前期策划结果与建设单位意图，对项目实施阶段的各项目标进行明确、优化与分解，对里程碑计划（一级网络计划）及安排参建各方完成的重要工作、计划进行策划，编制实施计划、实施方案等报建设单位决策、审批。

（2）决策：项目管理团队将上述策划、计划结果报建设单位，并与建设单位沟通，由建设单位决策。依据项目管理服务的定位及《关于培育发展工程总承包和工程项目管理企业的指导意见》（建市［2003］30号），工程项目管理企业不直接与该工程项目的勘察、设计、供货、施工等企业签订合同，而是由业主与上述企业签订合同，但可以按合同约定，协助业主与工程项目的上述企业签订合同，并受业主委托监督合同的履行。

（3）组织指挥与协调：近几年，建设行政主管部门越来越强调建设单位是工程项目建设的第一责任人。建设单位既然委托了专业项目管理单位，则在项目管理各项工作的实施中，项目管理团队就成为项目建设的组织指挥者，与其他近外层单位（如勘察设计单位、招标代理机构、造价咨询机构、监理单位、施工单位、材料设备供应商、工程检测单位等）相比，项目管理团队是掌握全局的。建设单位的意图要靠项目管理团队传递至各参建方，并要组织各参建单位实现建设单位的意图和项目的各项目标，而其他参建单位是依据合同完成局部的工作，并且，他们的很多工作往往要依靠项目管理团队组织协调创造输入条件、资源才能完成。项目管理团队成员必须明确，在项目管理各项工作实施中，项目管理团队是龙头。需要项目管理团队依据方案、计划和建设单位的决策，组织指挥其他参建单位实现项目的各项目标，使工程建设顺利进行，在各项工作各单位产生交叉矛盾时，主动协调。

（4）监督与控制：与其他参建单位相比，为实现项目的各项目标，项目管理团队承担着最重要、最全面的责任，又由于项目管理团队的工作是全过程、全方位的，掌握的信息也是最全面的，所以项目全方位的监督与控制只能由项目管理团队承担。项目管理团队要将项目建设各阶段及各项工作整合成系统工程，不断地将实际完成情况与目标、计划进行对比分析，进行监督与控制。

2 工程项目的范围管理与项目实施组织策划

2.1 工程项目管理范围的确定

2.1.1 管理范围确定的依据

(1) 工程项目管理招标投标文件、项目管理委托合同；
(2) 工程项目的可行性研究报告及批复文件，现有的设计文件；
(3) 环境条件的调查资料、项目的限制条件和制约因素。

2.1.2 范围确定的步骤

(1) 熟悉项目进展情况，收集项目相关资料，对项目目标、环境限制条件和制约因素进行分析；
(2) 对项目的工程范围和项目管理工作范围进行确定；
(3) 对项目结构（含工程与管理工作）进行分解；
(4) 形成项目的范围计划，报建设单位确认。

2.2 工程分解与工作分解

2.2.1 分解的原则

(1) 应在各层次上保证项目内容的完整性，不能遗漏任何必要的组成部分；
(2) 分解的单元应能区分不同的责任者和不同的工作内容，应有较高的整体性和独立性，单元的工作责任之间界面尽可能小而明确；
(3) 结构分解应有利于各项目标的细化和分解；
(4) 结构分解应充分考虑招采规划、承包方式与合同网络结构；
(5) 工作分解应兼顾有利于项目管理团队组织机构的建立；
(6) 工程分解应符合相关规范、标准的规定，如建筑工程的分解应符合《建筑工程施工质量验收统一标准》GB 50300 的相关规定；
(7) 分解结构应有一定的弹性，以方便扩展项目范围和内容、变更项目结构。

2.2.2 分解的方法

1. 工程分解

一个工程项目可按单位（子单位）工程、分部、（子分部）工程、分项工程的层次，按《建筑工程施工质量验收统一标准》GB 50300 的相关规定进行分解。工程分解时应关注施工临建及附属工程与室外工程（含红线内、外的室外工程）。

2. 工作分解

工程项目实施阶段的工作分解自上而下可按下列层次进行分解。

第一层次：分解成勘察设计管理、工程报建管理、招采及合同管理、施工准备阶段管理、施工过程管理、竣工验收及收尾管理，应按招标文件或项目管理合同进行增、减。这一层次的分解应兼顾项目管理团队的机构、职能部门设置。

第二层次：根据第一层次中各项工作的特点，可按工作流程分解（如勘察设计管理、工程报建管理、竣工验收与收尾管理）；或按管理目标分解（如施工过程质量管理）；或按管理职能（策划、决策、实施、检查）分解。通过这一层次分解，明确上一层次各项工作包含的几大项工作。

第三层次：将第二层次的各大项工作进一步分解成工作包，以便明确具体工作和工作要求，落实责任，便于实施。

2.2.3 分解应注意的事项

（1）应根据工程与工作特点，确定分解的层次数，各项工作（工程）分解的层次数不一定相同。

（2）分解时应制定 WBS 编码，编码可由六位数组成，第一位数表示处于 0 级的整个项目（或工作）；第二位数表示处于第一层次的工程（或工作）；第三、四位数表示处于第二层次的工程（或工作）；第五、六位数表示处于第三层次的工程（或工作）；依此类推。应确保编码的唯一性，并利于扩容。

2.2.4 分解的输出

经过上述分解形成工程（工作）分解树状结构图，如图 2-1 为项目管理工作分解结构图。

工作分解结构图经项目管理团队评审、修改后，由项目经理定稿，报建设单位审批。项目工作（工程）范围的确定及工作（工程）分解结构，与项目目标的明确一样，是项目成功最关键的因素，故工作（工程）范围与工作（工程）分解应精心策划。工作（工程）分解结构将作为项目组织实施、项目管理团队组织架构及职责分工、各项工作策划实施与检查的主要输入之一。

2 工程项目的范围管理与项目实施组织策划

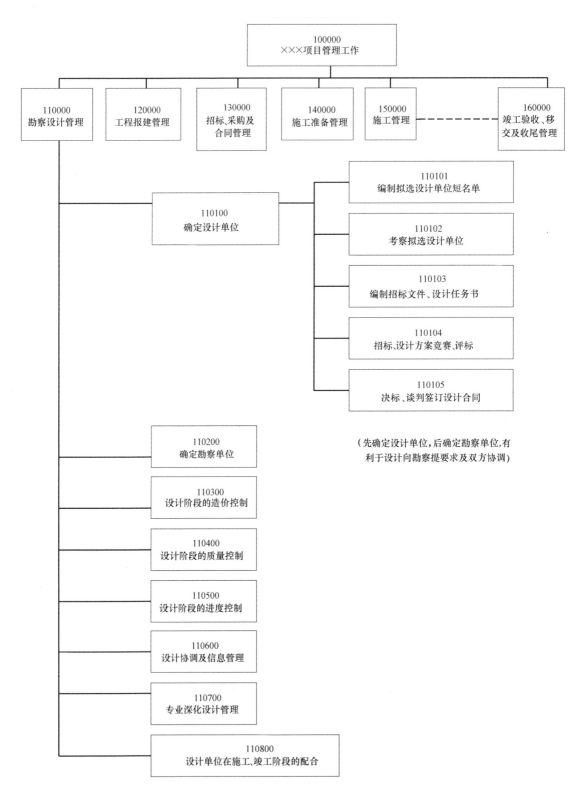

图 2-1 项目管理工作分解结构图

2.3 项目实施组织策划

项目实施组织策划含项目实施总体组织策划与项目管理团队组织策划。

2.3.1 项目实施总体组织策划

项目实施总体组织策划指建设单位除委托项目管理单位外，还委托其他咨询、服务类参建单位，并确定施工承包方式。

1. 咨询、服务类参建单位

（1）建议委托的咨询类参建单位：工程招标代理机构，工程造价咨询机构，对于大型、技术复杂的建设项目，还可委托设计顾问单位。

（2）应委托的服务类参建单位：除工程勘察单位、工程主设计单位外，还应策划是否委托其他专业设计单位（如建设红线内市政、园林景观、精装修等专业）及深化设计单位（如钢结构、幕墙、空调等专业），并应确定这些专业设计单位与主设计单位之间的关系。

（3）根据相关规定委托其他的咨询类参建单位，如下列单位：

1）工程监理单位：建议采用监管合一的方式，详见本书"5.1.3 确定监理单位"。

2）依据《关于规范北京市房屋建筑深基坑支护工程设计、监测工作的通知》（京建法［2014］3号）的规定，"建设单位应依法选择具备岩土工程设计资质的单位进行深基坑工程设计"；还规定："建设单位应依法选择具备勘察综合资质或同时具备岩土工程物探测试检测监测和工程测量两方面资质的单位，对深基坑工程开展第三方监测工作"。

3）《建筑变形测量规范》JGJ 8—2016 规定对部分建筑在施工和使用期间应进行变形测量，当建筑物在该规范 3.1.1 条规定的范围内，建设单位应委托具有相应资质的单位进行变形测量。

（4）其他咨询类参建单位：依据项目特点与建设单位的需求，是否委托实测实量单位、物业管理顾问单位、物业管理单位等。

2. 施工承包方式的策划

工程采用施工总承包的方式，还应依据工程分解结构图策划下列事项。

（1）哪些专业工程可允许总承包方实行分包。1997 年颁布的《中华人民共和国建筑法》第 29 条规定"建筑工程总承包单位可以将承包工程中的部分工程发包给具有相应资质条件的分包单位；"该条还规定"除总承包合同中约定的分包外，必须经建设单位认可"。但该法还规定"施工总承包的建筑工程主体结构的施工必须由总承包单位自行完成。"

（2）根据工程项目特点、总承包单位的能力业绩，经市场调研，当建设单位和项目管理团队拟选用某专业承包单位承担相应专业工程时，应与总承包单位协商，取得一致意见后，由总承包单位发包给该专业承包单位。如建筑幕墙、室内精装修、建筑智能化等工程。

(3) 哪些专业工程需建设单位另行发包，如室外市政工程、园林景观工程等。

(4) 关于土方、地基、基坑支护子分部工程的发包：当条件许可先确定施工总承包单位时，宜由总承包单位发包给具备相应资质的专业承包单位；当条件不许可，不能先确定施工总承包单位时，为了实现进度目标，在征得建设行政主管部门同意后，由建设单位先进行该子分部工程的发包。

2.3.2 项目管理团队的组织策划

建议由建设单位和项目管理单位均分别派出人员组成项目管理团队，合并办公，共同负责工程项目的管理工作。这既能充分运用专业化项目管理单位在工程项目建设方面的经验和技术，又能体现建设单位的决策权。在进行项目实施过程的管理中，建设单位将工程项目建设管理工作交给经验丰富的项目管理单位，自己把主要精力放在项目决策、资金筹措上，有利于决策指挥的科学性，并可减少中间上报、审批的环节，使项目管理工作的效率大幅度提高。

项目管理团队的组成采用这种方式也有缺点，主要是团队组成人员来源于两个不同的企业，两个企业的工作系统、工作习惯、企业文化存在差异，机构的融合存在风险，双方的管理责任也较难划清。但即使不采用这种方式组成该团队，在工作过程中，特别在上报、审批过程中，这一缺点也不同程度的存在，并不利于建设单位及时、全面地掌握项目管理工作的信息，增加了沟通的工作量和时间，影响决策的效率。如双方派出人员的团队精神、合作能力强，在工作中充分注重互相尊重，加强沟通，由于工作目标的一致性，经一段时间磨合后能克服这一缺点。总起来看，采用这种组成方式，利大于弊。

根据项目工作分解，确定项目管理团队组织架构和职责分工。

1. 项目管理团队组织架构

一般情况下项目管理团队的组织架构见图 2-2。

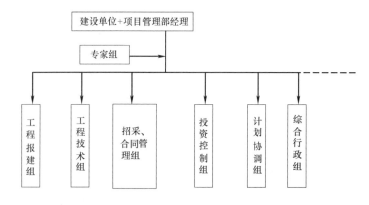

图 2-2 项目管理团队组织架构图

2. 组织架构配置要求

一般情况下，项目管理团队的组织架构配置至少应满足如下要求。

(1) 项目管理部经理应具备的能力：要有一定的技术基础和业务技术能力；应有较强的组织、协调与控制、分析与决策、表达与应变、社交能力。

(2) 工程报建组：配置 1～2 人，应熟悉工程项目管理工作流程，掌握报建程序，应有较强的协调、表达与社交能力。

(3) 工程技术组：由建筑、结构、暖通、给水排水、电气、智能建筑等各专业技术人员组成，宜具备设计经历或熟悉设计管理工作。

(4) 招采、合同管理组：配置 2～3 人，应熟悉工程项目建设流程及招标、合同的法律法规，应有较强的组织、表达与社交能力。

(5) 投资控制组：由土建、水暖、电气造价人员组成，应有较强的协调与控制、分析与表达能力。

(6) 计划、协调组：有 2 人组成。应熟悉工程建设流程，应有较强的组织与协调、应变与控制能力。

(7) 综合行政组：由资料信息管理人员与其他人员组成，2～3 人。资料信息管理人员应熟悉工程建设流程及资料管理规定。

3. 项目管理职责分工

(1) 项目经理职责

项目经理代表项目管理单位全面履行《项目管理委托合同》约定的责任与义务，组织项目管理部全体成员实施项目管理各项工作，定期向建设单位与本单位报告工作。主要职责如下：

1) 明确工程项目的各项目标，并进行目标分解；

2) 主持编制项目管理实施规划，报项目管理单位与建设单位审批；审批各部门编制的项目管理实施细则与各项规章制度；

3) 依据项目管理工作分解，建立项目管理团队机构，并明确职责分工，督促项目管理团队成员认真履行职责，调换不称职人员；

4) 审核工程项目总进度计划，报建设单位审批；

5) 组织设计管理人员审核各阶段设计成果，重点审核项目功能、标准、投资是否满足设计任务书的要求；

6) 审核项目投资分解计划、资金使用计划是否满足项目投资目标，报建设单位审批；

7) 组织项目招采、合同管理组审核草拟的合同文本是否满足项目质量、进度、投资目标，报建设单位审批、签署；

8) 组织项目管理部成员跟踪项目质量、进度、投资目标实现情况，发现较大偏差时，组织项目管理部成员分析原因，采取措施，并报告建设单位；

9) 审核工程变更与合同变更，报建设单位审批；

10) 定期主持召开项目管理部内部工作会，分析各阶段目标实现情况及存在问题，研究对策，明确与布置下阶段主要工作；

11) 定期主持召开由各相关参建方参加的工作会，听取汇报，布置工作，协调需解决的问题，签认该会议纪要；

12) 协调与其他咨询类机构（如监理单位、招标代理机构、造价咨询机构等）的关系；

13) 组织项目管理部成员落实建设单位或建设行政主管部门提出需完成的工作；

14) 按照约定，组织项目管理部成员定期向建设单位和本单位提交各项工作报告（如项目管理工作月报，阶段工作总结报告等）；

15) 督促项目管理部成员按规定收集、整理、归档工程档案、资料；

16) 指定项目管理部成员填写项目管理工作日志。

（2）项目管理部各组职责

依据项目管理的工作分解进行职责分工，各组职责按工作分解图中第一、二层次的工作进行分工，形成项目管理职责分工表（表2-1）。

项目管理职责分工表　　　　　　　　　　　　　　表2-1

第一层次	第二层次工作任务	工程报建组	工程技术组	招采合同管理组	投资控制组	计划协调组	综合行政组
110000 勘察设计管理	110100 确定设计单位		△	☆			○
	110200 确定勘察单位		△	☆			○
	110300 设计阶段的造价控制		△		☆		○
	110400 设计阶段的质量控制		☆				○
	110500 设计阶段的进度控制		△			☆	○
	110600 设计协调及信息管理		☆				△
	110700 专业、深化设计管理		☆			△	
	110800 设计单位在施工、竣工阶段的配合		☆	○			
120000 工程报建管理	120100 熟悉项目配套征询、报批、报建的工作流程及相关规定	☆	△				
	120200 项目配套征询、项目专项报审	△	☆				
	120300 收集、审核报批和报建的文件、资料	△	☆				○
	120400 沟通相关部门，办理各项报批、报建手续	☆	△		○		
	120500 收集和存档文件、资料	△	△				☆
130000 招标、采购、合同管理	130100 策划、确定由建设单位招标、采购的事项		○	☆	○	△	
	130200 依据项目总进度计划，编制合同网络结构计划			☆		△	
	130300 向招标代理机构进行合同网络计划交底，并检查执行情况			☆		△	

续表

第一层次	第二层次工作任务	工程报建组	工程技术组	招采合同管理组	投资控制组	计划协调组	综合行政组
130000 招标、采购、合同管理	130400 市场考察、调研,确定投标单位短名单		△	☆	△		○
	130500 审核招标代理机构编制的招标文件及资格预审文件		△	☆	△	○	
	130600 跟踪招标、投标、评标过程,审核评标结果,并报建设单位		○	☆	○	○	
	130700 编制合同文本,合同谈判,报建设单位审批、签署		△	☆	△	○	
	130800 办理合同备案	○		☆			○
	130900 跟踪合同执行情况,调解合同争议,办理合同变更		△	☆	△	△	
	131000 合同终止,合同执行情况评价		△	☆	△	△	
140000 施工准备管理	140100 办理施工许可证	☆	△	△	△		
	140200 准备施工场地并移交(含测量控制点、地下管线等)		☆				△
	140300 提供满足施工需要的水、电、交通、电信设施并移交	△	☆	○			△
	140400 提供必备的施工图,组织设计交底与图纸会审	△	☆				
	140500 审查施工组织设计与总进度计划		△			☆	
	140600 依据合同约定准备资金,审核支付申请报甲方			△	☆		
	140700 审查施工单位的质量和安全管理、保证体系及其落实情况		☆	○			
	140800 编制建设单位施工阶段的管理制度与工作计划		☆			△	
	140900 审批项目监理规划、检查监理人员的落实情况		☆				
	141000 组织召开第一次工地会议,签发开工令		☆				
150000 施工阶段的管理	150100 施工阶段的进度管理	○	△	○	○	☆	
	150200 施工阶段的质量管理		☆		○	○	
	150300 施工阶段的造价管理		○	○	☆	○	
	150400 施工阶段的合同管理		○	☆	○	○	
	150500 施工阶段的设计与技术管理		☆	○			
	150600 施工阶段的安全、文明管理		☆		○	○	○
	150700 施工阶段的组织与协调管理		△	○	○	☆	
	150800 施工阶段的信息与文档管理	○	△				☆

续表

第一层次	第二层次工作任务		工程报建组	工程技术组	招采合同管理组	投资控制组	计划协调组	综合行政组
160000 竣工验收移交及收尾管理	160100	项目联合调试		☆	○		△	
	160200	督促监理单位组织竣工预验收、整改		☆	○			
	160300	配合政府相关部门进行工程专项验收	△	☆				○
	160400	工程项目正式竣工验收		☆	△		○	
	160500	办理工程项目竣工验收备案	☆	△				○
	160600	办理工程竣工结算与审价		△	△	☆		
	160700	办理项目移交	☆	○				△
	160800	工程项目保修管理		☆	○			
	160900	工程项目决算与审计		△	△	☆		

注：☆——主责部门；△——配合部门；○——相关部门。

表 2-1 为各部门职责分工，各部门负责人应依据工作分解图中工作包再进行部门内职责分工。项目经理及各部门负责人应随工作进展及时进行动态调整、完善。涉及部门职责分工调整，应由项目经理协调解决。

2.3.3 项目管理部与其他咨询单位的关系

1. 项目管理部与项目招标代理机构的关系

招标代理机构受建设单位委托办理各项招标代理事宜，与建设单位办理委托合同。建议建设单位在委托合同中约定，其具体业务应接受项目管理部的管理。

项目管理部依据项目各项总目标，对项目的招标、采购事项进行总体策划，编制项目合同网络计划，报建设单位审批后，招标代理机构应按该网络计划实施各项招标（项目管理部应督促、检查招标代理机构各项招标活动的准备、实施情况）。招标代理机构编制的资格预审文件、招标文件应先送项目管理部审核，然后报建设单位审批；招标代理机构具体办理招标、投标及评标事宜，经评审后的投标单位名单及评标结果经项目管理部审核，报建设单位审批后发出中标通知书。

2. 项目管理部与项目造价咨询机构的关系

造价咨询机构受建设单位委托，提供造价咨询专业化服务，与建设单位办理委托合同。建议建设单位在委托合同中约定，其具体业务应接受项目管理部的管理。

项目造价咨询机构按合同约定，完成各项造价咨询具体工作，如审核设计单位编制的方案设计估算、初步设计概算、施工图预算，编制工程量清单招标控制价，审核合同价、设计变更和工程洽商价款，审核竣工结算等，并对编制或审核结果的准确性负责。项目管理部在设计阶段依据造价咨询机构审核的设计投资（含方案设计估算、初步设计概算、施工图预算），与造价咨询机构共同策划各设计阶段的投资计划值，并进行设计各阶段的投资控制；运用限额设计与价值工程方法，审核或优化方案设计与初步设计，努力提高项目的价值，确保满足（或提高）项目的功能与实现投资目标；在施工图设计、招标采购及施工过程中，跟踪投资情况，整体把握分析评估对实现项目投资目标的影响，发生偏差，分析原因，及时采取措施，确保项目质量、投资、进度目标的实现。除此之外，项目管理部应负责编制项目资金使用计划，提请建设单位筹款，复核工程款结算、支付申请，组织进行项目竣工决算和配合审计等。

3. 项目管理部与项目监理机构的关系

如建设单位另行委托监理单位，则项目管理部与项目监理机构关系如下：

项目监理机构受建设单位委托实施施工阶段的质量、进度、造价控制、安全生产管理、合同管理、信息资料管理及组织协调，与建设单位签订委托监理合同。建议建设单位在委托监理合同中约定，其具体业务应接受项目管理部的管理。从广义上讲，监理是对施工合同的履行实施管理；而项目管理的任务是全过程、全方位的，需对项目建设的各阶段全面进行策划，组织实施、监控，确保工程项目建设顺利进行，实现既定的各项目标，提高项目的投资效益。

质量控制方面：项目监理机构依据法律、法规、规范、标准及施工合同约定，通过大量的工作对现场的施工质量具体实施监控。项目管理人员不应介入大量、具体的现场施工质量的检查、验收工作，应通过巡视抽查，管控项目监理机构及施工单位的质量管理、保证体系是否健全，施工质量是否处在受控状态。更重要的是项目管理部应管控设计质量，确保项目功能与建设单位需求的实现，明确标准，控制甲供材料、设备的标准、质量，必要时办理设计变更和工程洽商。这些工作在建筑设计、专业深化设计、装饰装修阶段尤为突出。

进度控制方面：项目监理机构主要检查施工进度是否符合施工进度计划，如发生较大偏差，应分析原因，如属施工单位原因，应要求施工单位在人、机、料、法、环上采取措施；如属建设单位原因，应提出建议。而项目管理部为了实现总进度目标与里程碑计划，需全方位的策划，并工作要有超前性，解决好工程报建报批、施工图提供（含深化设计、方案等）、专业承包单位的合同签订与进场、甲供材料设备的供订货、施工作业面的提供与衔接、资金等问题，并解决施工过程中需建设单位决策的问题，为施工顺利进行，创造应由建设单位负责解决的条件。

投资控制方面：项目监理机构主要是对施工合同价款实施控制，主要审核质量合格的已完工程量及其工程款支付申请，参与设计变更、工程洽商的价款审查、竣工结算。而项目管理部的投资控制是全过程、全方位的，要协助建设单位、造价咨询机构确认方案设计估算、初步设计概算、施工图预算、合同价款，要确定与优化投资目标及其分解，不断地汇总、分析投资目标实现情况，如发生偏差，采取措施，实现项目各阶段的投资目标，提高项目的投资效益。在设计阶段及处理设计变更、工程洽商时尤为重要。

综上所述，项目管理部与其他咨询类项目机构（招标代理、造价咨询、监理）相比，由于所处位置、责任、权利、工作范围的不同，其他咨询类项目机构不管是时间跨度上，还是工作范围上都是局部的，它们都需完成大量具体的工作，并应对自己的工作成果负责。而项目管理工作是全过程、全方位的，项目管理部是集成招标代理、造价咨询、监理对项目的管理，项目管理部对工程项目的管理主要体现在策划、组织协调和监控职能上，要站得高，看得远，要统揽项目全局，工作要有超前性。要尊重参建各方，充分发挥参建各方作用，实现共赢。一切从实现工程项目各项目标，提高建设单位的投资效益出发，为建设单位服务。

3 设计及设计阶段的报批管理

工程设计是工程项目生命周期中的重要环节，是对工程项目进行整体规划，体现具体实施意图的重要过程。设计成果对项目功能、品质起着决定性的作用；工程设计是处理技术与经济关系的关键性环节，是确定和控制工程投资的重点阶段；设计成果是诸多项目管理工作开展的输入，直接影响后续的报建报批、招标采购、施工的进程。设计成果与进程对实现项目质量、投资、进度目标关系极大，项目管理团队应清醒地认识到设计管理在项目建设实施中居于先行的主导地位。在项目管理各项工作中，对设计工作与设计管理要舍得花精力、花时间，在设计与其他工作的衔接上，要科学地安排设计进度，以便设计人员对设计方案比选，精心设计，并对设计成果评审论证、优化。

3.1 设计阶段项目管理工作的总流程

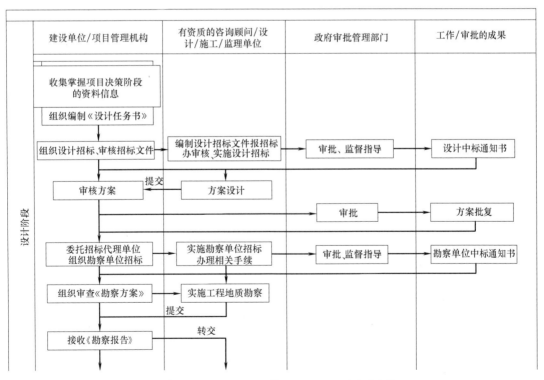

图 3-1 建设工程项目管理工作总流程——设计阶段❶（一）

---

❶ 部分引用上海市建设工程咨询行业协会.建设工程项目管理服务大纲和指南.2013年：图2 规划及设计阶段主要流程

3 设计及设计阶段的报批管理

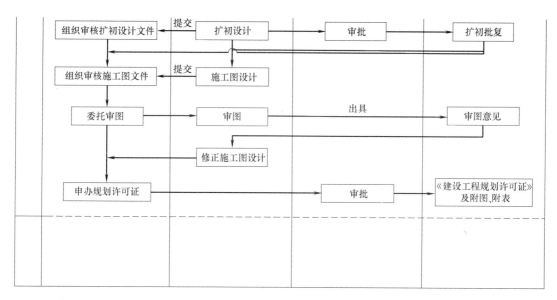

图 3-1 建设工程项目管理工作总流程——设计阶段（二）

3.2 设计准备阶段的工作

3.2.1 选择、确定设计单位

1. 确定设计任务的委托方式

由于工程项目专业划分越来越细，要求也越来越高，所以一个工程项目的设计任务往往不是由一个设计单位完成，特别对于大型公共建筑（如医院、剧场、高级宾馆与办公楼等）及大型工业建筑，往往除主设计单位进行总体设计及主专业设计外，其他复杂专业的设计任务由专业化的设计单位完成。项目管理团队需策划下列事项：

（1）哪些专业需由专业化设计单位完成，这些专业化的设计单位是由建设单位选择、委托还是由主设计单位或施工承包单位选择、委托。一般情况下，较为独立、不需主设计单位作较多协调的专业，如室外市政、园林绿化等专业可由建设单位选择和委托；需主设计单位作较多协调、配合的专业可由主设计单位分包给专业化设计单位（应经建设单位同意）；对于一些专业性强的设备供货与专业承包单位完成的专业，可由具有该专业、专项设计资质的单位进行专业深化设计，如钢结构、幕墙、通风空调、弱电设备等。

（2）主设计单位与专业设计单位之间的协调、配合：不论专业设计是由谁委托，应明确专业设计成果均应由主设计单位认可。应明确主设计单位与各专业设计单位的分工；明确各自在设计质量、进度、投资等方面的责任；建立主设计单位与专业设计单位之间的协调机制，解决设计过程中在技术、标准和投资等方面出现的问题。

(3) 建设单位、项目管理团队与各设计单位之间的沟通：当工程项目的设计任务由多个设计单位完成时，特别当主设计单位将某些专业分包给专业设计单位时，应建立建设单位、项目管理团队与各设计单位的沟通机制，及时掌握设计情况，并明确哪些问题专业设计单位除与主设计单位沟通问题，还需与建设单位、项目管理团队沟通，确保建设单位、项目管理团队对设计过程的控制，特别对项目功能、标准与投资的控制。

2. 编制设计任务书（设计要求文件）

由于业主与项目管理团队对项目的建设意图、项目的定义也是不断深化与细化的，故设计任务书宜按方案设计阶段、初步设计阶段、施工图设计阶段分别编制。这样可使设计要求更全面、准确，虽然增加了工作量，但可使业主和项目管理团队对设计的要求更主动，有利于实现建设项目的目标。本书主要阐述方案设计阶段设计任务书编制的要求、内容，此后初步设计阶段和施工图设计阶段的设计任务书可根据方案设计阶段（或初步设计阶段）对项目理解的深化，进行补充、细化和必要的调整，形成后续阶段的设计任务书。

（1）设计任务书的作用：设计任务书是项目前期策划成果及其深化的具体体现，是在总体构思和项目总体定位的基础上，将项目功能、项目内容、项目规模和项目标准等进行细化，反映业主建设意图，确定项目设计投资限额、质量和进度等设计要求的文件。设计任务书是进行工程设计和审核设计的主要依据，对项目设计及其后续工作的意义重要且深远，设计任务书是决定项目成败的关键环节。设计任务书是设计招标文件和签订设计合同的重要组成部分。设计任务书中的各项要求提出的是否全面、准确、科学、详尽将直接影响设计工作的质量和进度，如设计任务书有缺陷，将造成设计单位设计出来的设计文件偏离业主对拟建项目的预期，对实现项目目标影响极大，也可能导致设计返工和设计单位索赔，影响后续各项工作的开展。故项目管理团队应将其作为设计准备的重要环节，缜密地做好该项工作。

（2）编制设计任务书的要求

1) 设计任务书必须以已批准的项目前期文件为依据：设计任务书中的建设规模、投资额度、用地与规划设计条件和主要功能定位等应符合政府相关主管部门对拟建项目的批复意见。否则一旦偏离，会造成项目后续各阶段工作系统性的失控。因此，应对项目可行性报告及其批复、规划设计条件和各专业批复意见等项目前期文件进行充分的研究、分析，保证设计任务书的内容建立在物质资源和外部建设条件的可靠基础上[1]。

2) 对项目建设标准的拟定、功能空间的设置布局、土地等资源的节约合理利用、环保、节能与减排、智能化和工艺、技术、材料、设备的选用都应符合国家规范、标准，并体现技术的先进性和可持续发展。

3) 设计任务书的内容应充分、全面、明确地表达业主对项目建设的要求，对建筑各要素的要求体现合理性和先进性[1]。

---

[1] 周子炘. 建筑工程项目设计管理手册. 北京：中国建筑工业出版社，2013年：174

4）将编制设计任务书的过程作为对建设项目进一步充分研究、策划的过程，应针对建设项目所有可能的要素进行深入细致的分析研究，得出并强化项目的主要要素，忽略或弱化某些无足轻重的内容，从而确定建设项目的目标并予以细化。

5）对建设工程项目的功能要求及其描述是设计任务书的重点。功能要求要合理、适当、可行，使项目的投资能控制在业主既定的投资范围内；功能描述必须全面、准确、严谨，充分体现业主的意图；功能描述要尽量具体明确，避免使用模糊语言。工业建筑项目应以工艺要求为先导，并作为设计任务书的重点内容❶。

6）对设计进度的要求应合理，既要紧凑，又要留有余地，以便设计人员充分发挥聪明才智，注重创新，进行多方案比选、择优选用，并对各阶段设计成果论证、优化。

（3）设计任务书的内容：设计任务书的主要内容如下❷：

1）编制的依据：批准的可行性研究报告及其批复、选址报告及批准的选址意见书、规划设计条件、建设场地工程地质勘查报告。

2）编制背景：业主单位名称、性质、项目投资、项目名称、建设用地、项目位置及周边环境。

3）项目定位：在国内外社会、行业、市场等方面的设计目标定位。

4）项目概况：使用功能、性质、类别、建设规模、建设周期、投资估算等。

5）设计原则：指导思想、设计总体原则要求、特定设计原则等。

6）设计条件：规划设计条件、地形图、有关立项批复或已批准的总平面图、行政和公共设施配套条件和其他所需的基础资料。

7）设计范围：设计周期、设计深度要求。

8）技术经济指标：建筑物的面积指标，总面积及组成部分的面积分配，设计投资限额及其分配，单位面积的造价控制指标。

9）规划条件：①建筑红线范围（四角坐标）及后退红线；②建筑密度、层数及道路中心的仰角；③容积率、建筑密度、绿化率等；④防火间距及消防通道；⑤日照、通风、朝向；⑥主要及次要出入口与城市道路的关系；⑦停车场及车库面积；⑧对水污染、噪声、粉尘等环境保护；⑨市政、给水、排水、电力、燃气、热力、电信等站点布局和管线的布置。

10）功能空间设计要求：①功能组成及其比例；②主要功能空间尺度、面积、形状和空间感；③空间序列、导向和空间感；④使用空间合理利用的要求。

11）平面布局的要求：①功能组成部分的面积比例及使用功能；②各使用部分的联系与分隔；③水平及垂直交通的布置与选型；④出入口布置；

---

❶ 周子焜．建筑工程项目设计管理手册．北京：中国建筑工业出版社，2013年：174
❷ 周子焜．建筑工程项目设计管理手册．北京：中国建筑工业出版社，2013年：175

⑤防火、防烟、安全疏散及消防中心；⑥人防设施；⑦辅助用房的设置，如煤气、热力、给水排水、电力、电信等专业机房及管井；⑧居住建筑的户型设计要求，户室比，主要房间的开间、层高、控制要求等。

12）建筑风格及造型：①建筑立意、特色及创新；②建筑群体与个体的体型组合；③建筑立面构图、比例及尺度；④建筑物视线焦点部位的重点处理；⑤外装饰的材料质感与色彩；⑥景观及环境。

13）建筑剖面的要求：①建筑标准层的高度；②有特色使用要求层的高度；③建筑地上、地下高度满足规划及防火的要求。

14）室内装饰要求：①一般用房的装饰；②重点公共部位的装饰；③有特殊使用要求房间的装饰。

15）结构设计要求：①主体结构型式的选择；②地基与基础的类型；③抗震设计的要求；④人防和特种结构的设计要求；⑤结构设计主要参数确定的要求。

16）设备设计要求：①给水系统（生活、生产、消防、中水）管网、水量和设备；②排水系统管网、污水处理及化粪池等；③电气系统的电源、负荷、变配电房、高低压设备、自备电源、防雷等；④空调、采暖、通风；⑤燃气管线设置、调压站及管网；⑥建筑智能化系统及其各子系统、集成系统。

17）建筑节能减排要求：①建筑专业节能；②节水、节电和空调采暖节能减排。

18）消防设计要求：①消防等级；②消防指挥中心；③自动报警系统；④防火及防烟分区；⑤安全疏散口的数量、位置、距离和疏散时间；⑥防火材料、设备及器材的要求。

（4）编制设计任务书的程序：

1）收集项目前期策划的文件、成果，深入分析、掌握建设单位的建设意图、总体构思、总体定位及各项目标。

2）各专业技术人员编制本专业的设计要求，建筑专业或技术组负责人汇总成设计任务书初稿，项目经理召集相关人员评审。在编制过程中应积极听取专家意见，获得专家的支持，也可以请设计顾问单位协助编制。

3）向建设单位汇报，充分听取建设单位意见，必要时请专家参加，会后修改、完善。

4）项目经理审核后报建设单位审批。

3. 确定委托设计的方法

在目前设计市场中，委托设计的方法有三种：

（1）招标委托：依据《工程建设项目招标范围和规模标准规定》，基础设施和公共事业项目，使用国有资金或国家融资的项目，总投资在3000万元以上的项目等都必须通过招标委托设计。随着全面深化改革的推进，住房和城乡建设部于2014年7月1日发布了《关于推进建筑业发展和改革的若干意见》（建市［2014］92号），该意见提出"调整非国有资金投资项目发包方式，试行非国有资金投资项目建设单位自主决定是否进行招标发包，是否进入有形市场开展工程交易活动，并由建设单位对选择的设计、施工等单位承担相应的责任。"故今后强制用招标方法委托设计的范围将会缩减。

（2）直接委托：即选取一至数家具有相应资质和技术能力的设计单位，进行考察和比较，最终选定一家，委托其完成设计任务。

（3）设计竞赛：指由业主或委托专业项目管理公司组织不同深度的规划和建筑设计竞赛，按一定竞选程序，由设计竞赛评审委员会对参赛设计进行评选，择优选出中选设计的活动。可将中选设计的设计者委托为该项目的设计单位。也可综合几个中选设计，再进行设计优化组合，委托其中一个设计单位作为该项目的设计单位或另行委托其他设计单位。为选择设计单位而进行的设计竞赛往往采用设计方案竞赛。设计竞赛与设计招标有下列不同之处：①设计招标的目的就是择优选择设计单位，而设计竞赛的目的是为了择优选出中选设计，中选设计的设计者不是必然的中标设计单位；②设计招标、投标除涉及设计内容外，还应包括设计单位的管理制度、措施及商务标（设计报价、进度等），而设计竞赛只涉及设计内容（方案）。

对国有资金投资及法律法规规定必须实行设计招标的项目，采用设计招标的方法委托设计单位，以满足法律法规要求。除此之外，可自主决定是否进行设计招标，是否进入有形市场开展工程交易活动，这样便增大的建设单位的自主权，同时也增大了建设单位选择设计单位的责任，故项目管理团队更应谨慎周密地选择设计单位。对于小型或技术简单的项目，建设单位或项目管理机构认为自己能把握的，在市场调研的基础上选取数家具有相应资质和技术能力的设计单位，进行考察和比较，最终选定一家委托其完成设计任务，即采用直接委托的方法。对于大中型或技术较复杂的项目，可先进行方案设计竞赛，择优选出中选设计方案，再确定设计单位，这也是国际惯例。因为这样做就注重了方案设计在项目工程设计中的显要作用，更有利于获得一个理想的好方案，从而有利于业主在设计过程初期就为设计质量奠定了基础，从而提高了项目工程设计的整体质量。在设计方案竞赛过程中，组建高质量的设计竞赛评审委员会是至关重要的工作。建设单位和项目管理机构要多听取专家各方面的意见，认真分析这些意见，从工程项目全生命周期的功能合理性、经济性、环保节能性出发，择优选出中选方案。在这个过程中也可能对项目前期策划的各项目标做微调和完善。

通过方案设计竞赛，反映了中选设计设计者的技术水平和创新能力，可委托其承担该项目的设计任务，也可委托其他设计单位承担该项目的设计任务。在选择和考察设计单位时，应侧重下面几个方面：

1）本项目的设计任务是否在该设计单位资质等级允许的范围内。

2）本项目主要设计人员的资历、同类工程业绩、创新能力与意识、服务意识、沟通能力。

3）本项目主要设计人员近期工作饱满程度：工程设计是随机性、创新性、综合性极强的随机思维物化过程，提交一个高质量的设计成果，除设计人员的技术水平、创新能力外，还需要有一定的时间与精力进行创作构思，综合考虑各方面的要求与制约因素，深思熟虑经过多方案比选后择优选用，对选用的方案还需不断优化。故承担本项目的主要设计人员如工作任务饱满，整天赶任务，很难提交一个高质量的设计成果。

4) 设计单位的设计校审制度、技术认证制度、限额设计制度、设计合同履约责任和激励机制等是否健全、有效，设计单位信用程度。

5) 设计成果提交后，施工阶段设计人员的配合及为建设单位提供后期服务的制度。

4. 方案设计招标投标管理

2008年3月21日住建部印发了《建筑工程方案设计招标投标管理办法》(建市【2008】63号)，目的是规范建筑工程方案设计招标投标活动，提高建筑工程方案设计质量。该办法规定方案设计的中标人可承担方案及后续阶段的设计和服务工作，也可以不再委托中标人承接或参加后续阶段工程设计任务。如招标书规定方案设计中标人即承担后续阶段的设计业务，则该办法就是对《工程项目建设勘察设计招标投标办法》的补充，进一步明确将方案设计作为投标书技术标和评标的重要内容，通过方案设计招标确定了方案和后续阶段设计的中标人；如招标书规定可不再委托中标人承接或参加后续阶段的工程设计任务，则该方案设计招标也就相当于方案设计竞赛。今后强制进入有形市场实施设计招标的项目会大大缩减，但国有资金投资的项目仍需通过设计招标确定设计单位，非国有资金投资的部分项目（如建设单位认为自己不易把控的大、中型项目）也会通过设计招标选择设计单位，或采用方案设计竞赛选用设计方案。故该办法对今后选择设计单位或设计方案仍有指导性作用。对于2万 m^2 以上的公共建筑、4万 m^2 以上的住宅小区及重要地区或重要景区的主体建筑项目，住建部还发布了《大中型建筑工程项目方案设计招标投标管理办法》。根据这两个方案设计招标投标管理办法，我们应掌握下列要点。

(1) 实行建筑方案招标的建筑工程项目应具备下列条件：

1) 政府投资的项目具有经过审批机关同意的项目建议书或可行性研究报告批复，企业（含外资、合资）投资的项目具有核准或备案的项目确认书；

2) 具有规划管理部门确定的项目建设地点、规划控制条件和用地红线图；

3) 有符合要求的地形图。有条件提供建设场地的工程地质、水文地质初勘资料，水、电、燃气、供热、环保、通信、市政道路和交通等方面的基础资料；

4) 有充分体现招标人意愿的设计任务书。

不应将上述条件只看成是法律法规对项目工作的制约，而应认识到积极完成设计准备工作，满足这些条件再进行设计招标或设计竞赛是实现项目目标必要的程序。大量工程实践表明，不具备相应设计招标或设计竞赛条件而进行发包，往往成为存在大量设计质量缺陷、超出投资和拖后进度的重要原因。

（2）设计招标文件：设计招标文件是进行设计招标投标活动及承发包双方签订建筑工程设计合同的主要依据。应包括如下实质性内容：

1）投标须知；

2）投标文件格式及主要合同条款；

3）设计任务书编制的依据和要求；

4）详细的评标标准和方法；

5）设计费计算方式或总价；

6）未中标人的补偿标准和方式；

7）投标人资质审查的要求；

8）投标有效期；

9）投标保证金含息退还的条件和期限。

（3）建筑方案设计投标文件技术标的内容：

1）工程方案设计综合说明书；

2）主要技术经济指标；

3）方案设计图；

4）方案设计估算和经济分析；

5）设计效果图或建筑模型；

6）招标文件要求提交的技术文件电子光盘或多媒体光盘。

（4）评标委员会：建设单位和项目管理机构应根据法律、法规的要求及工程项目的特点、需要，组建评标委员会，其组成应符合下列要求。

1）评标委员会的组成应包括招标人以及与建筑工程项目方案设计有关的建筑、规划、结构、经济、设备等专业专家。大型公共建筑工程项目应增加环保、节能、消防专家。评委应以建筑专业专家为主，其中技术、经济专家人数应占评委总数的三分之二以上。

2）评标委员会人数为5人以上单数，其中大型公共建筑工程项目评委人数不应少于9人。

3）大型公共建筑工程或具有一定社会影响的建筑工程，以及技术特别复杂、专业性要求特别高的建筑工程，采取随机抽取确定的专家难以胜任的，经主管部门批准，招标人可以从设计类资深专家库中直接确定，必要时可邀请外地或境外资深专家参加评标。

（5）评标方法与评标标准：建筑工程方案设计招标一般采用百分制综合评估法。应以评审技术文件为主，技术部分权重一般不低于85%，商务部分权重一般不大于15%，且所有评价因素、量化指标及权重均应在招标文件中明确规定和细化。评标标准应包括下列主要内容：

1）对方案设计符合有关技术规范及标准规定的要求进行分析、评价；

2）对方案设计水平、设计质量高低、对招标目标的响应程度进行综合评审；

3) 对方案社会效益、经济效益及环境效益的高低进行分析、评价；

4) 对方案结构设计的安全性、合理性进行分析、评价；

5) 对方案设计估算的合理性进行分析、评价；

6) 对方案规划及经济技术指标的准确性进行比较、分析；

7) 对保证设计质量、配合工程实施、提供优质服务的措施进行分析、评价；

8) 对招标文件规定废标或被否决的投标文件进行评判。

（6）技术论证要求：建筑工程项目有如下情况之一的，招标人可在招标文件中明确，在评标同时对其中有关安全、技术、经济、结构、美观、环保、节能等进行专项技术论证。

1) 重要地区主要景观道路沿线的建筑工程，其他地区特、大型公共建筑项目和有一定社会影响力的建筑工程；

2) 设计方案中出现的安全、技术、经济、结构、材料、环保、节能等有重大的不确定因素的；

3) 有特殊要求，需要进行设计方案技术论证的。

中标的建筑设计方案如有必要，也可进行专项技术论证，作为设计方案优化、调整的重要依据。

（7）投标文件的补偿：对于达到设计招标文件要求但未中标的设计方案，招标人应给予不同程度的补偿。

1) 采用公开招标，招标人应在招标文件中明确其补偿标准，若投标人数量过多，招标人可在招标文件中明确对前若干名进行不同程度的补偿。

2) 采用邀请招标，招标人应给予每个未中标的投标人经济补偿，并在投标邀请函中明确补偿标准，招标人可根据情况设置不同档次的补偿标准。

在实际设计招标过程中，还有买断设计方案的处理办法：对未中标的投标人，或招标人按招标文件规定中标人不再承担后续阶段的设计业务，招标人可在招标文件中明确，对前几名设计方案采取一次性买断，这样既对该投标人给予经济补偿，也买断其知识产权，以便招标人吸取各优秀方案的长处，对设计方案进行优化。对其他设计方案的投标人按上述1）、2）款的办法只给予一定数量的经济补偿。进行方案设计竞赛也可采用这方法。

（8）招标投标各项活动所需时间的规定：《建筑工程方案设计招标投标管理办法》规定：

1) 自招标文件或资格预审文件发出之日至停止发售，不得少于5个工作日；

2) 建筑工程实施性方案设计投标文件编制时间一般不少于45d；

3) 开标应在招标文件规定提交投标文件截止时间的同一时间公开进行；

4) 评标结束后15d内应公示推荐中标方案、评标专家名单及各位专家的评审意见，公示期为5个工作日，对公示无正确异议的，可发出中标通知书。

5. 设计合同的谈判与签订

（1）合同文本的准备：

1）选择合适的合同标准文本：国内大部分建设项目设计合同主要采用住房和城乡建设部和国家工商行政管理局联合发布的《建设工程设计合同（示范文本）》。示范文本有两种类型，分别为民用建设工程设计合同文本和专业建设工程设计合同文本。《民用建设工程设计合同（示范文本）》由8部分内容组成，其主要内容如下：

① 合同签订依据；

② 合同设计项目的内容：名称、规模、阶段、投资等；

③ 发包人应向设计人提交的有关资料及文件；

④ 设计人应向发包人交付的设计资料及文件；

⑤ 合同设计收费估算、设计费支付进度及其说明；

⑥ 双方责任；发包方责任一般包括应向设计人提供设计资料及文件，并对其完整性、正确性及时限负责；不得要求设计人违反国家有关标准进行设计；及时确认设计成果等。设计人责任一般包括：按国家法律法规、技术规范、标准、规程及发包人提出的设计要求，进行工程设计；按合同约定的进度要求提交质量合格的设计资料，并对其负责；随项目进展对设计资料及文件出现的遗漏或错误负责修改或补充；负责与合作设计单位的设计协调等。

2）编制合同专用条款：编制或审核合同专用条款时，应遵循下列主要原则。

① 制定各项专用条款的目的是有效地实现项目的总目标，要以主导目标控制为导向，正确处理质量、进度和投资的对立统一关系。

② 通过合同专用条款保证发包方对设计过程与成果的控制权力。如制定专用条款，鼓励设计人员在设计过程中对重大问题进行多方案比较择优选用，并不断优化，以充分发挥设计人员的积极性与创优精神；规定哪些重大问题和重要阶段，要召开建设单位和项目管理机构参加的专家论证会，以保证发包方的知情权与决策权。

③ 通过专用条款充分调动设计单位和设计人员的积极性：设计过程是技术性、系统性较强的思维活动过程，管理人员在设计过程中较难对其进行检查，这就要制定专用条款调动其积极性，增强其实现各项目标的责任感。如制定奖惩措施，使设计人员在设计过程中利用价值工程原理，提高工程项目全生命周期的性价比，并执行限额设计等。

④ 制定专用条款不仅要保证合同的合法性、公正性，还要注意平衡合同双方利益，促使合同双方互利合作，取得共赢。

⑤ 通过制定专用条款，进一步明确与细化双方的权利与责任，如规定设计方主要设计人员名单；规定哪些专业工程，主设计单位可分包，并规定主设计单位的协调责任；规定在项目配套征询和报批报建中设计方的配合责任等。

3）关于设计收费：2002年国家计委发布《建设工程勘察设计收费标准》（计价格[2002]10号），该标准采取按照建设项目单项工程概算投资额分档定额计费方法计算收费，即按计费额查表得设计收费基价，再乘专业调整系数、工程复杂程度调整系数和附加调整系数得出基本设计收费（如各调整系数均为1.0，则1000万元～10亿元计费额的项目，基本设计收费为38.8万元～2393万元）。注意基本设计收费不包括施工图预算编制费、竣工图编制费及主体设计协调费等，如发包方要求设计方完成这些工作，则另收取其他设计收费（如要求编制施工图预算，则加收基本设计费的10%）。具体计算方法及不同情况如何计算收费详见该标准。

2014年7月10日国家发改委发布《国家发改委关于放开部分建设项目服务收费标准有关问题的通知》（发改价格[2014]1573号），提出"放开除政府投资项目及政府委托服务以外的建设项目前期工作咨询、工程勘察设计、招标代理、工程监理等4项服务收费标准，实行市场调节价。"并提出"实行市场调节价的专业服务收费，由委托双方依据服务成本、服务质量和市场供求状况等协商确定。"在选择设计单位及签订设计合同时，建设单位和项目管理团队不宜将设计费的多少作为主要因素，如设计单位能提供优质服务，真正从建设单位角度出发，充分发挥积极性和创造性，认真综合项目各项需求和制约因素，优化设计，利用价值工程原理提高项目全生命周期的性价比，则建设单位得到的效益将远大于多付的设计费。

（2）合同文本的评审：合同文本经招采、合同管理组负责人审核后，由招采、合同管理组负责人召开项目经理及相关人员参加的合同评审会，最好请建设单位相关负责人参加。根据评审意见，由招采、合同管理组负责修改、完善，项目经理再次审核后报建设单位确认。

（3）合同的谈判与签订：合同文本经建设单位确认后，项目管理团队即可与设计单位谈判合同签订事宜，谈判过程中既要维持建设单位对设计过程与成果的控制权，又要尊重设计人员，激发设计人员的创作和优化设计的热情，互谅互让，达成共识。谈判结果经建设单位确认后，即可将正式合同文本报建设单位签署。签订设计合同尚应注意：若采用招标形式委托设计单位，则招标人和中标人应中标通知书发出之日30天内签订设计委托合同；并招标人应在签订设计委托合同7个工作日内，将合同报项目所在地建设或规划主管部门备案。

3.2.2 工程勘察管理的有关问题

1. 工程勘察阶段及其要求

项目决策阶段工程勘察为可行性研究勘察，又称选址勘察，其目的是满足确定场地方案的要求。项目实施阶段工程勘察分为下面两个阶段。

（1）初步勘察：在可行性研究勘察基础上，对场地内建筑地段的稳定性做出岩土工程评价，并为确定建筑总平面布置、主要建筑物地基基础方案及对不良地质现象的防治工作方案进行论证，满足初步设计或扩大初步设计的要求。

（2）详细勘察：对地基基础处理与加固，不良地质现象的防治工程进行岩土工程计算与评价，满足施工图设计的要求。

2. 委托工程勘察的方法

依据住建部发布的《关于推进建筑业发展和改革的若干意见》（建市[2014]92号），将"试行非国有资金投资项目建设单位自主决定是否进行招标发包，是否进入有形市场开展工程交易活动"，今后除国有资金投资项目需采用公开招标方法委托工程勘察业务外，其他项目将不再强制采用公开招标方法委托工程勘察业务。根据工程勘察业务的特点，建设单位将会采取直接委托或邀请招标的方法委托工程勘察业务。由于工程勘察主要是为工程设计提供依据，故在直接委托或邀请招标时，特别在对勘察市场不太熟悉的情况下，可征求设计单位意见，选择数家勘察质量高，与建设单位、设计单位配合好的勘察单位，进行考察与比较，最终选定一家，委托其完成勘察业务。也可将勘察任务包含在设计合同内，发包人可以将工程勘察任务和设计任务交给具有勘察资质的设计单位承担，也可以由设计单位总承包，再由设计单位选择勘察任务的分包单位，这样可以解决两个合同的衔接问题，也可满足设计的要求。

3. 编制勘察要求（勘察任务书）

项目管理团队应组织编制勘察要求，以明确勘察任务及技术要求，如有困难，可请设计单位协助提出勘察要求。

4. 建设单位或项目管理团队在工程勘察过程中应承担的主要责任

依据《建设工程勘察合同（示范文本）》GF-2016—0203，建设单位有下列主要责任。

（1）向勘察人提供下列文件资料，并对其准确性、可靠性负责。

1）本工程批准文件（复印件）以及用地（附红线范围）、施工、勘察许可等批件（复印件）；

2）工程勘察任务委托书、技术要求和工作范围的地形图、建筑总平面布置图；

3）勘察工作范围已有的技术资料及工程所需的坐标与标高资料；

4）勘察工作范围地下已有埋藏物的资料（如电力、电讯电缆、各种管道、人防设施、洞室等）及具体位置分布图。

如发包人不能提供上述资料，由勘察人收集的，发包人需向勘察人交付相应费用。

（2）在勘察工作范围内，没有资料、图纸的地区，发包人应负责查清地下埋藏物，若因未提供上述资料、图纸，或提供的资料、图纸不可靠，地下埋藏物不清，致使勘察人在勘察过程中发生人身伤害或造成经济损失时，由发包人承担民事责任。

（3）应及时为勘察人提供并解决勘察现场的工作条件和出现的问题，并承担其费用。

(4) 为勘察人的工作人员提供必要的生产、生活条件,并承担费用。如不能提供时,应一次性付给勘察人临时设施费用。

(5) 应对勘察工作现场周围建筑物、构筑物、古树名木和地下管线的保护负责,对勘察人提出书面具体保护要求(措施),并承担费用。

5. 勘察人的责任

(1) 应按国家技术规范、标准、规程和发包人的任务委托书技术要求进行工程勘察,按合同规定的时间提交质量合格的勘察成果资料,并对其负责。

(2) 由于勘察人提供的勘察成果资料质量不合格,勘察人应负责无偿给予补充完善。若勘察人无力补充完善,需另委托其他单位时,勘察人应承担全部勘察费。

(3) 工程勘察前,提出勘察纲要或勘察组织设计。

(4) 按发包人提出的保护要求(措施),保护好工作现场周围的建、构筑物、古树名木和地下管线、文物等。

(5) 及时参加地基验槽、地基基础分部和主体结构分部验收、工程竣工验收及与地基基础有关的工程事故处理工作。

6. 审查勘察成果资料

(1) 检查工程勘察企业的法定代表人、项目负责人、审核人、审定人等相关人员是否在勘察文件上签字或盖章;

(2) 检查勘察成果是否满足勘察任务书(要求)中规定的任务范围及技术要求;

(3) 征求设计单位意见,是否分别满足各设计阶段的要求;

(4) 检查工程勘察文件是否经过工程勘察质量监督部门或其委托的机构审查通过。《建设工程勘察质量管理办法》(建设部令第163号)第18条规定:"工程勘察文件应当经县级以上人民政府建设行政主管部门或者其他有关部门(以下简称工程勘察质量监督部门)审查。工程勘察质量监督部门可以委托施工图设计文件审查机构对工程勘察文件进行审查"。项目管理团队组织审核合格后,方可交设计单位使用。

3.3 建设项目在设计阶段的征询与报批

工程项目建设离不开接受政府相关主管部门对项目的许可管理,项目建设规划行政管理是建设项目实施阶段建设行政管理的主要内容。建设项目的规划、设计许可大部分都是在设计阶段完成的,项目管理团队必须认真按相关规定向政府相关主管部门及其授权机构进行征询与报批,获得相应许可,否则建设项目将难以向前推进。建设项目在设计阶段的征询与报批主要包含:工程项目及其用地的规划许可;工程项目设计阶段的建设专项审查;工程项目的配套建设；上级主管部门与建设行政主管部门的设计审查。此外，为了做好征询与报批工作，项目管理人员也应熟悉工程项目的建设程序及相关规定。

3.3.1 设计阶段建设项目征询与报批程序

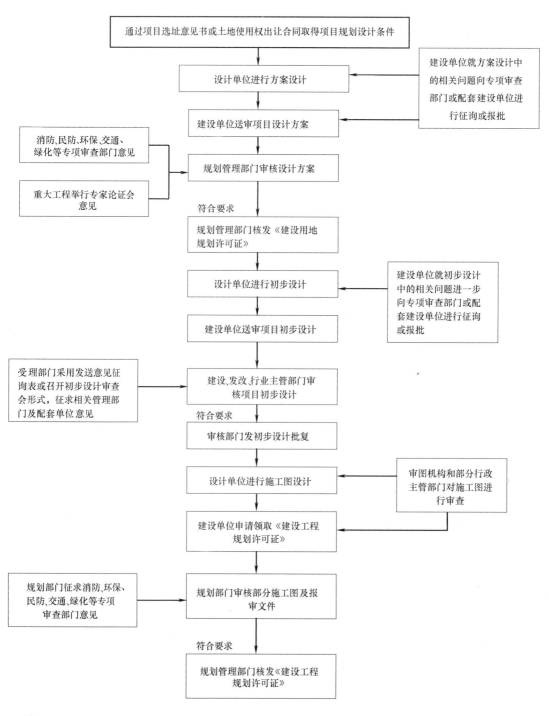

3.3.2 工程项目及其用地的规划许可

工程项目及其用地规划许可主要包含：规划行政主管部门核发规划设计条件；规划行政主管部门审核设计方案；申请领取建设用地规划许可证；申请领取建设工程规划许可证。为了顺利完成上述各项规划许可，首先应了解不同投资项目的审批制度及工程项目取得建设用地的方式。

1. 不同投资项目的审批制度

根据投资体制改革的有关规定，彻底改革以前不分投资主体、不分资金来源、不分项目性质，一律按投资规模大小由各级政府及有关部门审批的管理办法。对于企业不使用政府投资建设的项目，一律不再实行审批制，区别不同情况，实行核准制和备案制。

（1）审批制：对于政府投资项目实行审批制，根据投资来源（中央预算内、各级地方政府投资），分别由国家发改委或省级发改委会同相关部门审批，从投资决策角度审批项目建议书和可行性研究报告。对于审批制项目，可行性研究报告获得批复即标志项目已立项，项目将从决策阶段转入实施阶段。

（2）核准制：企业投资建设项目在《政府核准的投资项目目录》范围内的，实行核准制，由投资主管部门核准，并按该目录规定的核准权限实施核准。国务院投资主管部门是指国家发改委，地方政府投资主管部门是指地方政府发改委和地方政府规定的具有投资管理职能的经贸委。

企业投资建设实行核准制的项目仅需向政府提交项目申请报告，不再经过批准项目建议书、可行性研究报告的程序。项目申请报告应由具备相应工程咨询资质的机构编制。核准机关同意项目申请报告发出项目核准文件标志该项目已立项，项目进入实施阶段。项目核准文件有效期2年，自发布之日起计算，项目在核准文件有效期间未开工建设的，项目单位应在核准文件有效期届满30日前向原项目核准机关申请延期，否则该项目核准文件自动失效。

（3）备案制：企业投资项目备案制，既不同于审批制，也不同于核准制，备案制的程序更加简便，内容也更简略。除不符合法律法规的规定、产业政策禁止发展、需报政府核准或审批的项目外，应当予以备案。环境保护、国土资源、城市规划、建设管理、银行等部门应按照职能分工，对投资主管部门予以备案的项目依法独立进行审查和办理相关手续，对投资主管部门不予以备案的项目以及应备案而未备案的项目，不应办理相关手续。政府投资主管部门对项目予以备案，标志该项目已立项，进入项目实施阶段。已办理备案手续的项目，如果在实施过程中原备案内容发生重大变化，应当重新备案。

从上述不同投资来源项目的审批制度也看出，项目决策阶段从开始到项目立项，不管是项目单位申报的内容，还是投资主管部门审查的内容，都主要是政府投资主管部门从投资决策角度或产业政策对项目实施审批或者核准、备案，尚未从程序上涉及规划与建设许可，进入项目实施阶段将涉及许多规划设计与建设许可。

2. 工程项目取得建设用地的方式

建设单位或个人进行建设，需要使用土地的，必须依法申请使用国有土地（包括国家所有的土地和国家征用原属于农民集体所有的土地）。并且，土地所有权人和土地使用者都必须按照土地利用总体规划确定的用途使用土地。建设项目可通过划拨和出让两种方式取得国有建设用地的使用权。

（1）国有建设用地使用权的划拨：国家建设项目可通过划拨方式取得国家建设用地的使用权。以划拨方式取得国家建设用地使用权的项目，在可行性研究论证时，应向土地管理部门提出建设用地预申请；在可行性研究报告报批时，应附具土地管理部门的建设项目用地预审报告；并向城市规划主管部门申请核发选址意见书。在选址意见书核发满 6 个月后，建设单位仍未取得建设用地规划许可证的，可以申请延期，未申请延期的，选址意见书自行失效。

（2）国有建设用地使用权的出让：除上述国家建设项目可通过划拨方式取得国家建设用地的使用权外，其他建设项目均须通过有偿使用方式来取得国有建设用地的使用权，其方法主要是国有土地使用权的出让，建设单位缴纳土地使用权出让金等土地有偿使用费和其他费用后，方可使用土地。并且必须按土地使用权出让合同或其他有偿使用合同的约定使用土地，确需改变该土地建设用途的，应经土地及城市规划行政主管部门同意，报原批准用地的政府批准。使用权出让的方法有招标、拍卖与挂牌。

3. 规划设计条件（要求）的获取

规划设计条件是在建设工程项目立项批准过程中，规划部门按照城市总体规划的要求、项目建设地点的周边环境，对该项目的设计提出的规划要求，作为方案设计、初步设计的法定依据。

（1）以划拨方式提供土地使用权的建设项目，其规划设计条件取得的方式：规划行政管理部门在向该类建设项目核发建设项目选址意见书时，在选址意见书内，批准部门已明确了规划设计条件。

（2）以出让方式提供建设用地的建设项目，其规划设计条件取得的方式：在相关部门按照各自职责提出出让条件的同时，规划行政管理部门已依据控制性详细规划提出了出让地块的规划条件，包括出让地块的位置、范围、规划用地性质、建筑容积率、建筑密度、绿地率、停车场地等各项规划要求与附图。

（3）其他项目规划设计条件取得的方式：不需要向城市规划管理部门申请选址意见书，但需要向城市规划管理部门申请核发改建项目的规划设计条件。

注意事项：建设单位和个人在规划条件核定满 6 个月后未取得建设工程规划许可证的，可以向规划行政管理部门申请延期，未申请延期的，核定规划设计条件的文件自动失效。

4. 建设工程设计方案的审核

（1）设计方案及其审核的概念：建设工程规划设计方案审核是在建设单位取得规划设计条件，并根据该条件完成方案设计后，规划行政管理部门进行的规划审核。规划设计方案审核同意是申请领取《建设用地规划许可证》和《建设工程规划许可证》的必备条件。

在项目决策阶段，项目可行性研究报告中也包含项目设计方案，可行性研究报告在审批时，也需审查其设计方案，但此阶段的设计方案主要是针对投资分析，并对其审查主要是从投资决策角度。在项目决策阶段，除特殊地区或特殊项目，一般尚未涉及规划行政管理部门进行规划审核。

在设计方案竞赛或方案设计招标投标过程中，建设单位选中的设计方案往往未成为最终确定的设计方案，需在中选设计方案的基础上，吸取其他设计方案的优点，经过充分论证、优化最终成为送审的设计方案。

（2）建筑工程设计方案送审应提交的资料❶：

1）《建设工程规划设计方案申请表》；

2）1∶500 或 1∶1000（郊区 1∶2000）地形图（一份），地形图上应由设计单位标明下列内容并盖章：

① 建设基地用地界线；

② 周边地形（包括现状和待建建筑位置）；

③ 各项规划控制线；

④ 拟建建筑位置（包括地下和地上建筑），建筑物角点轴线标号；

⑤ 基地内外的建筑间距、建筑退界距离，后退建筑控制线距离，建筑物层数、绿化、车位、道路交通等；

3）1∶500 或 1∶1000 建筑设计方案总平面图（图纸二份，电子文档一份）；总平面图上应标明的内容及要求同地形图，总平面图应符合国家和本市方案出图标准，并加盖建筑设计单位的建筑设计方案出图章和设计负责人、注册建筑师印章；

4）建筑设计方案图（含平、立、剖面）及设计说明文本（两套），并加盖建筑设计方案出图章和设计负责人、注册建筑师印章；

5）分层面积表（两份）；

6）属高层建筑项目，周边有文教、卫生建筑的，需加盖有相应资质部门编制的日照分析报告（原件 2 份）；

7）可行性研究报告或其他批准文件（原件及复印件各一份）；

8）《建设项目选址意见书的通知》或《建设工程规划设计要求通知单》或《国有土地使用权有偿出让合同》文本及附图（复印件一份）；

9）上条三项文件中要求申请单位送审的其他相关文件、图纸；

10）设计方案修改后再次送审所需的文件、图纸以城市规划管理部门前次审核意见要求为准；

11）因建设项目的特殊性而需要提交的其他相关材料。

（3）居住区建筑方案送审时，必须附有项目所在地政府部门对公建配套的审查意见，公建配套的主要内容如下：❷

---

❶、❷ 张毅. 工程项目建设程序. 北京：中国建筑工业出版社，2011：198-199

1) 住宅生活用水纳入城市自来水管网；使用地下水的，经过市水务管理部门审核批准。

2) 住宅用电根据电力部门的供电方案，纳入城市供电网，不得使用临时施工用电和其他不符合要求的用电。

3) 住宅的雨、污水排放纳入永久性城乡雨、污水排放系统。

4) 住宅区与外界交通干道之间有直达的道路相连。

5) 居住区按照规划要求配建公交站点，开通公交线路。

6) 住宅所在区域必须按照规划要求配建教育、医疗保健、环卫、邮电、商业服务、社区服务、行政管理等公共建筑设施；由于住宅项目建设周期影响暂未配建的，附近区域必须有可供过渡使用的公共建筑设施。

7) 住宅周边做到场地清洁、道路平整，与施工工地有明显有效的隔离设施。

(4) 建设单位送审设计方案时的注意事项：

1) 建设单位在向规划管理部门送审设计方案的同时，应征询消防、环保、民防、园林绿化等相关管理部门的意见，详见本书3.3.3和3.3.4节。

2) 国有土地使用权有偿出让地块上的建筑工程设计方案，应同时分送环保、消防、民防、劳动保护、卫生防疫、安保等部门会审。

(5) 规划行政管理部门审核同意后，核发《建设工程规划设计方案审核意见》或《建设工程规划设计方案批复》及其附图。注意：建设工程规划设计方案批准后6个月内，未申请建设工程规划许可证又未申请延期的，已批准的建设工程规划设计方案即行失效。

5. 建设用地规划许可❶

(1) 建设用地规划许可的概念与内容

1) 概念：建设用地规划许可是城市规划行政主管部门对城市规划区内建设项目用地进行审查，确定其建设地址，核定其用地范围及土地规划要求，核发建设用地规划许可证的行为。建设单位在取得建设用地规划许可证后，方可向土地主管部门申请用地。

2) 建设用地规划许可的内容：主要审核如下内容：

① 土地使用性质：土地使用性质的控制是保证城市规划布局合理的重要手段。

② 核定土地开发强度：核定土地开发强度是通过建筑容积率和建筑密度两个指标来实现。建筑容积率是控制城市土地使用强度和保证城市土地合理利用最重要的指标；建筑密度是影响建设项目建成后城市环境质量的重要指标。核定建筑密度可以保证建设项目能满足绿化、地面停车场地、消防车作业场地、人流集散空间等配套设施用地的面积。

③ 确定建设用地位置与范围。

④ 核定土地使用的其他规划要求，如核定规划道路、建筑退界、设置

---

❶ 张毅. 工程项目建设程序. 北京：中国建筑工业出版社，2011：204-209

绿化隔离、建筑高度、建筑间距等规划管理要求。

(2) 下列建设项目应申请"建设用地规划许可证"：

1) 新建、迁建单位需要使用土地的；

2) 原址扩建需要使用本单位以外土地的；

3) 需要改变本单位土地使用性质的；

4) 已签订《国有土地使用权出让合同》的，应申请领取"建设用地规划许可证"；经城市规划管理部门批准变更《国有土地使用权出让合同》中各项规划要求的，应申请更换"建设用地规划许可证"。

建设单位在原址改建项目且不改变项目性质的，不需要重新申请建设用地规划许可证。

(3) 申请建设用地规划许可证，应报审的文件图纸：

1) 建设用地规划许可证申请表；

2) 1∶500 或 1∶1000（郊区 1∶2000）地形图五份，地形图上用红色实线标明用地位置地界；

3) 批准的建设项目可行性研究报告或有关批准文件（原件及复印件各一份）；

4)《建设项目选址意见书》的通知及附图或《国有土地使用权出让合同》文本及附图各一份（原件及复印件各一份）；

5) 设计方案已批复的，需加送《建设工程规划设计方案批复》及附图（复印件一份）；

6) 因建设项目的特殊性需要提交的其他相关材料。

(4) 规划管理部门核发建设用地规划许可证：规划管理部门受理申请后，审核设计方案或设计总平面图，并征求环保、消防、交通、文物保护、绿化等主管部门意见，在法定工作日 40d 内审批完毕。对符合要求的，核发建设用地规划许可证。注意：建设单位在取得建设用地规划许可证后 6 个月内，未取得建设用地批准文件又未申请延期的，建设用地规划许可证即行失效。

6. 建设工程规划许可

(1) 建设工程规划许可的概念：建设工程规划许可是城市规划行政主管部门依据城市规划，根据建设工程具体情况，综合有关专业管理部门要求，对建设工程的性质、位置、规模、开发强度、设计方案等内容进行审核，核发建设工程规划许可证的行政行为。建设工程规划许可证是申请工程项目开工的必备证件[1]。

(2) 建筑工程规划许可的内容：建筑工程规划管理的对象是建筑物和配套设施，规划许可管理的内容主要有：

1) 建筑物使用性质的控制。

2) 建筑容积率和建筑密度的控制：在建设用地规划许可阶段中，已作

---

[1] 张毅. 工程项目建设程序. 北京：中国建筑工业出版社，2011：210

了控制，在工程规划许可阶段，需要依据规划要求对工程设计方案中的建筑容积率作进一步审核和精确计算。在审定建筑密度时，应确保基地内绿地面积、消防通道、停车场地、建筑间距等符合要求。

3）建筑高度（层数）的控制：建筑高度的控制是核定建筑规划设计要求和审核建筑设计方案的一项重要内容。

4）建筑间距的控制：建筑间距包括建筑物之间的正面间距和侧面间距。建筑间距应满足消防、卫生防疫、日照、交通、空间关系以及工程管线布置和施工安全要求。

5）建筑范围的控制：建筑范围应当在核定的用地范围内，并且建筑物、构筑物与用地范围控制线（如退让道路红线，用地红线）应保持一定距离。

6）绿地率的控制。

7）道路交通的控制：主要是审核建设基地机动车、非机动车出入口方位，保持与交叉口有一定的距离，组织好行人、机动车、非机动车的交通，并按规定设置停车泊位。

8）基地标高的控制：建筑物的室外地面标高必须符合地区详规的要求，主要目的是不妨碍相邻地段的排水。

9）建筑空间环境的控制：对建筑物造型、立面、色彩等进行审核，控制好城市景观，与城市周围景观协调，成片开发的建筑工程还审核环境设计。

10）配套公共设施和无障碍设施的控制。

11）综合其他相关专业管理部门的意见：在建筑工程规划许可阶段，城市规划管理部门将征求消防、环保、交通、绿化等部门的意见。

从上述工程规划许可的内容可看出，工程规划许可与用地规划许可既有联系，又有区别。工程规划许可与用地规划许可均是审核规划设计方案，工程规划许可是用地规划许可的继续、深化。用地规划许可阶段对规划设计方案的审核，主要针对用地上，对建设用地的位置与范围、性质、开发强度进行审核；而工程规划许可阶段对规划设计方案的审核，除了进一步审定土地使用性质和开发强度外，还将审核建筑物的高度、间距、标高、造型、立面、色彩、配套公共设施等，并征求消防、交通、绿化等相关专业管理部门的意见，使拟建建筑物全面符合城市规划要求。

(3) 需申请建筑工程规划许可证的项目范围❶：

1）新建、改建、扩建的建筑工程；

2）文物保护单位和优秀近代建筑的大修工程及改变原有外貌或基本平面布局的装修工程；

3）需要变动主体承重结构的建筑大修工程；

4）沿道路或在广场设置的城市雕塑工程。

(4) 建设单位申请建筑工程规划许可证需提交的文件、图纸：

---

❶ 张毅．工程项目建设程序．北京：中国建筑工业出版社，2011：210

1) 建设工程规划许可证申请表（建（构）筑物工程）。

2) 1∶500或1∶1000（郊区1∶2000）地形图四份，地形图上应由设计单位用≤0.3mm的红色或蓝色实线标明下列内容并盖章（标明内容同3.3.2中4（2）建筑工程设计方案送审资料中2）项）。

3) 1∶500或1∶1000建筑总平面施工图（图纸四份、电子盘片一份），总平面图上应标明的内容及要求同以上地形图，总平面图应符合国家和本市施工图出图标准，并加盖建筑设计单位"工程施工图设计出图"专用章和设计负责人、注册建筑师印章。

4) 建筑施工图（平、立、剖面和图纸目录单）（三套），图纸需符合国家和本市施工图出图标准，并加盖设计单位"工程施工图设计出图"专用章和设计负责人、注册建筑师印章。

5) 基础施工平面图，基础详图及桩位平面布置图（各2套），图纸需加盖"工程施工图设计出图"专用章和设计负责人、注册结构工程师印章。

6) 用于项目公示的建设工程平面示意图（图纸两份、电子盘片1份）。

7) 属高层建筑项目，周边有文教卫生建筑的，需按规定加送有相关资质部门编制的日照分析报告（原件两份）。

8) 属住宅建设项目的需加送公建配套协议（原件一份）。

9) 建筑工程概、预算书（原件及复印件各一份）。

10) 批准的建设项目初步设计文件或其他计划批准文件（原件及复印件各一份）。

11)《建设工程规划设计方案批复》及附图（复印件一份）。

12)《建设工程规划设计方案批复》中要求征询的有关单位审核意见（消防、卫生、交通、绿化、环保、民防、地名等）（原件各一份）。

13) 因建设项目的特殊性需提交的其他相关材料。

注意：工程规划许可阶段虽然主要审核规划设计方案，但报审的图纸几乎均为加盖"工程施工图设计出图"专用章的施工图。有些地区（如上海市）还要求提交的施工图经过施工图设计文件的审查。这可能出于为了使备案的图纸更具法律效力，或今后在该建筑物附近再建设其他工程、管线时，能查询更准确的信息。从中可看出，施工图设计需完成到一定程度后才具备申请建设工程规划许可证的条件。

(5) 核发建设工程规划许可证：规划行政管理部门受理建设单位提交的工程规划许可申请后，在20个工作日内审核报审文件、图纸，并征求环保、消防等部门意见，对符合要求的，核发建设工程规划许可证。注意建设单位在建设工程规划许可证核发满6个月仍未开工的，可向规划行政管理部门申请延期，未申请延期的，建设工程规划许可证自行失效。国有土地使用权出让合同对开工时间另有约定的，从其约定。

7. 工程项目及其用地规划许可依据性文件

(1)《国务院关于投资体制改革的决定》（国发【2004】20号）；

(2)《中华人民共和国城市规划法》2008-1-1起施行。

3.3.3 工程项目设计阶段建设专项审查

工程项目建设专项审查是建设行政等相关部门及其授权机构对工程项目专项建设依法设定和实施送审、审查、行政许可等监督管理的活动。工程项目建设及其管理离不开行政许可，征询、申请、审查、批准将始终伴随着项目建设管理全过程，在设计阶段尤为集中。工程项目规划设计的成果必须依法取得建设行政等相关部门的许可，并往往征询、审查、批准的结果也是后续设计过程的依据。在设计管理过程中必须熟悉和执行这些相关规定，使设计和报批工作顺利进行。专项审查主要包括环境保护、消防、民防、绿化、道路交通、抗震、建筑节能、预防性卫生、防雷等专项审查。

1. 工程项目环境保护审查

（1）项目决策阶段应取得的审查成果：

1）根据环保部制定的《建设项目环境保护分类管理名录》及环保部门意见，编制《环境影响报告书》（对环境造成重大影响的项目）或《环境影响报告表》（对环境可能造成轻度影响的项目），或填报《环境影响登记表》（对环境影响很小，不需要进行环境影响评价的项目）。

2）对需要编制《环境影响报告书》或《环境影响报告表》的项目，需取得环保部门核发的环境评价审批意见。

3）对填报《环境影响登记表》的项目，环保部门在该表中有审批同意的意见。

（2）对实行备案制的建设项目，建设单位应在项目立项（办理备案手续）后和开工前报批环境影响评价文件（环境影响报告书、环境影响报告表、环境影响登记表统称为环境影响评价文件）。

注：实行审批制或核准制的项目在报送可行性研究报告前或在提交项目申请报告前报批环境影响评价文件。

（3）方案设计阶段环保审查的规定：建设单位应将方案设计中环境保护影响评价内容送环保主管部门审查，环保主管部门出具审查意见。

（4）初步设计阶段环保审查的规定：

1）要求设计单位必须按《建设项目环境保护设计规定》编制初步设计中的环境保护篇章，具体落实环境影响报告书（表）及其批复意见所提出的各项环保措施。

2）建设单位申报的材料：可行性研究报告批复或项目核准文件、项目备案表；初步设计及其附图。如有环保设施专题审查的，还需提供专题审查意见。

3）环保部门审查初步设计的环境保护篇章，并出具审查意见。

（5）施工图设计阶段环保审查的规定：

1）建设单位向环保部门报审的材料：

以非生产性项目为例：

① 初步设计批复；

② 总平面图、建筑平面图；
③ 主要平面图；
④ 给水、排水总图，系统图；
⑤ 排风系统图；
⑥ 辅助设施平面布置图；
⑦ 环保设施设计图；
⑧ 经主管部门预审的《建设项目环境保护"三同时"送审表》、《建设项目污染物排放表》；
⑨ 如需委托处理排放物的，应提供委托处理协议。

2）环保部门审查建设项目施工图设计中环保设施、措施的落实情况，核发《建设项目环境保护"三同时"审核通知单》。

（6）注意事项：

1）建设项目的环境影响评价文件经批准后，建设项目的性质、规模、地点、采用的生产工艺或防治污染、防治生态破坏的措施发生重大变动的，建设单位应重新报批建设项目的环境影响评价文件。

2）建设项目的环境影响评价文件自批准之日起超过5年方决定开工建设的，其环境影响评价文件应报原审批部门重新审核。

（7）主要依据性文件：建设项目环境保护设计规定；建设项目环境保护管理条例；建设项目环境保护管理办法（2011年版）。

2. 工程项目消防审核

（1）方案设计阶段

建设单位在向规划管理部门送审建筑设计方案的同时，应征询消防部门的意见，并取得该部门的审批意见。规划管理部门在办理建设工程规划许可证过程中也将征求消防部门的意见。

（2）初步设计阶段

建设行政主管部门在审查初步设计文件的过程中将征询消防部门对初步设计的意见。

（3）施工图设计阶段

依据2012年7月17日公安部发布的《建设工程消防监督管理规定》（公安部令第119号）（以下简称消防监督规定），消防设计采取消防设计审核与消防设计备案两种办法。

1）消防设计审核

① 需进行消防设计审核的工程范围：

a. 建筑总面积大于2万 m^2 的体育场馆等人员密集场所的建筑工程（详细范围见消防监督规定第十三条）；

b. 单体建筑面积大于4万 m^2 或建筑高度超过50m的公共建筑等（详细范围见消防监督规定第十四条）；

② 建设单位申请消防设计审核应提供下列材料：

a. 建设工程消防设计审报表；

b. 建设单位的工商营业执照等合法身份证明文件；

c. 设计单位资质证明文件；

d. 消防设计文件；

e. 建设工程规划许可证；

f. 法律、法规规定的其他材料。

③ 有关消防设计审核时间的规定：

a. 建设项目取得建设工程规划许可证后，可申请消防设计审核，消防设计审核合格后方可组织施工。

b. 公安机关消防机构应自受理消防设计审核申请之日起20日内出具书面审核意见，需组织专家评审的，专家评审时间不计算在审核时间内。

2）消防设计备案

① 需进行消防设计备案的工程范围：除规定实施消防设计审核的建设项目，且应办理施工许可证的，均应办理消防设计备案。

② 建设单位办理消防设计备案应提供下列材料：

a. 消防设计备案申报表；

b. 建设单位的工商营业执照等合法身份证明文件；

c. 设计单位资质证明文件；

d. 消防设计文件及施工图审查机构出具的审查合格文件复印件；

e. 建设工程施工许可证；

f. 法律、法规规定的其他材料。

③ 消防设计备案抽查：公安消防机构将在已备案的消防设计中，随机确定检查对象，对确定为检查对象的，公安消防机构在20日内完成图纸检查。检查不合格的，将通知建设单位。建设单位收到通知后应停止施工，组织整改后向公安消防机构申请复查，公安消防机构收到书面申请之日起20日内进行复查并出具书面复查意见。

(4) 注意事项

1）由于《建设工程消防监督管理规定》适用于新建、扩建、改建（含室内外装修、建筑保温、用途变更）工程，故实行消防设计审核或备案的工程范围也含新建、扩建、改建（含室内外装修、建筑保温、用途变更）工程。

2）建设、设计、施工单位不得擅自修改经公安消防机构审核合格或备案的建设工程消防设计，确需修改的，建设单位应向出具审核意见的消防机构重新申请消防设计审核或重新备案。

3）建设工程的消防设计未依法报消防机构备案的，消防机构将依法处罚，责令建设单位在五日内备案，并确定为检查对象。

(5) 主要依据性文件

《建设工程消防监督管理规定（2012）》（公安部令第119号）。

3. 工程项目民防审查

(1) 民防工程相关规定

1) 定义：城市新建民用建筑应按国家有关规定，结合修建战时可用于防空的地下室简称为结建民防工程。民防工程的战时用途应以人员掩蔽为主。

2) 配建标准：

① 10层（含）以上的民用建筑按首层建筑面积配建；

② 9层以下的民用建筑，基础埋深大于3m（含）的按首层建筑面积配建；基础埋深小于3m的按地上总建筑面积的2%配建。

3) 民防工程建设费：不宜修建结建民防工程的，建设单位应按项目的规划审批权限，在建设工程初步设计阶段向市或者区、县民防办提出申请，经认定不宜修建结建民防工程的，建设单位应在领取建设工程规划许可证前，向市或区、县民防办缴纳民防工程建设费。

（2）方案设计阶段民防审核

1) 建设单位申报材料❶：

①《民防工程建设（方案阶段）申请表》；

② 项目建议书、可研报告批文，土地出让（转让）合同（复印件）；

③ 设计方案总平面图（加盖设计出图章），要求标明建设基地界限，地上和地下拟建建筑的位置，建筑层数，技术经济指标；

④ 设计方案文本（加盖设计出图章）；

⑤ 建筑分层面积表（加盖设计单位与建设单位公章），要求将不同性质的建筑面积在表中分别列出；

⑥ 因项目的特殊性而需增加的其他报审资料。

2) 民防办10个工作日内并联审批后签发《民防工程建设（方案阶段）意见单》。

（3）初步设计阶段民防审核

1) 建设单位申报材料❷：

①《民防工程建设（初步设计阶段）申请表》；

② 规划部门的建设工程设计方案批复（复印件）；

③ 初步设计总平面图（加盖设计出图章），要求标明内容同设计方案总平面图；

④ 初步设计文本（加盖设计出图章），要求含民防工程设计内容；

⑤ 建筑分层面积表（要求同方案设计阶段）；

⑥ 因项目特殊性而需增加的其他报审材料。

2) 民防办10个工作日内并联审批后签发《民防工程建设（初步设计阶段）意见单》。

（4）建设工程规划许可证阶段民防审核

1) 建设单位申报材料❸：

①《民防工程建设（建设工程规划许可证阶段）申请表》；

② 建设主管部门的初步设计批复文件（复印件）；

---

❶、❷、❸、张毅. 工程项目建设程序. 北京：中国建筑工业出版社，2011年：287

③ 市民防办关于该项目通过审图的意见（复印件）；

④ 建筑总平面施工图（加盖设计出图章），要求标明内容同设计方案图；

⑤ 民防工程建筑平面施工图；

⑥ 因项目的特殊性而需增加的其他报审资料。

2) 民防办 10 个工作日内并联审批后签发《民防工程建设（建设工程规划许可证阶段）核定单》。

(5) 民防工程的施工图审查

1) 建设单位将下列申报材料送民防办公室❶：

① 《市民防工程施工图报审表》；

② 设计单位设计资质证书（复印件，并由设计单位加盖公章）；

③ 《民防工程（初步设计阶段）审核意见单》或批复文件（复印件）；

④ 民防工程施工图两套（包括建筑总平面图、建筑及结构、通风、给水排水、电气专业）及五个专业（建筑、结构、通风、给水排水、电气）的战时平面图；

⑤ 有平战转换工作内容的民防工程还需提供：

a. 《民防工程平战转换工作量概况表》一式三份；

b. 各类临战封堵的详图及材料表（不得仅标注参照某图集）。

2) 民防办公室审查后出具书面审查意见。

4. 工程项目绿化审查

(1) 工程项目绿化工程相关规定

1) 绿地面积：

① 新建居住区绿地面积占居住区用地总面积的比例不得低于 30%，其中用于建设集中绿地的面积不得低于 $2m^2/人$❷；

② 新建学校、医院、疗休养院所、公共文化设施，其附属绿地面积不得低于单位用地总面积的 35%❸；

③ 新建工业园区附属绿地总面积不得低于工业园区用地总面积的 20%，工业园区内各项目的具体绿地面积比例由工业园区管理机构确定❸；

④ 新建其他建设项目的绿地面积占用地总面积的比例不得低于 30%；

⑤ 属于旧城区改建的非住宅项目，确实无法达到绿地率指标的，允许规定的绿地比例降低 5%，但不得少于原有的绿地面积❸。

2) 绿化补建费：确因条件限制而绿地面积达不到规定的建设项目，应当征求绿化管理部门的意见，并按所缺的绿地面积缴纳绿化补建费❸。

3) 绿地内应以植物造景为主，绿化种植面积应不少于绿地面积的 70%，

---

❶ 张毅. 工程项目建设程序. 北京：中国建筑工业出版社，2011 年：288

❷ 北京市绿化条例. 2010 年 3 月 1 日起施行

❸ 张毅. 工程项目建设程序. 北京：中国建筑工业出版社，2011 年：305

构筑物的占地面积不得超过绿地总面积的2%❶。

4) 绿化种植的地下空间顶板标高应当低于地块周边道路地坪最高点标高1.0m以下，地下空间顶板上覆土厚度应不小于1.5m，确保符合植物种植条件❷。

(2) 方案设计阶段的绿化工程审查❷

1) 建设单位向绿化管理部门提供以下资料：

① 建设项目配套绿化方案审核申请表；

② 立项批复；

③ 建设用地规划许可证及许可范围图；

④ 绿化工程设计方案。

2) 绿化管理部门经踏勘现场，方案审查后提出书面审查意见。

(3) 初步设计阶段的绿化工程审查❷

1) 建设单位向绿化管理部门提出申请，并将初步设计文件提交审查。因特殊原因，建设项目绿地面积达不到标准的，建设单位应同时提出申请，要求缴纳绿化补建费，由绿化管理部门统一安排绿化建设。

2) 绿化管理部门审查后，核发审查意见书，同意缴纳绿化补建费的，也在审查意见书中载明。审查意见书同时作为项目初步设计审查中的专业部门意见。

(4) 绿化工程施工图的审核

建设工程附属绿地面积达到1000m² 的，建设单位应在绿化施工的30日前，书面告知绿化管理部门，并报送绿化工程设计方案。绿化管理部门应对建设工程附属绿化工程提供技术服务❸。

(5) 主要依据性文件

1) 中华人民共和国城市绿化条例；

2) 北京市绿化条例。

5. 工程项目道路交通审查

(1) 建筑工程交通设计的内容：工程项目出入口的位置及数量、内部通道的布局及宽度、机动车与非机动车的配置数量以及停车场（库）的设计。如出入口设置的位置、数量与宽度，坡道的坡度，转弯半径，净空高度以及停车位的几何尺寸等，应满足《建筑工程交通设计及停车场（库）设置标准》的要求❹。

(2) 建筑工程规划阶段的交通审查：建设单位应提供建设项目交通规划设计图及文字说明，征求公安交通管理部门的意见，并填写建设项目交通方案征询单。公安交通管理部门在该征询单上填写征询意见。

(3) 建筑工程初步设计阶段的交通审查：

1) 建设单位向公安交通管理部门报审的材料❺：

---

❶ 张毅．工程项目建设程序．北京：中国建筑工业出版社，2011：305

❷ 张毅．工程项目建设程序．北京：中国建筑工业出版社，2011：306

❸ 北京市绿化条例．2010年3月1日开始施行

❹、❺ 张毅．工程项目建设程序．北京：中国建筑工业出版社，2011年：337

① 建筑工程交通设计送审单；
② 建设项目的立项批准文件；
③ 城市规划管理部门核发的《建筑工程规划设计方案要求通知单》；
④ 土地管理部门核定的标明建筑位置和规划红线的地形图；
⑤ 建筑设计包括总平面图布置、出入口布置、车位安排、交通组织以及机动车与非机动车停车指标的设计依据。

2）公安交通管理部门在申办单位手续齐全的情况下，15个工作日内核发《建筑工程交通设计审核通知书》。

6. 工程项目抗震设防审查

（1）可行性研究阶段应完成的工作

重大建筑工程和地震时可能发生严重次生灾害的建筑（在《建筑抗震设防分类标准》中的甲类工程）必须进行地震安全性评价，国家有关部门也会确定有重大价值或有重大影响的其他建设工程需进行地震安全性评价。对需要进行地震安全性评价的项目，建设单位在可行性研究阶段，应委托取得地震安全性评价资质证书的单位编制该项目的地震安全性评价报告，并报送地震工作主管部门审定。地震工作主管部门自收到地震安全性评价报告之日起15日内进行审定，确定该项目的抗震设防要求。对可行性研究报告中未包含该抗震设防要求的项目，项目审批部门将不予批准。

（2）初步设计阶段的抗震设防审查

1）一般建筑工程项目

① 建设单位向建设行政主管部门申报抗震设计的内容：建筑工程的抗震设防分类、抗震设防烈度（或设计地震动参数）、场地抗震安全性评价、抗震概念设计、主要结构布置、建筑与结构的协调、使用的计算程序、结构计算结果、地基基础与上部结构抗震性能评估等❶。《建筑工程抗震设防分类标准》中甲类和乙类建筑工程的初步设计文件应当有抗震设防专项内容。

② 建设行政主管部门将建设工程的抗震设计审查纳入初步设计的审查程序，抗震设计未经审查，或发现未按抗震设防要求和抗震设计规范、规程进行抗震设计的，有关部门不得发放建设工程规划许可证和施工许可证。

2）超限高层建筑工程项目

① 超限高层建筑工程的定义：指超出国家现行规范、规程规定的适用高度和适用类型的高层建筑工程，体型特别不规则的高层建筑工程，以及有关规范、规程规定应当进行抗震专项审查的高层建筑工程。如在抗震设防烈度8度的区域，对于钢筋砼框架-剪力墙结构、抗震墙结构或框架-核心筒结构，高度超过100m的建筑工程即为超限高层建筑工程。

② 超限高层建筑工程在初步设计阶段必须进行抗震设防专项审查，建设单位应申报以下材料：

a. 建设单位申请超限高层建筑工程抗震设防审查专项报告；

---

❶ 张毅. 工程项目建设程序. 北京：中国建筑工业出版社，2011年：354

b. 超限高层建筑工程抗震设防专项审查申报表；

c. 设计的主要内容、技术依据、可行性论证及主要抗震措施，结构抗震薄弱部位的分析和相应措施；

d. 工程勘察报告；

e. 结构设计计算的主要结果；

f. 初步设计文件；

g. 当参考使用国外有关抗震设计标准、工程实例和震害资料及计算机程序时，应提供理由和相应说明；

h. 对要求进行模型抗震性能试验的，应提供抗震试验研究报告；

i. 勘察、设计单位甲级资质证书。

同时提供第 b. c. e. f. 项材料的电子文档。

③ 市建委自接到抗震设防专项审查全部材料之日起 25 个工作日，负责组织专家委员会提出书面专项审查意见，并将审查结果通知建设单位。

④ 未经超限高层建筑工程抗震设防专项审查，建设行政主管部门和施工图审查机构不得对超限高层建筑工程的施工图设计文件进行审查。

（3）施工图设计阶段的抗震设防审查

1）建设单位按照施工图审查的规定将全部材料报送施工图审查机构，房屋建筑工程的抗震设计将作为施工图审查的重要内容。

2）施工图审查首先将检查对初步设计审查意见的执行情况，并对结构抗震构造和抗震能力进行综合审查和评定。对于超限高层建筑工程，施工图设计文件审查时，将检查施工图设计是否执行抗震设防专项审查意见，未执行专项审查意见的，施工图设计文件审查不能通过。

3）超限高层建筑工程的施工图设计文件审查应由住房和城乡建设部认定的具有超限高层建筑工程审查资格的施工图设计文件审查机构承担。

（4）主要依据性文件

1）《房屋建筑工程抗震设防管理规定》建设部令第 148 号；

2）《超限高层建筑工程抗震设防管理规定》建设部令第 111 号；

3）《北京市拟建重要建筑项目超限高层建筑工程抗震设防审查及"三新核准"审核管理办法》2007 年 1 月；

4）《地震安全性评价管理条例》国务院令第 323 号。

7. 民用建筑工程项目建筑节能审查

（1）建筑节能审查相关规定

1）民用建筑节能的定义：指民用建筑在规划、设计、建造和使用过程中，通过采用新型墙体材料，执行建筑节能标准，加强建筑物用能设备的运行管理，合理设计建筑围护结构的热工性能，提高采暖、制冷、照明、通风、给水排水和通道系统的运行效率，以及利用可再生能源，在保证建筑物使用功能和室内热环境前提下，降低建筑能源消耗，合理、有效地利用能源的活动。

2）建筑节能标准目标值：国家现行的居住建筑和公共建筑强制性节能

标准规定，其建筑节能标准目标值为 50%（50%的含义：通过采用增强建筑围护结构隔热保温性能和提高采暖、空调设备能效比的节能措施，在保证相同室内环境参数条件下，与未采取节能措施前相比，全年采暖、空调的总能耗应减少 50%），其中围护结构分担的节能率约为 25%，用能设备的节能率约为 25%。

今后将节能标准目标值逐步由 50%提高至 65%。

3）工程项目立项过程中应完成的建筑节能审查工作：依据国家发改委 2010 年 9 月 17 日发布的《固定资产投资项目节能评估和审查暂行办法》（中华人民共和国发改委令第 6 号）的规定，"按照有关规定实行审批制或核准制的固定资产投资项目，建设单位应在报送可行性研究报告或项目申请报告时，一同报送节能评估文件提请审查或报送节能登记表进行登记备案。"故建设单位在申请立项前，应委托有能力的机构编制节能评估文件，报发展改革部门评审、审查。

4）固定资产投资项目节能评估按照项目建成投产后年能源消耗量实行分类管理，分别编制节能评估报告书、节能评估报告表（统称节能评估文件）或填写节能登记表。分类标准详见《固定资产投资项目节能评估和审查暂行办法》第五条。

(2) 编制设计任务书时建筑节能工作

设计任务书中应包含建筑节能要求，该要求中应包含项目立项阶段发改部门对项目节能评估文件的评审、审查意见。

(3) 方案设计阶段建筑节能审查

规划管理部门对设计方案审查时，将就设计方案是否符合民用建筑节能强制性标准征求同级建设主管部门的意见；大型公共建筑工程项目报审设计方案时，需同时报送有关建筑节能专题报告，明确建筑节能措施及目标等内容。

(4) 初步设计阶段建筑节能审查

民用建筑工程项目在编制初步设计文件中，应编制建筑节能篇章，建设行政主管部门在审查初步设计时，将加强对其节能篇章的审查。

(5) 施工图设计阶段的建筑节能审查

施工图设计文件审查机构在进行审查时，将审查节能设计的内容，在审查报告中单列节能审查章节；不符合建筑节能强制性标准的，审查结论定为不合格。

施工图设计文件审查合格的工程项目，建设单位应在施工图审核合格后 30 日内向市（区、县）建委建筑节能职能部门办理备案手续，携带以下材料❶：

1）建筑节能审查备案登记表；
2）建筑节能工程项目一览表；

---

❶ 张毅.工程项目建设程序.北京：中国建筑工业出版社，2011 年：374

3）扩初设计批复；

4）审图通过证书；

5）中标通知书（设计单位）。

(6) 主要依据性文件

1)《固定资产投资项目节能评估和审查暂行办法》国家发改委令第6号；

2)《民用建筑节能管理规定》建设部令第143号；

3)《北京市民用建筑节能管理办法》北京市人民政府令第256号。

8. 工程项目预防性卫生审查

(1) 预防性卫生审查的相关规定：

1）受理范围：除通用厂房、通用仓库、纯住宅、纯办公楼以外新建、改建、扩建以及技术引进、改造的建设项目❶。

2）职业病危害预评价报告：可能产生职业病的项目，建设单位在可行性论证阶段应当向卫生行政部门提交职业病危害预评价报告。卫生行政部门作出审核决定并书面通知建设单位。

(2) 方案设计阶段预防性卫生审查：

1）建设单位向卫生行政部门报审的材料❷：

① 项目批准文件（复印件）；

② 建设项目预防性卫生审核申请表；

③ 地形图；

④ 选址卫生审核决定；

⑤ 方案设计图纸，应含建筑总平面图、日照分析及说明、建筑平面、立面及剖面图，给水排水及通风设计图和说明，工艺设计及设备布置图和说明。

2）建设单位向规划管理部门报送设计方案的同时，应征询卫生行政部门的意见。

(3) 初步设计阶段预防性卫生审查：

1）建设单位向建设行政部门报审初步设计文件时，应包括：

① 建设项目预防性卫生审核登记表；

② 方案设计预防性卫生审核决定。

2）建设行政主管部门在审查初步设计文件时，将向卫生行政部门发送项目初步设计意见征询表或召开初步设计审查会，征求卫生行政部门的意见。

(4) 施工图审查机构在进行施工图设计文件审查时，将审查施工图设计文件中预防性卫生方面是否符合强制性标准的规定。

9. 工程项目的防雷审查

(1) 行政主管部门对防雷设计审核的分工：

---

❶ 李明安、邓铁军、杨卫东.工程项目管理理论与实务，长沙：湖南大学出版社，2012年：82

❷ 张毅.工程项目建设程序.北京：中国建筑工业出版社，2011：380

1）房屋建筑和市政基础设施工程的防雷设计审核纳入建筑工程施工图审查，由住房城乡建设部门监管。

2）油库、气库、弹药库、化学品仓库、烟花爆竹、石化等易燃易爆建设工程和场所，雷电易发区内的矿区、旅游景点或者投入使用的建（构）筑物、设施等需要单独安装雷电防护装置的场所，以及雷电风险高且没有防雷标准规范、需要进行特殊论证的大型项目，由气象部门负责防雷装置的设计审核。

3）公路、水路、铁路、民航、水利、电力、核电、通信等专业建设工程的防雷设计审核，有各专业部门负责。

（2）初步设计阶段申请防雷装置设计审核应提交的材料：

1）《防雷装置设计审核申请书》；

2）总规划平面图；

3）设计单位和人员的资质证书和资格证书的复印件；

4）防雷装置初步设计说明书、初步设计图纸及相关资料；

需要进行雷电灾害风险评估的项目，应提交雷电灾害风险评估报告。

（3）施工图设计阶段申请防雷装置设计审核应提交的材料：

1）《防雷装置设计审核申请书》；

2）设计单位和人员资质和资格证书复印件；

3）防雷装置施工图设计说明书、施工图设计图纸及相关资料；

4）设计中所采用的防雷产品相关资料；

5）经当地气象主管机构认可的防雷专业技术机构出具的防雷装置设计技术评价报告。

防雷装置未经过初步设计的，应提交总规划平面图；经过初步设计的，应提交《防雷装置初步设计核准意见书》。

（4）由气象部门审核防雷设计的，气象主管机构应在受理之日起20个工作日内完成审核工作。经审核符合要求的，气象主管机构颁发《防雷装置设计核准意见书》（初步设计阶段与施工图设计阶段相同）。

（5）主要依据性文件：

1）《防雷装置设计审核和竣工验收规定》（中国气象局第21号令）2011年9月1日起实施；

2）《国务院关于优化建设工程防雷许可的决定》（国发【2016】39号）2016年6月24日起实施。

3.3.4 工程项目的配套建设

工程项目的建设离不开电力、供水、排水、燃气、电信和智能化等设施的配套，由于这些配套设施绝大部分由政府各主管部门或其委托机构实施统一管理，故在这些配套设施的设计过程中，必不可少地需向这些主管部门或委托机构征询、报审、申请，以获得这些主管部门或委托机构对配套设计的许可，从而使设计成果有效，并这些批复也成为设计条件。项目管理团队应掌握并实施工程项目配套建设的程序，使工程项目设计与建设顺利进行。

1. 工程项目供电配套

(1) 工程项目的供电分类

根据用电户用电设备容量作为如下分类❶：

1) 低压供电

① 用户单相用电设备容量在 10kW 及以下的，采用低压单相 220V 供电；

② 用户用电设备容量在 350kW 以下或最大需量在 150kW 以下的，采用三相四线 380V 供电。

2) 高压供电

① 用户用电设备容量在 6300kVA 以下的，采用 10kV 电压供电；

② 用户用电设备容量在 6300~40000kVA 的，采用 35kV 电压供电；

③ 用户用电设备容量超过 40000kVA 的，采用 110kV 及以上电压供电。

(2) 工程项目立项时应完成的工作

新建受电工程项目在立项阶段，用户应与供电企业联系，就工程项目供电的可能性、用电容量和供电条件达成意向性协议，方可定址，确定项目。未按此办理的，供电企业有权拒绝受理其用电申请。该意向性协议中应约定有效期。

(3) 初步设计阶段供电配套应完成的工作

1) 办理用电申请：在初步设计阶段应尽早向供电企业提出用电申请，应向供电企业提供用电工程项目批准的文件及有关用电资料，包括用电地点、电力用途、用电性质、用电设备清单、用电负荷、保安电力、用电规划等，并依照供电企业规定的格式如实填写用电申请书及办理所需手续。

2) 确定供电方案：供电企业对已受理的用电申请，确定供电方案（低压用户不超过 10d，高压单电源用户不超过 1 个月，高压双电源用户不超过 2 个月），用户对供电企业答复的供电方案有不同意见时，应在 1 个月内提出意见，双方可再行协商确定。用户应根据确定的供电方案进行受电工程设计。

3) 供电方案的有效期：供电方案有效期是指供电方案正式通知书发出之日至已缴纳供电工程贴费并受电工程开工之日为止。高压供电方案的有效期为一年；低压供电方案的有效期为三个月。用户遇有特殊情况需延长供电方案有效期，应在有效期到期前 10d 提出申请，延长的时间不得超过上述规定期限。

(4) 施工图设计阶段供电配套应完成的工作

受电工程设计文件和有关资料应一式两份送交供电企业审核，未经供电企业审核同意，用户不得据以施工，否则供电企业将不予检验和接电。

1) 高压供电用户应提供审核的资料：

① 受电工程设计及说明书；

② 用电负荷分布图；

③ 负荷组成、性质及保安负荷；

④ 影响电能质量的用电设备清单；

⑤ 主要电气设备一览表；

---

❶ 张毅．工程项目建设程序．北京：中国建筑工业出版社，2011 年：425

⑥ 节能篇及主要生产设备、生产工艺耗电以及允许中断供电时间；
⑦ 高压受电装置一、二次接线图与平面布置图；
⑧ 用电功率因数计算及无功补偿方式；
⑨ 继电保护、过电压保护及电能计量装置的方式；
⑩ 隐蔽工程设计资料；
⑪ 配电网络布置图；
⑫ 自备电源及接线方式；
⑬ 供电企业认为必须提供的其他资料。

2）低压供电用户应提供审核的资料：负荷组成和用电设备清单。

3）受电工程设计文件审核的时间：供电企业对用户送审的受电工程设计文件和有关资料进行审核，审核的时间：对高压供电用户最长不超过1个月；对低压供电用户最长不超过10d。供电企业对用户的受电工程设计文件和有关资料的审核意见应以书面形式连同审核过的一份受电工程设计文件和有关资料一并退还用户，以便用户据以施工。用户若更改审核后的设计文件时，应将变更后的设计再送供电企业复核。

(5) 主要依据性文件

1）《电力供应与使用条例》国务院令第196号；
2）《北京市供电营业规则》2011年1月14日发布。

2. 工程项目供水配套

(1) 用水前期征询：项目管理团队在接到项目管理业务后，应查询该项目在立项阶段是否已办理供水前期征询，如尚未办理，在初步设计初期应向项目所在地的自来水公司提出供水前期征询，填写"供水前期征询表"，并提供如下书面资料❶：

1）用水征询报告；
2）项目立项批文；
3）综合管线图；
4）地形图；
5）总平面图。

自来水公司根据用水单位申请，出具用水征询批复意见，作为初步设计的依据。

(2) 初步设计审查：建设单位在报审项目初步设计文件的同时，应将供水方面的初步设计文件提交自来水公司审查，经审查符合条件的，在初步设计图纸上盖上审查章，并在项目初步设计审查的专业部门审查意见栏内签署审查通过的意见❷。

(3) 施工图设计审核：在供水工程施工前，需将供水方面的施工图设计文件提交自来水公司审核，并办理接水申请手续，办理接水申请需备齐下列资料❸：

---

❶、❷、❸张毅. 工程项目建设程序. 北京：中国建筑工业出版社，2011年：436

1) 用水申请报告；

2) 接水前期业务办理记录卡；

3) 用水前期征询批复；

4) 地形图；

5) 1:500给水排水总平面图（施工图）；

6) 综合管线图；

7) 各类给水排水分层平面、透视图（包括消防）；

8) 泵房给水排水平面图、透视图；

9) 住宅配套费付款凭证；

10) 使用浮球阀、嵌墙表、减压阀凭证；

11) 消防给水防火批复（凡有消防接水的，应向公安消防部门提出申请，取得同意）。

一般项目需备齐上述1)～8)；上述9)～11)视建房性质、建筑层数、设备设置有否而定。

资料送齐后7个工作日内，管线管理所到施工现场查勘，拟订接水工程施工方案，报上级审批，审批后管线管理所通知建设单位签订接水施工合同、供用水合同。

(4) 工程项目节水设施设计方案的审核：在初步设计阶段，建设单位应将节水设施设计方案报市水务局审核。

1) 应申报如下材料❶：

① 建设项目节水设施设计方案审核申请表；

② 申请人法定身份证明材料；

③ 建设项目初步设计中关于节水设施设计部分的资料；

④ 节水设施评估报告；

⑤ 给水排水平面图；

⑥ 总平面图。

2) 市水务局14日内审查完毕并作出行政许可的书面决定。

3. 工程项目排水配套

(1) 排水配套设施相关规定：对于较大区域没有排水设施而需新建的，一般由国家或地方政府投资；对于工程项目规划红线内的排水设施，一般由建设单位投资建设❷。

(2) 排水（方案）许可申请：在方案设计或初步设计阶段，建设单位应向排水行政主管部门（以下简称排水管理部门）提交排水（方案）许可申请。

1) 建设单位应提供如下资料：

①《排水（方案）许可申请表》；

② 建设项目可行性研究报告及批文，或其他立项文件；

---

❶、❷ 张毅. 工程项目建设程序. 北京：中国建筑工业出版社，2011年：440

③ 建设项目平面布置图；

④ 生产产品种类和用水量；

⑤ 排放污水的水质、水量；

⑥ 污水的处理工艺，有关专用检测井、污水排放口位置和口径的图纸及说明；

⑦ 建设项目排水（方案）许可申请报告，应包括：建设项目概况，建设项目性质和用途，规划用水量证明，生活污水排放量（t/日），污水处理工艺及排水水质情况，申请排水去向（路名）；

⑧ 建设项目周边地下综合管线图；

⑨ 地形图。

2）排水管理部门对建设项目地址进行现场踏勘，按规定进行审核，20d内给建设单位答复，同意的，核发《排水许可初审批准文件》。

(3) 排水接管许可申请：完成施工图设计后建设单位应向排水管理部门提交排水接管申请❶。

1）建设单位应提供如下资料：

① 填写《排水接管许可证明》；

② 建设项目雨、污水管道施工图，图中标明：雨、污水管道位置，排水流向，雨、污水管道管径、标高，污水治理设施位置，专用检测井位置和接口路名、接口位置；

③ 建设项目给水排水总平面图。

2）排水管理部门对上述图纸进行审核，同意的，在《排水接管许可证明》中签署排水接管许可意见，建设单位可委托有资质单位施工。

(4) 主要依据性文件：《城市排水许可管理办法》建设部令第152号。

4. 工程项目燃气配套

(1) 工程项目燃气配套概述：《北京市燃气管理条例》（北京市人大常委会2006年11月3日第32次会议通过）规定："管道燃气用户需安装、改装、迁移、拆除室内燃气设施的，应当委托燃气供应单位作业。"鉴于燃气工程的特点，室内、外燃气工程的设计与施工均由燃气销售公司承担。

(2) 燃气配套与工程项目设计工作的相关规定：

1）建设单位向燃气销售公司提出燃气配套申请需提供的资料：

① 加盖申请单位公章的申请报告（含用气情况说明）；

② 营业执照；

③ 当年地形图一份；

④ 当年地下综合管线图一份；

⑤ 工程项目总平面图（包括给水排水图）一份；

⑥ 建筑平面图和用气设备平面布置图；

⑦ 燃器具设备清单，附市燃气处颁发的燃器具销售许可证。

---

❶ 张毅．工程项目建设程序．北京：中国建筑工业出版社，2011年：444

2）燃气销售公司受理后，进行设计再施工。

(3) 主要依据性文件：《北京市燃气管理条例》

5. 工程项目电信配套

(1) 电信配套工程的分工：

1）工程项目的建设单位：建筑物内的电信管线和配线设施以及建设项目用地范围内的电信管道，应当纳入建设项目的设计文件，并随建设项目同时施工与验收。

2）电信业务经营者（以下简称电信公司）：建设单位提交电信配套申请后，一般由电信公司实施电信配套的设计、施工和验收工作。

(2) 规划方案设计阶段的电信配套征询：建设单位向电信公司提交电信配套征询报告，提出电信配套的需求量，电信公司做出电信配套征询答复书。

(3) 初步设计阶段的电信配套申请：

1）商业、办公楼的电信配套申请：建设单位向电信大客户服务中心提交电信配套申请，应提交以下资料：

① 加盖公章的电信需求委托报告；

② 规划方案阶段电信公司提供的电信配套征询答复书；

③ 1∶500 地形图；

④ 总平面图；

⑤ 楼层平面图（应标注通信机房位置）。

2）住宅项目的电信配套申请：建设单位向电信住宅配套室提交电信配套申请，应提交以下资料：

① 住宅电信配套申请表；

② 规划方案阶段电信公司提供的电信配套征询答复书；

③ 1∶500 地形图；

④ 1∶500 总平面图；

⑤ 全套弱电图（系统图及弱电图）；

⑥ 配套费发票复印件；

⑦ 建设工程施工许可证复印件。

3）电信公司根据建设单位申请，实施设计、施工和验收。项目管理团队应关注电信配套工程的设计与原各专业设计图有无矛盾与协调解决的问题。

(4) 主要依据性文件：《中华人民共和国电信条例》国务院 2000 年 9 月 20 日第 31 次常务会通过。

3.3.5 上级主管部门与建设行政主管部门的设计审查

1. 工程项目初步设计审查

初步设计文件是根据批准的可行性研究报告、设计任务书、设计方案和可靠的设计基础资料进行编制的，各专业对设计方案进行了深化和细化，并进行了协调，基本确定了总平面布置、各建筑物的空间布置、结构选型、设备选型与配置、主要材料用量、建设与装修标准，外部协作条件等，并编制了设计概算。

初步设计文件是编制施工图设计文件、施工招标文件、施工组织设计的依据，并要满足主要设备材料订货的需要，初步设计和总概算批准后，是确定建设项目投资额，编制固定资产的投资计划，签订建设工程总包合同、贷款总合同，控制工程拨款的依据。对如此重要的设计成果必须经上级主管部门和建设行政主管部门的批准。

(1) 初步设计审批权限划分

1) 由国家发改委批准立项的大中型建设项目，其初步设计由市建委（建设局）和市发改委联合组织审查后报国家发改委审批。

2) 由国家有关部、委、办或外省、市批准建设投资的项目，由国家有关部、委、办或外省、市会同当地建委（建设局）、发改委审批。

3) 下列项目的初步设计由当地建委（建设局）组织有关部门审批：

① 由当地财政性资金投资的市政公用基础设施项目及其他项目（会同当地发改委审批）；

② 由当地有关委、办批准立项的工业、民用及其他建设项目；

③ 上级机关指定或有关单位委托当地建委（建设局）审批的项目。

4) 由行业主管部门批准立项的建设项目，其初步设计由当地行业主管部门组织审批，报建设局、发改委、经委备案。

5) 由区、县批准立项的建设项目，其初步设计由区、县建委（建设局）会同区、县发改委审批，报区、县建委（建设局）及有关委、办备案。

对于企业投资实行核准制或备案制的项目，笔者认为应经本单位的上级或项目决策机构的批准。

(2) 初步设计的送审条件

建设单位送审初步设计时，必须提交下列文件资料：

1) 工程建设项目可行性研究报告的批准文件（复印件）；

2) 规划管理部门签发的规划设计条件及设计方案的审核意见；

3) 有设计资质单位编制的全套初步设计文件。若为多家设计单位联合设计，应有由总设计单位负责汇总的资料；若为境外设计，需提交国内设计顾问单位的咨询意见。初步设计文件必须加盖统一颁发的出图专用章；

4) 批租地块的使用权有偿出让合同（复印件）；

5) 相关土地批准文件。

(3) 初步设计审查的内容

1) 审查初步设计是否完整：初步设计应包含：设计总说明，各专业设计说明；有关专业的设计图纸；主要设备和材料表；工程概算书；有关专业计算书（计算书不属于必须交付的设计文件，但应按要求编制）。

2) 总体审查内容：

① 设计是否符合国家及当地有关技术标准、规范、规程、规定及综合

管理部门的管理法规;

② 设计主要指标是否符合被批准的可行性研究报告或土地批租合同的要求;

③ 总体布局是否合理及符合各项要求;

④ 工艺设计是否成熟、可靠,选用设备是否先进、合理;

⑤ 采用的新技术是否适用、可靠、先进;

⑥ 建筑设计是否适用、安全、美观,是否符合城市规划和功能使用要求;

⑦ 结构设计是否符合抗震要求,选型是否合理,基础处理是否安全、可靠、经济、合理;

⑧ 市政、公用设施配套是否落实;

⑨ 设计概算是否完整准确;

⑩ 各专业审查部门意见是否合理,相互之间是否协调。

3) 各专业部门具体审查内容:含规划、消防、交通、环保、民防、抗震、节能、供电、供水、排水、电信等部门专项审查与配套建设的审查,详见本章3.3.2、3.3.3、3.3.4条。

笔者认为上述初步设计审查部分内容与规划许可、专项审查,配套建设及施工图审查的审查内容重叠、交叉,且不如规划许可、专项审查、配套建设等审查部门具有权威性,故这些重叠交叉审查应以规划许可、专项审查、配套建设等审查为主。在初步设计审查中,对民用建筑而言,主要是投资审批部门审查总体布局、单位工程空间分割、使用功能、建设标准是否合理,总概算是否完整准确,是否超过已批准的投资额;对于工业建筑或其他专业性建设项目,主要是行业主管部门审查工艺设计是否成熟、可靠、先进、合理,建设标准是否合理,总概算是否完整准确,是否超过已批准的投资额。上述观点同样适用于企业投资实行核准制与备案制的项目。

(4) 初步设计的审批程序

对于一般项目,由受理部门先对送审的资料进行研究,确定是否具备初步设计审批的条件,如果条件具备,可直接通过发送项目初步设计意见征询表或召开初步设计审查会的形式,征求相关管理部门及配套部门对项目初步设计的意见,经综合协调,确定该项目初步设计是否符合有关规定和要求。

对下列民用建筑项目,须先经市建委建设规划处认可,再由市建委组织召开正式审查会,在各管理及配套部门的意见基本一致,符合设计规范的前提下,给予正式批复。

1) 大、中型公共建筑;

2) 总建筑面积超过5万m^2或单体建筑面积超过2万m^2的住宅建设项目;

3) 单体建筑面积超过2万m^2的其他民用建筑项目;

4) 建筑高度超过100m的超高层建筑项目;

5) 特殊指定的建设项目。

审批部门在收齐送审资料后 20 个工作日内给予批复，其中相关部门内部征求意见需 10 个工作日，研究批复文件需 10 个工作日（如遇项目中存在超限高层建筑，需通过超限高层建筑抗震专项审查后给予批复）。

2. 工程项目施工图审查

施工图审查是指施工图审查机构（以下简称审图机构）按照有关法律、法规，对施工图涉及公共利益、公众安全和工程建设强制性标准的内容进行的审查。施工图审查应当坚持先勘察、后设计的原则。施工图未经审查合格，不得使用，建设主管部门不得颁发施工许可证。

（1）审图机构

审图机构是专门从事施工图审查业务，不以营利为目的的独立法人。审图机构由省、自治区、直辖市人民政府住房城乡建设主管部门按照法定的审图机构条件，结合本行政区域内的建设规模，确定并向社会公布。

1）审图机构的类别：审图机构分一类机构与二类机构。

① 一类机构：承接房屋建筑、市政基础设施工程施工图审查的业务范围不受限制。

② 二类机构：可承接中型及以下房屋建筑、市政基础设施工程的施工图审查。

2）施工图审查业务的委托：

① 审图机构不得与所审查项目的建设单位、勘察设计企业有隶属关系或其他利害关系。

② 建设单位可以在建设行政主管部门公布的审图机构名录中自主选择审图机构，委托施工图审查业务时，建设单位与审图机构应签订审查合同。

（2）施工图审查送审的材料文件❶

1）项目批准文件；

2）规划设计条件通知；

3）规划红线图；

4）交通、卫生、供电、供水、供气、电信、环保、人防、绿化等有关主管部门的批文；

5）初步设计主要文本及初步设计审核意见；

6）施工图消防设计审查批文；

7）岩土工程勘察报告（详勘）；

8）盖有注册建筑师、注册结构工程师执业印章和施工图出图印章的全套施工图（2 份）；

9）业主项目卡、设计单位企业卡、勘察设计单位资质证书复印件；

10）各专业计算书和电算资料；

11）工程设计合同。

（3）施工图审查的内容及分工

---

❶ 张毅．工程项目建设程序．北京：中国建筑工业出版社，2011 年：524

1) 审图机构对施工图审查下列内容：
① 是否符合工程建设强制性标准；
② 地基基础和主体结构的安全性；
③ 是否符合民用建筑节能强制性标准，对执行绿色建筑标准的项目，还应审查是否符合绿色建筑标准；
④ 勘察设计企业和注册执业人员以及相关人员是否按规定在施工图上加盖相应的图章和签字；
⑤ 法律、法规、规章、规定必须审查的其他内容。
2) 消防、民防、防雷、环保、绿化等相关管理部门对施工图的审查，由于这些部门未将或未完全将施工图审查的工作委托给审图机构，故这些专业的施工图仍由这些主管部门或其委托的机构进行审查，详见本书"3.3.3 工程项目设计阶段建设专项审查"中施工图阶段的审查内容。

(4) 审图机构审查的时限及审查后的处理
1) 审图机构对施工图审查原则上的时限：
① 大型房屋建筑工程、市政基础设施工程为15个工作日；中型及以下房屋建筑工程、市政基础设施工程为10个工作日。
② 工程勘察文件（也属施工图审查内容），甲级项目为7个工作日，乙级及以下项目为5个工作日。
2) 审图机构对施工图进行审查后，根据下列情况分别处理：
① 审查合格的，审图机构向建设单位出具审查合格证，并在全套施工图上加盖审查专用章，并将审查情况报工程所在地县级以上人民政府建设主管部门备案。
② 审查不合格的，审图机构将施工图退建设单位并出具审查意见告知书，说明不合格原因。建设单位应要求原勘察设计企业进行修改，并将修改后的施工图送原审图机构复审。
③ 任何单位和个人不得擅自修改审查合格的施工图；确需修改的，凡涉及审查内容的，建设单位应将修改后的施工图送原审图机构审查。

(5) 注意事项
施工图审查是一项法定程序，只审查涉及公众安全、公共利益和强制性标准、规范的内容，其他有关涉及的经济、技术合理性和设计优化等方面的问题，建设单位仍应通过其他咨询途径解决。

(6) 主要依据性文件
《房屋建筑和市政基础设施工程施工图设计文件审查管理办法》住房和城乡建设部2013年4月27日发布的13号令。

3.3.6 做好设计阶段建设项目征询与报批工作的措施

(1) 人力资源的保证
建设项目征询与报批工作政策性强，沟通与协调工作量大，专业性强。在项目管理团队中，由工程报建组牵头完成该项工作，工程报建组人员应责任心强，组织沟通协调能力好，社交能力强。由于征询与报批工作涉及建筑、结构、水、电、暖通各专业，工程报建组人员不可能同时具备各专业知识，故办理各专业的征询与报批工作时，由工程技术组中相应专业人员协同办理，以便专业上的沟通、交流，必要时，请该专业设计人员参加。

（2）充分理解、掌握各项征询、报批的程序与要求

建设项目在设计阶段的规划许可、专项审查、配套建设及上级主管部门与建设主管部门审查的工作量大，涉及部门和单位多，且相互之间关联性强，审查部门的要求相对复杂。要做好征询、报批工作，首先要理解、掌握各征询、报批部门的要求和程序。本书在编写过程中，查询了大量的文件与文献，尽可能地查阅到国家与北京市最新的有效文件，但由于资源有限，未必能全部引用最新文件，特别是北京市的相关法律、法规、规章相对较少，故只能引用国家的法律、法规、规章的要求，有的还是上海市的法规、规章要求。

现正处在全面深化改革的时期，中央要求简政放权，大力精简审批事项，让市场在资源配置中起决定性作用，政府各部门势必对各项审批事项进行梳理、精简、合并，故建设项目征询、报批的程序与要求将会有较大变动。如上海市政府于2010年颁发了《上海市建设工程行政审批管理程序改革方案》（沪府办发［2010］46号），提出了并联审批的管理改革，其主要方式如下：

1）可以完全由项目建设单位承担责任，或可以在其他管理环节中解决的事项，取消审批。

2）将建设工程审批流程整合归并为："土地使用权取得和核定规划条件、设计方案审核、设计文件审查、竣工验收"四个主要环节。

3）每个环节实施并联审批，一家牵头、一口受理、抄告相关、同级征询、同步审批、限时办结。

4）土地使用权取得和核定规划条件、设计方案审核环节由规划土地部门牵头组织，设计文件审查、竣工验收环节由建设主管部门牵头组织，相关部门协同配合，部分原由各部门直接对建设单位的外部程序改为内部操作。

综上所述，项目管理团队在办理各项征询、报批工作前，应查明当时当地征询、报批事项的程序和要求，这是顺利办理征询、报批事项，提高工作效率的前提。

（3）加强征询、报批工作的计划性

在设计阶段众多的征询、报批事项中，应抓住取得规划设计条件、领取建设用地规划许可证、领取建设工程规划许可证和设计文件（含初步设计与施工图设计）审查四个主要节点，其他规划许可、专项审查和配套建设事项的完成多数是这四个节点的前置条件。

对于取得规划设计条件这一节点，在项目决策阶段应已完成。以划拨方式取得土地使用权的建设项目，在项目决策阶段取得项目选址意见书时，就明确了规划设计条件；以出让方式取得土地使用权的建设项目，在相关部门

提出出让条件的同时，规划管理部门就提出了出让地块的规划设计条件。提供项目实施阶段项目管理服务的项目管理团队主要是核查规划设计条件获取的结果。对于领取建设用地规划许可证和建设工程规划许可证、设计文件审查这三个节点，特别是领取建设用地规划许可证和建设工程规划许可证这两个节点，项目管理团队应编制实施细则，做好这两个节点各项工作的策划（因申请建设工程规划许可证时，施工图设计需完成到一定程度，甚至部分施工图已通过审查，故征询、报批事项要基本完成），其实施细则至少应包含下列内容。

  1）法律法规要求：包含办理该节点及其前置事项的有效相关文件与条款；
  2）办理该节点及其前置事项应具备的条件和申报的资料、文件；
  3）工作分解：在项目管理大纲或项目管理规划基础上，对照上述办理事项应具备的条件和申报的资料、文件，进行工作分解，明确应完成专项审查和配套建设的各项征询、报批工作并明确其责任人（包括主办、协办、相关人）；
  4）工作计划：在工作分解的基础上，明确各工作的持续时间（含准备申报材料的时间和审批单位的办理时限）和逻辑关系，根据项目进度要求，编制工作进度计划（应采用网络计划方式）；
  5）应取得的成果：应明确该节点及其前置事项征询、报批工作完成时应取得的批件或文件、记录等，并应明确这些文件的输入、输出关系。

（4）紧密联系，密切跟踪

办理各项征询、报批事项都存在人与人之间的沟通、交流，必须尊重对方，保持紧密联系，增进感情。办理、申报前要多询问，真正掌握申办的要求和程序，以便完善申报材料；申报后要密切跟踪，发现问题及时纠偏补正。

（5）加强设计管理

在征询、报批申报资料文件中都离不开应完成相应的设计文件，没有相应符合要求的设计文件，征询与报批工作就无法进行，并且征询与报批的结果又是后续设计阶段的依据。所以要与设计单位密切联系，根据征询、报批工作计划尽早对设计单位提出相应设计文件的质量与进度要求，并跟踪检查执行情况。办理征询、报批时，对申报的设计文件，项目管理团队必须认真审核，审核其是否符合设计任务书的要求，特别是使用功能和建设标准是否满足建设单位意图，审核后报建设单位审定。因为审批单位审批后即具法定效力，不易更改，并成为后续设计阶段的设计依据。报审的设计文件如与建设单位的意图有较大偏离，将造成后续工作很大的被动。

3.4 项目设计质量控制

3.4.1 项目设计质量控制概述

项目的质量目标与水平是通过设计使其具体化，设计质量的优劣直接影响项目的功能、使用价值和综合效益。设计质量控制是项目质量的决定性环节，也是顺利实现项目建设"三大目标"重要的组成部分❶。

1. 设计质量的过程控制

设计质量控制与其他质量控制一样，应进行过程控制。设计的每一个过程均有设计输入、转换与设计输出三个环节，通过对每一过程三个环节实施动态的有效控制，使形成设计质量的各个过程处于受控状态，持续提供符合要求的设计成果和服务❷。

2. 设计质量目标❸

（1）设计质量目标的概念

设计质量目标可以分为直接效用质量目标和间接效用质量目标。

1）直接效用质量目标表现形式：符合规范要求，满足业主功能要求，符合市政部门要求，达到规定设计深度，具有施工和安装的可建造性等方面。

2）间接效用质量目标表现形式：建筑新颖、使用合理、功能齐全、结构可靠、经济合理、环境协调、使用安全等方面。

直接效用质量目标和间接效用质量目标及其表现形式共同构成项目设计质量目标体系。

（2）建立项目设计质量目标的程序

1）分析项目决策阶段的资料，如可行性研究报告及其批复、项目申请报告、项目选址意见书、土地使用权出让合同、规划设计条件等，深切理解、掌握业主的建设意图、需求和项目已实施的情况。

2）参考上述项目设计质量目标体系，根据项目决策阶段制定的项目总质量目标，结合项目决策阶段取得的成果与资料，提出项目设计质量目标并对其切块分析，调整优化，建立项目设计质量目标体系，将其体现在设计任务书中。

3. 设计质量控制的基本原理

设计质量控制，对于建设单位及项目管理团队而言，主要是对设计方的设计服务活动及其编制的设计文件的控制。可采用对设计方编制的"设计实施计划"及其执行情况进行检查、督促的方法。

（1）设计实施计划的概念

设计实施计划是设计单位的项目设计经理根据项目特点、用户要求和实际需要，对建设项目的设计工作进行策划的结果。设计实施计划应对设计输入、设计实施、设计输出、设计评审、设计验证、设计更改等设计重要过程的要求及方法予以明确，设计实施计划还会包含设计方和业主方（项目管理团队）对设计质量控制的内容和要求。

（2）设计实施计划对各设计过程的基本要求

1）设计输入：设计经理负责组织各专业确定建设项目的设计输入，并组织各专业对用户提供的设计基础资料进行评审和确认，各专业负责人还应

---

❶❷ 周子焜．建筑工程项目设计管理手册．北京：中国建筑工业出版社，2013年：193

❸ 李明安、邓铁军、杨卫东．工程项目管理理论与实务．长沙：湖南大学出版社，2012：167

对本专业适用的标准规范版本的有效性进行评审❶。

2) 设计实施：各专业负责人负责组织本专业设计人员拟定设计方案，坚持对设计方案进行比选、评审和优化；并组织本专业设计人员按照专业设计技术要求进行设计工作；各专业负责人还应负责相关专业设计条件的接受和确认，并向相关专业发出设计条件。

3) 设计输出：设计输出应满足设计输入的要求，并满足项目采购、施工、试运行的要求；设计输出文件的内容和深度应符合《建筑工程设计文件编制深度规定》；设计输出文件在提供给用户前，应由责任人进行验证和评审。

4) 设计评审：设计评审可包括设计方案评审、重要设计中间文件评审和工程设计成品评审。

设计方案评审分为组织级评审和专业级评审两种。组织级评审的设计方案是设计中的重要技术方案，评审工作由设计经理组织，组织技术主管或项目主管主持，有关专业技术管理人员和设计人员参加；专业级设计方案评审由专业负责人提出，专业技术管理人员组织并主持，设计和校审人员参加。评审可采用会议或其他评审方式进行❷。

重要设计中间文件评审办法应由组织根据建设项目的行业特点确定，由设计经理组织并主持，相关专业参加。

各专业的工程设计成品评审由专业技术管理人员进行评审。

5) 设计验证和确认❸：设计验证的方式是对设计文件的校审（校核、审核、审定），验证的方法包括校对验算、变换方法计算、与已证实的类似设计进行比较等。

设计验证由规定的、有工程设计执业资格的人员按照项目设计文件校审规定的要求进行。需要相关专业会签的设计成品在输出前应进行会签。

设计验证人员在对设计成品文件进行校审后，需设计人员进行修改时，修改后的设计文件应经设计验证人员重新校审，符合要求后，设计、校审人员方可在设计文件的签署栏中签署，并按规定在设计成品文件上加盖注册工程师印章。

3.4.2 设计准备阶段的质量控制

1. 设计单位与设计人员资质、资格、能力的控制

对设计质量而言，设计单位和设计人员素质的优劣，是一个根本性的影响因素。因此，对设计单位与设计人员资质、资格、能力的控制就是坚持以人为控制核心的原则，把人的工作质量作为确保项目设计过程及其成果质量的关键控制点，也是设计质量事前控制的重点工作。

（1）设计单位资质、能力的控制

《建设工程质量管理条例》明确规定：建设单位应当将工程发包给具有

---

❶❷❸ 周子炯. 建筑工程项目设计管理手册. 北京：中国建筑工业出版社，2013：196

相应资质等级的单位。所以对设计单位资质的控制是法律法规的要求。主设计单位资质、能力的控制在设计单位招标阶段已解决，在后续的专项设计委托时，仍应对其资质、能力进行控制。工程设计资质分为工程设计综合资质、工程设计行业资质、工程设计专业资质和工程设计专项资质。设计专项资质是指建筑装饰、建筑智能、幕墙、轻钢结构、风景园林、消防、环境工程、照明工程等设计专项的资质。有关设计资质的类别、标准及各类别、级别企业承担工程的范围详见《建设工程勘察设计资质管理规定》。

（2）设计人员资格、能力的控制

设计人员素质与设计水平的高低是建筑设计质量优劣的决定性因素，其中建筑师的业务素质、设计创作能力更是建筑设计质量的直接决定性因素。在某种程度上，对设计人员资格、能力的控制比对设计单位资质、能力的控制更为重要。在对设计单位考察及设计招标过程中，对主要设计人员已经选定，在委托设计合同中，对设计人员也已有所约定，在设计过程中，特别在设计工作初期，项目管理团队应予以检查落实，发现问题及时采取措施解决。

2. 设计输入的控制

设计输入通常是指设计的项目所期望的投资、质量和进度要求及其相关说明，设计输入是实施设计的依据，也是设计评审、验证和确认的依据。设计输入是设计的基础，好的输出来源于好的设计输入，故对设计输入的控制必不可少，项目管理团队必须高度重视，严格执行。

（1）对来源于外部的设计输入的控制

1）法规类文件：包含相关法规与政策文件、工程建设标准、设计规范等，对这类设计输入，主要由设计单位辨识与收集，项目管理团队如发现问题，可向设计单位提出。

2）项目立项及审批类文件：包括项目立项、可行性研究报告、环评报告批准文件和纪要、选址意见书、规划设计条件、项目专项审查和配套建设的征询与审批文件等。对这类设计输入文件的控制主要是这些送交设计单位作为设计输入的文件必须是最终的版本，并报建设单位认可。如这类文件在审批过程中，建设单位尚有不同意见，则应在送交设计单位前与审批部门磋商，请求解决。

3）工程勘察报告：工程勘察过程与成果的质量直接影响审设计质量，尤其是影响工程结构的设计质量。工程勘察应按工程建设各勘察阶段的要求，正确反映工程地质条件，查明不良地质作用和地质灾害，精心勘察、精细分析，提出资料完整、评价正确的勘察报告，为设计的安全、合理提供必要的条件。项目管理团队应组织对工程勘察报告进行审查，可委托施工图设计文件审查机构对其进行审查，审查合格后，方可交设计单位作为设计输入。

（2）对来源于内部（建设单位、项目管理团队）的设计输入的控制

来源于内部的设计输入主要是设计任务书和设计合同，设计任务书是最

重要的设计输入,它全面而具体地表达了建设单位和项目管理团队对项目设计的要求,是设计人员进行设计最重要、最直接的依据,也是项目管理团队审核设计成果的依据。设计任务书应正确、充分反映建设单位对项目建设的意图,特别在使用功能和建设标准上要充分反映建设单位的要求,设计任务书还应包含业主或项目管理团队对设计质量、投资、进度控制的内容和要求。设计任务书要经评审会通过,评审会应邀请建设单位领导及相关专家参加,交设计单位作为设计输入前,应请建设单位签认。设计任务书控制的其他内容详见本文"3.2.1 中的 2 编制设计任务书"。

凡是体现设计要求与设计条件向设计单位发出的合同、函件、会议纪要等文件,均应按设计输入进行控制,应正确反映建设单位意图,并经建设单位签认。

3.4.3 方案设计阶段的质量控制

设计方案的质量对项目设计起着决定性作用,为保证项目设计质量,务必要十分注重在方案设计各环节的质量控制,从而在设计初期就为设计质量奠定基础。方案设计质量控制的关键,一是要严谨优选方案,二是要寻求优化空间,二者缺一不可。

1. 严谨优选方案

方案设计必须坚持多方案比选,从而开拓思路,获取好的设计方案。方案设计招标投标和方案设计竞赛都是优选方案规范而良好的途径。有关方案设计招标投标及方案设计竞赛的方法及相关规定在本文"3.2.1 中的 3 确定委托设计的方法"中已有阐述,而在方案设计招标和方案设计竞赛过程中,方案优选和决策过程的控制要点如下。

(1) 必须充分重视科学组织与周密安排:方案设计竞赛的直接目的是取得良好的竞赛效果,获得理想的设计方案,方案设计招标的目的之一也是为了获得理想的设计方案。因此,方案设计评选应精心组织、周密安排、实事求是,严格评选。

(2) 保证设计方案评选人员的高素质要求:设计方案评选专家应选取与项目特征相关的德才双馨、设计经验丰富的规划、建筑、结构、设备、经济等专业资深专家担任。其中技术、经济专家应占评委人数三分之二以上,人数宜为 9 人以上单数组成。评选时应遵循公平、公正、诚信、严谨、认真的原则,建设单位和项目管理团队代表应虚心、认真听取专家意见。

(3) 应确保评选专家有足够时间审阅方案设计文件,设计管理人员应认真查看评选专家填写的《专家评审意见表》。

(4) 采用科学合理的评选方法:评选方法包括记名投票法、排序法和百分制综合评估法。

1) 记名投票法:各评委以记名方式投票,按招标文件(竞赛办法)要求推荐 1~3 名合格的中选方案,经投票汇总排序后,得票数最多的前 1~3 名方案作为中选方案。

2) 排序法：各评委按招标文件（竞赛办法）要求推荐1~3名合格的中选方案，并按第一名得3分、第二名得2分、第三名得1分的方式投票，经投票分数汇总排序后，得分最多的前1~3名作为中选方案。

3) 百分制综合评估法：各评委对评审标准中各项分别记分，得出总分，经评分汇总排序后，推荐得分最多的前1~3名作为中选方案。

(5) 方案设计评选标准应突出体现是否符合方案设计任务书的目标要求，应处理好质量、投资与进度的关系，使其达到对立的统一。在评审标准中，应注意评价因素是否全面及其权重是否分配合理。

(6) 重视各设计方案间的技术经济分析比较，应在技术经济分析的基础上进行评选和决策。

(7) 做好与各方案设计单位和设计师的充分沟通协调，造就良好的互动关系，这样有利于理解他们的设计意图，辨识各设计方案的优缺点，有助于优选方案。

(8) 切实做好评选会议记录，编写会议纪要。

2. 优化设计方案

在方案设计招标和方案设计竞赛中中选方案只有一个，而未中选方案中往往有不少优点，中选方案也会存在缺点，所以必须对中选方案进行优化。

在方案评选过程中应认真听取评委的意见和设计师的设计理念、意图，与他们充分沟通，仔细分析各设计方案的优缺点。评选结束后，在充分理解建设单位意图的基础上，综合建设单位、项目管理团队的构思与各方案的优缺点，提出对设计方案整合或优化的建议，报建设单位认可后要求中标的设计单位修改优化，从而获得理想的设计方案。设计方案优化的活动应邀请建设单位参加，并做好会议记录与纪要。

3. 方案设计阶段质量控制的其他事项

除上述优选设计方案与优化设计方案外，项目管理团队在方案设计的阶段还应做好下列质量控制工作。

(1) 审查方案设计文件编制的深度：方案设计文件的内容及编制深度应符合《建筑工程设计文件编制深度规定》(2016版)。

(2) 审查方案设计文件是否符合设计任务书（方案设计任务书）的要求：方案设计应贯彻安全、适用、经济、美观、环保、节能的设计方针；应执行国家强制性标准，满足现行设计规范规定；应体现先进的设计理念、创新意识。在这些方面优选设计方案的评委专家有丰富的知识和经验，应要求评委们把关。由于设计任务书是项目管理团队组织编制的，项目管理团队最理解建设单位意图，故项目管理团队应重点审核设计方案是否符合设计任务书的要求，如有遗漏或不足之处应要求设计单位修改，将存在问题消除在方案设计阶段，否则将给后续阶段的设计及报批造成被动。

(3) 重视专家意见：除了在优选设计方案过程中重视专家意见外，在设计方案优化过程及处理疑难问题时，应邀请相关资深专家参加评审论证会，听取他们的意见，优化设计方案。

（4）加强与建设单位的沟通，严格执行请示报告制度：由于设计方案对项目设计起着决定性的作用，对实现项目建设目标也是决定性因素之一，故在方案设计阶段项目管理团队应充分与建设单位沟通，充分理解贯彻建设单位意图，从设计任务书（方案设计任务书）、方案评选标准、方案评选过程与结果、方案优化建议 直至最终确定设计方案都应向建设单位请示、汇报，得到建设单位认可，并保存记录。

3.4.4 初步设计阶段的质量控制

初步设计是方案设计和施工图设计的一个中间阶段，其主要任务是根据项目设计要求，在政府相关部门确认的设计方案的基础上，深入细化设计方案，编制初步设计文件。初步设计阶段成果标志应该是：各专业技术路线得到确定，并实现系统内外的整体统一❶。初步设计质量直接关系到后续的施工图设计质量，建设单位对设计的补充要求及对初步设计中的问题应尽量在初步设计过程中解决。否则，如在施工图设计阶段提出，解决的难度较大。因此，初步设计质量控制应注重承前启后的过程要求特点和各设计专业的技术协调。

1. 向设计单位提交对初步设计的补充要求（或初步设计任务书）与设计基础资料

既然初步设计是方案设计与施工图设计的中间阶段，起着承前启后的作用，故初步设计开始时，应将方案设计阶段评审、报批的文件资料整理后提交设计单位，并提出设计要求。主要包括以下内容：

（1）已获批准确认的设计方案，及对该方案评审和批复文件中要求修改优化的意见。

（2）方案设计阶段，环保、民防、消防、绿化、道路交通、抗震、节能、防雷等部门专项审查和征询的资料、文件，对其提出的要求设计单位应严格执行。

（3）方案设计阶段，供电、供水、排水、电信、燃气等配套建设办理的资料、合同、文件，其办理的结果均是初步设计的基础资料和依据。

（4）随着项目设计工作的深化，在不违背已批准的设计方案前提下，建设单位对项目提出的新的设计要求。

2. 项目管理团队对初步设计的审查

（1）审查的目的

1）初步设计的成果能否作为施工图设计的依据：应审查初步设计文件是否符合已批准的设计方案及其批复意见，是否执行了环保、民防、消防等部门专项审查的意见，是否符合供电、供水、排水等单位配套建设的意见。否则，按此初步设计进行施工图设计，将给后续的报批、施工、验收造成困难。

---

❶ 周子焜．建筑工程项目设计管理手册．北京：中国建筑工业出版社，2013：215

2) 初步设计的成果能否满足项目后续工作的要求：初步设计文件除了是施工图设计的依据外，还应审查能否成为编制施工招标文件、施工组织设计的依据；能否满足主要材料、设备采购的需要。

3) 为上级主管部门或建设行政主管部门批准做准备：按现行规定，初步设计文件应经政府上级主管部门或建设行政主管部门批准，深化改革后，预计政府投资项目仍需经上级主管部门或建设行政主管部门批准，而企业投资项目有可能不再经政府主管部门或建设行政主管部门批准，但仍需经建设单位的上级主管部门或建设单位决策层审查批准。为了使这些批准顺利通过，项目管理团队应先进行审查。

4) 寻求优化的空间：通过审查各专业在布局、选型等方面有无不合理、不先进、不经济的缺陷，通过论证寻求优化。

(2) 审查的内容

1) 审查初步设计文件是否符合已批准的设计方案，设计方案批复文件中的要求是否落实，环保、消防、民防等专项审查意见是否落实，供电、供水、排水等设计与配套建设的征询、审查意见是否相符，还有什么问题需要与上述部门、单位沟通协调。

2) 审查初步设计文件编制的内容与深度是否符合《建筑工程设计文件编制深度规定》（2016版）的要求。

3) 审查初步设计文件是否符合设计任务书的要求，特别是使用功能、建设标准、专业配套、内外装饰装修概念是否符合设计任务书的要求，并寻求优化的空间。

4) 结构选型、结构布置是否安全、合理、经济。主要设备选型是否合理、先进、经济，采用的新技术、新设备、新材料是否适用、可靠、先进，并寻求优化的空间。

5) 各专业的技术路线是否确定，各专业的技术协调是否充分。

6) 设计概算是否完整、合理、准确，总投资确定是否合理，若超出计划投资原因何在。

(3) 审查优化的方法

项目管理团队工程技术组各专业技术人员负责组织本专业初步设计文件的审查，工程技术组负责人负责汇总审查意见，并组织评审查意见，编制审查报告经项目经理审核后报建设单位。

对于审查工作量大、技术复杂的项目，项目管理团队可临时聘请外单位有经验的设计人员协助审查。对重大技术问题、疑难问题、设计过程中不能形成定论或研究深度不够的关键技术问题，应及时组织进一步研究，必要时，应邀请资深专家参加论证会，论证其合理性、先进性，并提出优化的建议。论证会应邀请建设单位参加，并做好会议记录与纪要。

3. 上级主管部门或建设行政主管部门对初步设计的审批

初步设计的审批往往采用由建设行政主管部门牵头组织召开会审会的方式进行，对于企业投资的项目，今后可能不再需要政府审批，但往往也需经企业上级部门或企业决策层审批。项目管理团队应做好送审的各项工作（详见本书 3.3.5 中 1 工程项目的初步设计审查），参加并组织设计单位参加会议，办理会审会要求办理的事项，认真听取会议意见，寻求优化空间。

3.4.5 施工图设计阶段的质量控制

施工图设计文件是项目设计的最终成果和项目后续阶段建设实施的直接依据，施工图设计文件要在一定投资限额和进度下，满足设计质量目标要求，并经审图机构和政府相关主管部门的审查。

1. 施工图设计质量控制要点

（1）施工图设计应根据批准的初步设计编制，不能违反初步设计的设计原则和方案。如确实某种条件发生重要变化，需修改初步设计时，需经原设计审批机构批准。

（2）审核施工图设计是否满足建设单位功能、使用要求和质量标准。

（3）施工图设计深度是否符合《建筑工程设计文件编制深度规定》（2016 版）的要求，应满足设备材料采购、非标准设备制作和施工的需要。

（4）施工图设计文件是项目施工的依据，必须保证它的可施工性。

（5）施工图设计文件应满足编制施工图预算的需要，对于方案设计后直接进入施工图设计的项目，若合同未要求编制工程预算书，施工图设计文件应包括工程概算书。

2. 施工图设计质量控制的方法

（1）项目管理团队对施工图设计质量的检查

1）施工图设计过程中的跟踪检查：对施工图设计过程中执行全面跟踪检查，不现实，也会干扰设计人员工作，但对于施工图设计的重要阶段（如建筑总平面、建筑平面图、结构平面图等），对经研究论证的重大技术问题的落实情况可执行跟踪检查，跟踪检查事项可在设计合同中约定，或通过《设计管理配合要求》提出。

2）对施工图设计文件进行检查：项目管理团队工程技术组各专业人员对本专业的施工图设计文件，依据上述质量控制要点进行检查。如有必要，可聘请外单位资深专家协助审查，这种情况下，主要审查其合理性。

（2）项目管理团队组织施工单位、监理单位及造价咨询机构对施工图设计文件进行检查：施工单位、监理单位有核查施工图的职责，项目管理团队应要求施工单位、监理单位认真进行施工图核查，主要检查施工图设计文件的可施工性及施工图中的错、碰、漏问题，在各自施工图核查的基础上，项目管理团队组织施工图会审，设计单位进行施工图交底。施工图会审中提出的问题，由设计单位在会议纪要中解决，或通过签署设计变更解决。项目管理团队可组织造价咨询机构检查施工图，主要检查施工图设计文件是否满足编制施工图预算的需要。如设计合同约定设计单位应编制施工图预算，则可要求造价咨询机构审查施工图预算是否符合相关规范规定和满足工程量计量和计价的需要。

（3）审图机构及相关主管部门对施工图设计的审查：审图机构对施工图设计的审查是一项法定程序，只是对施工图涉及公共利益、公众安全和工程建设强制性标准的内容执行审查，对其他有关设计的经济、技术合理性和设计优化等方面的问题，还需靠项目管理团队组织资深专家审查、优化。其详细内容见本书"3.3.5 中 2 工程项目施工图审查"。对消防、民防、防雷、环保、绿化等部门未将施工图审查的工作委托给审图机构的，这些专业的施工图仍应送交这些主管部门审查，详见"3.3.3 工程项目设计阶段建设专项审查"中施工图设计阶段审查的内容。

3.5 建设项目设计投资控制

低耗高效永远是投资主体的追求目标，按照"谁投资，谁决策，谁收益，谁承担风险"的原则，建设单位非常注重建设项目的投资控制，项目管理团队应按照建设单位的要求，做好建设项目的投资控制，实现建设项目的投资目标。而在项目前期投资决策后，设计阶段的投资控制最为关键，特别是在方案设计和初步设计阶段更为显著。

在设计的不同阶段实施的层层投资控制中，设计投资需经历多次"算"的计价过程，进行投资计划值和实际值的动态跟踪比较，有偏即纠，将设计投资控制在项目计划总投资范围之内；还需分析评价项目的经济性，并寻求提高设计的经济性途径，从而优化设计；在保证设计技术质量的前提下，实现建设项目的投入最小化和效益最大化❶。

3.5.1 建设项目投资的特点和构成

1. 建设项目投资的特点

应充分认识建设项目投资的如下特点，以指导建设项目的投资控制工作。

（1）投资数额大，费用构成复杂。建设项目的投资额度通常都很大；从费用构成看，具有层次多、名目繁、费用广泛、计算复杂的特征。

（2）投资差异明显，需单独计算。由于建设项目的单一性、差异性，决定了建设项目工程造价的差异，只能单独计算其投资。

（3）投资确定需多次计价。由于项目建设过程复杂、周期长，影响项目造价的不确定因素多，受到各方面条件的制约，因此，项目的投资从一开始只能进行估算，随着建设的推进，实行多次计价，并形成由粗到细、由浅入深，逐步接近实际的工程造价，最后通过竣工决算，确定项目最终价款❷。

---

❶、❷周子炯.建筑工程项目设计管理手册.北京：中国建筑工业出版社，2013 年：249

我国基本建设程序与工程多次计价的对应关系如图 3-2[1]

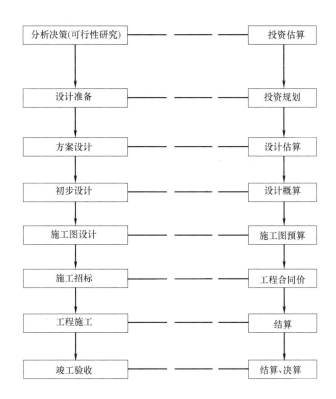

图 3-2 基本建设程序与工程多次计价的对应关系

（4）按项目构成工程的组合计价。项目的构成决定了其工程计价是一个逐步组合的过程，其计价过程与顺序是：分部分项工程单价—单位工程造价—单项工程造价—建设项目总造价。

（5）投资需动态跟踪并调整。项目建设周期长、不确定因素多的特征会影响工程造价并使其在整个建设期处于不确定状态。工程造价的动态性要求投资也需要动态跟踪并及时调整。确定了投资控制目标后，为了有效地进行投资控制，必须依据动态控制原理实施定期和不定期的跟踪检查，不断进行投资计划值和实际值的比较，除发现偏差分析原因及时采取纠偏措施外，在必要时，还需根据偏差分析，调整计划值[2]。

（6）投资早期管理是重点。项目建设程序及其工作内容和大量工程实践都表明：项目早期的分析决策阶段和设计阶段对投资费用的影响最大，应将项目前期和设计阶段作为投资控制的重点。

2. 建设项目总投资的构成

建设项目总投资构成如图 3-3。

---

[1] 周子炯. 建筑工程项目设计管理手册. 北京：中国建筑工业出版社，2013 年：254
[2] 周子炯. 建筑工程项目设计管理手册. 北京：中国建筑工业出版社，2013 年：250

3 设计及设计阶段的报批管理

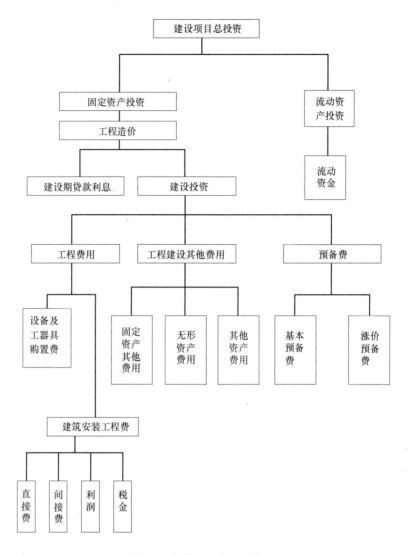

图 3-3 建设项目总投资构成

说明：

（1）生产性项目总投资包括图中建设投资、建设期贷款利息和流动资金三部分；非生产性项目总投资包括图中建设投资和建设期贷款利息两部分。

（2）建设投资是建设项目总投资的主要构成部分，是指一个工程项目建造所需要花费的全部费用，即从项目确定建设意向直至建成竣工验收时为止的整个建设期间所支出的总费用。

（3）设备购置费是指为建设工程项目购置或自制达到固定资产标准的设备、工具、器具的费用（固定资产标准是指使用年限1年以上，单位价值在国家或各主管部门规定的限额以上），没有达到固定资产标准的归属工器具及生产家具购置费。在生产性建设项目中，生产能力主要是通过设备及工器具的购置费用实现的。

（4）建筑安装工程费，是指用于项目设计范围内建筑工程施工和设备安装的费用,亦称建筑安装工程造价,由下列直接费、间接费、利润和税金组成。

1) 直接费:指施工过程中耗费的构成工程实体和有助于工程形成的各项费用,包括直接工程费和措施费。

2) 间接费:指直接费以外的施工过程中所产生的其他费用,包括规费和企业管理费。

3) 利润:指施工企业完成所承包工程获得的盈利。

4) 税金:包括营业税、城市维护建设税及教育费附加等。

(5) 工程建设其他费用:指为保证工程建设顺利完成和交付使用后能正常发挥效用而产生的固定资产其他费用、无形资产费用和其他资产费用。

(6) 预备费:指为保证工程项目的顺利实施,避免在难以预料情况下造成投资不足而预先安排的费用,由基本预备费和涨价预备费组成。

(7) 建设期贷款利息:指项目借款在建设期内产生并计入固定资产的利息。

(8) 流动资金:指生产经营性项目在建成投产初期,为保证正常生产所必要的周转资金,也称为铺底流动资金。

项目管理团队在编制或审查建设项目总投资时,应依据上述总投资构成及国家和行业相关规定进行。

3.5.2 熟悉项目决策阶段投资估算的编制要求和作用

要进行项目实施阶段的投资控制,应了解项目决策阶段投资估算的概念、编制要求和作用。

1. 投资估算的概念

投资估算是指在项目前期决策阶段,根据相关依据资料和一定的方法,对拟建项目投资额进行估计的活动。投资估算书是拟建项目可行性研究报告的重要组成部分。

2. 投资估算的阶段划分及其编制要求❶

投资估算贯穿于整个建设项目投资决策过程之中,投资决策过程可划分为项目的投资机会研究(或项目建议书)阶段、初步可行性研究阶段和详细可行性研究阶段,因此投资估算也分为相应的三个阶段。

(1) 投资机会研究(或项目建议书)阶段:这一阶段主要是选择有利的投资机会,明确投资方向,提出概略的拟建项目投资建议,并编制项目建议书。该阶段工作比较粗略,故也称投资匡算,投资额的估计一般是通过与已建类似项目的对比得来的,因而此阶段的投资估算的误差率可在±30%左右。

(2) 初步可行性研究阶段:此阶段的投资估算是在掌握了更详细、更深入资料的条件下,估算拟建项目所需要的投资额,其对投资估算精度的要求为误差控制在±20%左右。

---

❶ 周子焜. 建设工程项目设计管理手册. 北京:中国建筑工业出版社,2013年:257

(3) 详细可行性研究阶段：此阶段的投资估算至关重要，因为这个阶段的投资估算经审查批准之后，便是拟建项目的总投资限额，并可据此列入项目年度基本建设计划，也成为项目资金筹措及制定建设贷款计划的依据。此阶段投资估算精度要求为误差控制在±10%以内。

3. 投资估算的内容

投资估算文件一般应包括投资估算编制说明、总投资估算表、单项工程投资估算汇总表。

投资估算的编制说明应包括工程概况、编制范围、编制依据、编制方法、主要技术经济指标、有关参数、率值选定的说明、特殊问题的说明等。

总投资估算表由按工程系统划分的工程费用、工程建设其他费用、预备费、建设期贷款利息和流动资金构成。

4. 投资估算的作用❶

(1) 投资估算是拟建项目经济评价的基础，是判断项目可行性和进行项目决策的重要依据之一。投资估算是国家控制建设项目投资规模和工程造价的主要依据，经批复后将作为建设项目投资的目标限额和财政部门投资的依据。

(2) 为项目业主在项目实施阶段编制建设计划、资金筹措、申请贷款和确立投资控制目标及编制投资规划提供基础依据。

(3) 投资估算是方案设计竞赛文件、方案设计招标文件和方案设计要求文件内容的组成部分；也是评审优选设计方案和考核其经济合理性的重要依据。

(4) 为项目工程设计提供了评价经济性和限额设计的依据，成为指导和控制设计的准则。在设计阶段投资估算对初步设计概算、施工图预算起直接控制作用。

(5) 投资估算为项目发包招标和签订承包合同以及建设项目投资效果后评估等环节管理提供依据。

因此，投资估算不仅影响到项目前期投资策划的成败得失，而且还关系到后续阶段项目投资管理，并直接关系到设计文件编制、初步设计概算的控制。只有完整准确地计算拟建项目所需费用，编制高质量的投资估算，才能充分发挥投资估算的作用。

3.5.3 充分认识设计阶段投资控制的作用与原理

1. 设计阶段投资控制的作用

(1) 设计阶段对项目投资的影响最大：设计阶段的投资控制是项目前期投资决策后最为关键的重要阶段，对项目后续阶段的投资控制工作具有主导作用，特别是方案设计和初步设计阶段更为显著。这是由于方案设计阶段和初步设计阶段较为集中地明确了建设项目的建设内容、标准和各专业设计要素，拟

---

❶ 周子炯. 建筑工程项目设计管理手册. 北京：中国建筑工业出版社，2013年：258

建项目初步设计完成之后，建设项目投资的80%左右也就被确定下来。

（2）工程设计影响项目建成后的使用和运营费用：工程设计不仅影响和主导工程项目建设的一次性投资，而且还影响拟建项目使用或运营阶段的经常性费用，如能源费用、设备保养与维修费用、物业管理服务费用等。并由于项目使用与运营期一般都延续很长，这就使得相应总费用支出量会很大。通常项目前期或设计阶段确定的项目投资费用少量增加会使得项目使用和经营费用大量减少，反之，设计阶段确定的项目投资费用略有减少，则有可能导致项目使用和经营费用大幅增加。应通过设计阶段的工作寻求两者之间尽可能好的结合点，使拟建项目全生命周期费用最低。❶

（3）设计阶段是调节和节约投资最有效的阶段

1）方案设计阶段调节和节约投资的余地最大：方案设计的基本内容是确定设计项目的设计概念、功能、形式、规模、标准等，是业主方建设意图的具体反映。设计方案某一部分或某一方面的优化调整和完善将使投资数额产生较大变化。因此必须加强方案设计阶段的投资控制工作，通过设计方案竞赛、方案设计招标、设计方案的评审论证，确定既能满足拟建项目定义和目标定位，又可以节约投资、经济合理的设计方案，并采用价值工程和其他技术经济方法调整优化设计方案。❷

2）初步设计阶段对节约和调节项目投资具有较大影响和可能：在初步设计阶段，相对方案设计来说节约和调节投资的余地会略小些，这是由于初步设计必须在方案设计框架范围内进行。但是，由于初步设计是对方案设计的深入细化，需确定各专业的技术路线，故初步设计阶段的工作对拟建项目的投资还是具有较大影响和可能。这就需要做好各专业设计和技术方案的分析比选，精心编制和审核设计文件与设计概算，如发现偏离设计估算，及时分析原因，采取措施纠偏，确保设计概算满足投资目标。

3）施工图设计阶段节约和调节项目投资的余地较小：由于施工图设计是以初步设计为基础的详细设计，又由于初步设计阶段对拟建项目的大政方针已定，并初步设计概算是拟建项目投资的法定限额，故施工图设计阶段节约和调节项目投资的余地就较小。而设计完成进入施工阶段后，从严格按图施工的角度，除必要的设计变更外，节约和调节投资的可能性就非常小了。

2. 设计阶段投资控制的原理

设计阶段投资控制与其他控制一样，应遵循动态控制原理。

鉴于建设项目投资具有多次计价的特点，即拟建项目从项目前期投资决策到设计完成，需经历可行性研究阶段、设计准备阶段、方案设计阶段、初步设计（技术设计）阶段和施工图设计阶段，相应需完成投资估算、投资规划、设计估算、初步设计概算（修正概算）、施工图预算的多次计价过程。设计阶段投资动态控制即在项目设计的各个阶段，将上一阶段经分析、审定的投资实际值作为下一阶段的投资计划值，并将各个阶段的投资计划值和实

---

❶．❷ 周子炯．建筑工程项目设计 管理手册．北京：中国建筑工业出版社，2013年：264-265

际值进行动态跟踪比较，当其发生偏差时，分析原因，采取纠偏措施，使项目设计在确保项目质量的前提下，充分考虑项目的经济性，使项目总投资控制在计划总投资范围内。

3.5.4 设计准备阶段的投资控制

就建设项目投资控制而言，项目前期决策阶段是编制项目投资估算，此后将进入项目实施阶段的投资控制，项目管理团队将从设计准备阶段开始进行建设项目管理工作。对投资控制工作而言，设计准备阶段的主要任务是按项目的定位、项目功能定义和投资定义、总体构思和要求，进一步对项目的建设环境以及各种技术、经济和社会因素进行调查、分析、研究、计算和论证，编制拟建项目的投资规划，确定拟建项目的投资目标，并进一步按照一定方式将投资目标进行分解。由于此时尚未确定设计单位，故投资规划应由项目管理团队组织项目造价咨询机构进行编制。

1. 投资规划编制的依据

（1）相关的法规、政策和标准。

（2）项目前期策划文件和技术资料：主要包括项目前期决策阶段形成的项目意向、项目建议书和可行性研究等项目策划文件和技术资料，其中投资估算应成为投资规划文件编制的重要依据。

（3）工程建设要素市场价格信息：必须随时掌握市场价格信息，了解市场价格行情，熟悉市场各类资源的供求变化及信息动态，分析物价总水平的变化趋势、物价变化的方向和幅度，并以此作为投资动态控制和管理的重要依据。

（4）建设环境和条件：包括气象、水文地质、地形地貌、现场环境等自然条件；周边道路交通、市政设施条件、邻近建筑物等施工条件；项目建设可能参与各方的情况等。

2. 投资规划的主要内容与要求

（1）确定投资目标：项目管理团队接受拟建项目的项目管理工作后，首先应确定拟建项目的投资目标，一般情况下，应将可行性研究报告及其批复的投资估算作为拟建项目的投资目标值。

（2）投资目标的分解和编码：投资目标的分解是为了将拟建项目及其投资分解成为有效控制和管理的单元。由于投资规划对方案设计阶段投资控制有直接作用，故对投资目标分解的深度可按照方案设计阶段设计估算要求的深度分解（设计估算编制深度要求见《建筑工程设计文件编制深度规定》2016版）。对分解项目的编码宜与项目工程分解、工作分解编码相适应。

（3）投资目标的风险分析：由于我们未参与项目前期策划阶段的项目管理工作，未参与编制投资估算，故应在充分熟悉、掌握项目前期策划阶段对项目的定义、业主意图、投资估算的基础上，分析实现投资目标的重点和难点，并对各种可能出现的干扰因素和不确定因素进行评估，分析实现投资目标的影响因素、影响程度和风险度等，进而制定相应的管理制度和控制方案。

（4）制定必要的投资控制工作流程与工作制度。

3. 投资规划的作用

投资规划经建设单位审核后，将有下列作用：

（1）投资规划中的投资目标值将作为方案设计阶段的投资控制计划值。

（2）投资规划中对投资目标的分解和风险分析，将使项目管理团队对拟建项目投资目标的实现、投资的构成做到心中有数，以便实施投资的主动控制和事前控制。

（3）投资规划中对投资目标的分解，将为设计方案的比选、优化提供了参考。

（4）投资规划中投资控制的工作流程与工作制度成为投资控制事前策划的组成部分，为有效地实施投资控制奠定了基础。

3.5.5 方案设计阶段的投资控制

方案设计的优劣对投资数额产生的变化很大，方案设计阶段调节投资的余地也最大。方案设计阶段设计估算一旦偏离投资目标值，将会造成拟建项目后续各阶段实施工作的系统性失控，必须充分认识到方案设计阶段投资控制的重要性，做好此阶段的投资控制工作。在方案设计阶段，投资控制主要是在优选和优化设计方案中实施。其主要工作如下。

1. 确定方案设计估算的计划值

确定设计方案有两种途径：一是设计准备阶段通过方案设计招标或设计方案竞赛，获得中标或中选设计方案，确定设计单位后进入方案设计阶段，对中选的设计方案进行优化形成正式的设计方案，这是主要途径；二是先直接委托、确定设计单位，由其进行方案设计，通过设计方案的比选、优化，确定正式的设计方案。不管采用哪种途径获得设计方案，均需编制方案设计任务书，方案设计估算计划值（即限值）是方案设计任务书的重要组成部分。

方案设计估算计划值即为投资规划中的投资目标值，特别是其中的建筑安装工程费（对民用建筑而言）。该计划值不仅是方案设计的限值，也是设计方案评审比选和优化的重要依据。

2. 参与设计方案的评审（或评标）

项目管理团队投资控制主要负责人（或项目造价咨询机构主要成员）应以建设单位评标专家名义参与设计方案评标（或评审），对投标设计方案的技术经济分析和设计估算的完整性、合理性，作出评议和定量评价。

3. 审核中选方案的设计估算书

项目管理团队组织项目造价咨询机构从以下几个方面审核中选（或中标）设计方案设计估算。

（1）审核设计估算书的内容和深度是否符合《建筑工程方案设计招标技术文件编制深度规定》的要求，对实施性方案设计文件，设计估算的内容与深度应符合下列要求：

1）编制说明：应包括编制依据、编制方法、编制范围（明确包括的工程项目与费用）、主要技术经济指标、限额设计说明，其他必要说明的问题。

2）设计估算表：工程造价估算表应以各个单项工程为编制单元，由土建、给水排水、电气、暖通、空调、动力等单位工程的估算和土石方、道路、室外管线、绿化等室外工程估算两个部分组成。若招标人提供工程建设其他费用,可将工程建设其他费用和按适当费率取定的预备费列入估算表,汇总成建设项目总投资。如采用新工艺、新技术或特殊结构时,应对该项技术进行专项评估,评估后纳入估算中。

(2) 审核设计估算的准确度:依据项目所在地造价管理部门发布的有关造价文件和项目批文、方案设计图纸、市场价格信息、类似工程技术经济指标等有关资料,审核设计估算的准确度,当准确度影响对方案的可行性判定时,应对该方案进行专项技术经济评估。

4. 参与设计方案的优化

(1) 采用价值工程等方法对设计方案优化提出建议:根据设计方案评审的意见,吸取评审专家、业主等单位的意见和其他方案的优点,对中选方案进行优化。方案设计的优化过程是技术和经济的结合,以求得性价比最高的设计方案,故项目管理团队投资管理部门应组织项目造价咨询成员参与设计方案的优化,提出建议,特别是有关投资控制的要求与建议。

(2) 审核设计方案优化后的修正设计估算:设计方案优化后,设计单位应编制修正设计估算,项目管理团队应组织项目造价咨询机构审核修正设计估算,审核其合理性与准确性,并将修正设计估算控制在方案设计阶段投资计划值内。如因增加少量投资,能大大提高项目功能和价值时,应谨慎处理并报建设单位认可。

(3) 编制设计方案优化过程中的投资控制报告:设计方案优化后,应比较修正设计估算与原设计估算,并将上述投资控制情况编制报告报建设单位。

5. 修正项目资金使用计划

项目前期策划阶段,原工程咨询机构根据拟建项目批准的投资估算编制了项目资金使用计划,由于设计方案确定后,与项目前期策划阶段相比,对拟建项目的构成、规模、标准更深入和明确了,对于项目投资值而言,设计估算也比投资估算更细化、更准确,故应对项目前期策划阶段形成的资金使用计划进行修正,以更好地指导资金筹措。

3.5.6 初步设计阶段的投资控制

初步设计阶段较为集中地明确了拟建项目的建设内容、标准和各专业设计要素,是设计要素基本形成的关键性阶段。在初步设计阶段需要明确拟建项目在规定期限内进行建设的技术可行性和经济合理性,设定主要技术方案、主要技术经济指标和编制初步设计总概算。初步设计对投资额产生的变化和调节投资的余地也很大❶。初步设计阶段投资控制主要围绕推行限额设计、利用价值工程原理比选和优化主要技术方案、审核初步设计概算这三个主要环节。这阶段投资控制的主要工作如下。

---

❶ 周子焵. 建筑工程项目设计管理手册. 北京:中国建筑工业出版社,2013:283

1. 确定初步设计阶段投资的计划值

一般情况下，初步设计阶段投资的计划值（即初步设计的设计限额）应为方案设计估算值。经批准的初步设计总概算是建设项目造价控制的最高限额，且不能超过已批准的可行性研究报告中投资估算的 10%，否则应重新报批。项目管理团队应根据这一规定，比较设计估算与投资估算，充分考虑拟建项目的特点和条件，确定初步设计投资的计划值，报建设单位审定。

2. 编制初步设计要求文件（或初步设计任务书）有关投资控制的内容

在初步设计要求文件中除设定初步设计投资限额外，还应规定设计单位在投资控制、限额设计、利用价值工程方法比选和优化各专业主要技术方案的责任与奖惩措施，以确保初步设计概算不突破初步设计投资限额。

3. 跟踪设计单位的限额设计

为了有效地控制投资，实现拟建项目的投资目标，又由于初步设计对于方案设计和施工图设计具有承前启后的作用，初步设计是设计要素基本形成的关键性阶段，也是拟建项目投资额基本确定的阶段，在此阶段必须推行限额设计。有关限额设计的内容在"3.5.8 设计阶段投资控制的技术方法"中阐述。

4. 采用价值工程方法，寻求节能投资和提高价值的机会

由于初步设计是各专业设计要素基本形成的关键性阶段，故在初步设计阶段各专业选择和确定主要技术方案、主要设备和材料的选型、确定建设标准等过程中，应要求设计单位采用价值工程方法进行比选和优化，寻求节能投资和提高价值的机会，寻求功能和成本的最佳匹配。项目管理团队应跟踪主要和对投资影响大的设计要素比选和优化的过程。

5. 审核初步设计概算

（1）充分认识初步设计概算的重要作用

初步设计概算是建设项目最重要的投资计算文件，是在设计估算的控制下，全面、完整的反应初步设计内容、拟建项目投资额和投资构成的计算文件。其主要作用如下❶：

1) 设计概算是确定和控制建设项目投资额的依据：对于政府投资项目，设计概算一经批准，将作为控制建设项目投资的最高限额和财政部门拨款的依据。设计总概算不得超过已批准的可行性研究报告中投资估算的 10%，否则应重新批准。

2) 建设项目列入建设计划的必要条件：没有批准的初步设计文件及其概算，建设工程就不能列入年度固定资产投资计划。

3) 设计概算是签订建设项目总承包合同、分包合同和贷款合同的依据：国家规定，建设工程总承包合同价款是以设计概算价为依据，不得超过设计总概算的投资额。银行贷款或各单项工程的拨款累计总额也不能超过设计概算。

---

❶ 周子炯. 建筑工程项目设计管理手册. 北京：中国建筑工业出版社，2013：267

4）设计概算是控制施工图预算和考核设计合理性及后续阶段投资控制的主要依据：设计概算比较全面、具体地反映了整个项目工程建设费用，建设项目在初步设计后续阶段中的一系列投资计价都不能超过批准的设计概算。设计单位必须按照批准的初步设计和总概算进行施工图设计，施工图预算不能突破设计总概算，如确需突破总概算时，应按规定程序报批。如由于设计变更等原因建设费用超过概算，必须重新审查批准。

5）设计概算是考核建设项目投资效果的依据及判断是否超支的标准：通过设计概算与竣工决算对比，可以确定建设项目是否超支和分析考核投资效果。

（2）审核初步设计概算的依据

1）国家、行业和地方政府有关建设和投资、造价管理的法律法规。

2）建设项目的可研报告及批复文件（或批准的设计任务书）和主管部门的有关规定。

3）初步设计文件。

4）资金筹措方式。

5）国家和地方的现行工程量计算规则、建筑工程和专业安装工程的概算指标或概算定额、单位估价表、材料和构配件预算价格、工程费用定额和有关费用定额、指标和价格规定文件；有关设备原价及运杂费率等资料。

6）建设地区的经济条件、建设场地自然条件和施工条件。

7）类似工程的概、预算及技术经济指标。

8）有关合同、协议等其他资料。

（3）初步设计概算的审查要点[1]

1）审查概算的编制依据

① 审查编制依据的合法性：采用的编制依据必须经过国家和授权机关的批准，未经批准的不能采用。有概算定额的要执行概算定额，没有概算定额的可以参考预算定额、计价办法等本地区的计价依据。

② 审查编制依据的适用范围：各种编制依据都有规定的适用范围，各主管部门规定的各种专业定额及其取费标准，只适用于该部门的专业工程；各地区规定的各种定额及其取费标准，只适用于该地区范围内。

③ 审查编制依据的时效性：应注意各种依据有无调整和新的规定。

2）审查概算的编制深度：初步设计概算的编制深度应符合《建设项目设计概算编审规程》CECA/GC2-2007和《建筑工程设计文件编制深度规定》2016版，审查编制深度时主要审查下列内容：

① 审查编制说明：审查编制说明可以检查概算的编制方法、深度、编制依据等重大原则问题，若编制说明有差错，具体概算必有差错。

② 审查概算编制的完整性：设计概算应有完整的编制说明和"三级概算"（即总概算、单项工程综合概算表、单位工程概算表），并按规定的深度

---

[1] 肖时辉. 建设项目各阶段造价管理实务与操作. 北京：中国建筑工业出版社，2011年：54

进行编制。并审查各级概算的编制、核对、审核是否按规定签署，有无随意简化。

③ 审查概算的编制范围：审查概算编制范围及具体内容是否与主管部门批准的范围及具体工程内容一致；审查分期建设项目的范围及具体工程内容有无重复交叉，是否重复计算或漏算。

3）审查概算的内容

① 审查总体内容

a. 审查概算的编制是否符合法律法规要求，是否依据工程所在地的周边环境与自然条件进行编制。

b. 审查编制方法、计价依据和程序是否符合规定，包括定额或指标的适用范围和调整方法是否正确。进行定额或指标补充时，要求补充定额或指标的项目划分、内容组成、编制原则等要与现行规定相一致等。

c. 审查综合概算、总概算的编制内容、方法是否符合现行规定和设计文件的要求，有无设计文件外项目，有无将非生产性项目以生产性项目列入。

d. 审查总概算文件的组成内容，是否完整的包括了建设项目从筹建到竣工投产的全部费用。

e. 审查技术经济指标，技术经济指标的计算方法和程序是否正确，综合指标和单项指标与同类工程指标相比，是偏高还是偏低，分析其原因，该纠正的应要求纠正。

f. 审查投资经济效果，从企业的投资效益和投产后的运营效益全面分析，是否达到先进可靠、经济合理的要求。

② 审查概算的工程费用

a. 审查建设规模、建设标准、配套工程是否符合原批准的可行性研究报告或有关批文，对建筑面积的核定要严格依据国家关于建筑面积的计算规则审查。

b. 审查工程量，概算审查过程中工程量的计算需要较长时间，在几天内完成不切实际，如时间不允许，应重点审查工程量大、造价高的项目。

c. 审查设备规格、数量和配置是否符合设计要求，是否与设备清单一致。

d. 审查材料、设备价格：审查材料价格是否符合工程所在地的价格水平，材料价差调整是否符合现行规定及其计算是否正确；审查设备价格是否真实，设备原价和运杂费的计算是否正确，非标准设备原价的计价方法是否符合规定，进口设备各项费用的组成及其计算程序、方法是否符合国家主管部门的规定。

e. 审查建筑安装工程各项费用的计取是否符合国家和地方有关部门的现行规定，计算程序和取费标准是否正确。

f. 审查概算的编制深度：首先应审查图纸是否符合概算人员按规定计算工程量的深度，无法计算工程量的，应要求设计人员完善设计，然后再按规定深度计算工程量和费用。

③ 审查工程建设其他各项费用

这部分费用内容多、弹性大，而它的投资约占项目总投资15%，要按照国家和地区规定逐项审查，不属于总概算范围的不能列入概算，具体费率或计取标准是否按国家、行业有关部门规定计算，有无随意列项、多列、交叉计列和漏项等。应注意工程建设其他费用主要包括三个方面内容：第一是建设用地费用；第二是与项目建设有关的费用；第三是与项目运营有关的费用。

④ 审查工程预备费用

审查时应注意预备费的内容不能与工程费用的内容重复计取。

（4）设计概算的审查方法❶

采用适当的方法审查设计概算是确保审查质量、提高审查效率的关键，较常用的方法如下：

1）对比分析法：主要通过建设规模、标准与立项批文对比；工程数量与设计文件对比；综合范围、内容与编制方法、规定对比；各项取费与规定标准对比；材料人工单价与市场信息对比；引进设备、技术投资与报价要求对比；技术经济指标与同类工程对比等。通过以上对比，容易发现设计概算存在的主要问题和偏差。

2）查询核实法：查询核实法是对一些关键设备和设施、重要装置、境外引进工程图纸不全、难以核算的较大投资等进行多方查询核对，逐项落实的方法。

3）联合会审法：联合会审法有多种形式：

① 多种形式预审后，再由有关单位和专家联合会审。预审可包括主管单位、建设单位、承包单位、工程造价咨询单位、邀请同行专家等的预审。

② 会议会审：先由设计单位介绍概算的编制情况及有关问题，各单位、专家汇报初审和预审意见，然后进行分析审议，结合对各专业技术方案的审查意见所产生的投资增减，逐一核实原概算出现的问题，经过充分协商，听取设计单位意见后，实事求是地处理调整。

以上方法通常联合使用。

6. 报批初步设计概算

设计概算经上述审核后，由设计单位（或项目管理团队组织项目造价咨询机构）进行修正，项目管理团队复核报建设单位同意后，报送建设主管部门或上级主管部门审批。报送的设计概算应包括对初步设计文件中有关技术经济分析内容的审核、评价意见。

7. 编制初步设计阶段投资控制的报表和报告

投资控制报告中应包括如下内容：本阶段投资控制的措施及其成效；设计概算的编制情况；设计概算审查情况及取得的成效；设计概算的计划值与

---

❶ 周子炯. 建筑工程项目设计管理手册. 北京：中国建筑工业出版社，2013：271

实际值的比较；本阶段投资控制尚存在或需说明的问题。

8. 编制本阶段的资金使用计划

初步设计及其概算完成后，对投资额及其构成要比方案设计阶段更细化、深入，初步设计概算基本确定了拟建项目的投资额，经批准后的设计概算具有法定效力，故应对方案设计阶段的资金使用计划进行修订并以此作为拟建项目筹措资金的依据。

3.5.7 施工图设计阶段的投资控制

施工图设计阶段投资控制的重点是监控施工图设计按照初步设计进行，强化设计过程的经济性，严格控制设计限额，将施工图预算与设计概算进行比较并及时纠偏，必要时对施工图设计进行修改或调整，使施工图预算控制在设计概算的范围内❶。此阶段投资控制的主要任务如下：

1. 确定施工图设计阶段投资的计划值

施工图设计投资计划值（限额）应为经批准的初步设计概算。按照国家规定，施工图预算不得突破设计总概算，如确需突破应按规定程序报批。

2. 编制施工图设计要求文件（或施工图设计任务书）有关投资控制的内容

在施工图设计要求文件中除设定施工图设计限值外，还应规定设计单位在该阶段投资控制、限额设计及进一步要求节约投资和提高价值可能性的责任和奖惩措施，以确保施工图设计预算不突破设计概算。

3. 跟踪设计单位的限额设计

跟踪检查施工图设计是否按照初步设计文件进行，对设计各要素结合施工、材料、设备等方面作必要的市场调研和技术经济论证，并提出咨询报告，如发现设计可能突破设计限额，则配合设计人员协助解决，有关限额设计的内容在 3.5.8 设计阶段投资控制的技术方法中阐述。

4. 进一步寻求节约投资或提高价值的可能性

由于施工图设计应按照初步设计确定的技术路线进行，因此本阶段利用价值工程原理寻求节约投资或提高价值的可能性比初步设计阶段小，但在工程具体做法、材料及构配件选用等问题上仍有利用价值工程原理寻求节约投资或提高价值的可能；当施工图预算有可能突破设计概算，如何尽量不降低拟建项目主要功能和质量而压缩投资时，也应利用价值工程原理；另外当业主需要或经增加少量投资而大大提高项目质量时，也应利用价值工程原理进行分析、确定。

5. 组织编制或审核施工图预算

施工图预算如由设计单位编制（设计单位需加收 10% 的基本设计费），则项目管理团队应组织项目造价咨询机构审查设计单位编制的施工图预算。

在建设单位委托了项目造价咨询机构的情况下，为了有利于整个建设过程对拟建项目实施投资控制，建议由项目造价咨询机构编制施工图预算，并

---

❶ 周子炯.建筑工程项目设计管理手册.北京：中国建筑工业出版社，2013：283

对预算编制的质量负责。在这种情况下项目管理团队应做好组织协调工作。

(1) 认识施工图预算的作用：施工图预算作为工程建设程序中一个重要的技术经济文件，在工程建设实施过程中有十分重要的作用，对建设项目投资方的作用为如下几个方面。

1) 强化投资控制及资金合理使用的依据：施工图设计是设计的最后一个阶段，施工图将作为施工的依据，故通过施工图预算的编制和审核，将强化拟建项目的投资控制，将拟建项目的投资控制在计划值内。从设计角度而言，施工图预算是最后一个投资计算文件，它将成为建设项目后续阶段投资控制及资金合理使用的依据。

2) 是实行招标的建设项目确定工程招标标底（控制价）的基础：在设置招标控制价的情况下，招标标底通常是在施工图预算的基础上，考虑工程的特殊施工措施、工程质量要求、工期目标、招标工程范围以及自然环境等因素编制的。

3) 是建设单位与施工单位确定施工合同价，实行建筑安装工程造价包干的依据：通过建设项目工程招投标，建设单位与中标单位签订施工合同时，相关工程价款必须以施工图预算为依据。

4) 是拨付工程款及办理建筑安装工程价款结算的依据。

(2) 施工图预算编制的方式，施工图预算的编制有下列两种方式：

1) 传统的定额计价方式：传统的定额计价方式是采用国家、部门或地区统一规定的预算定额、单位估价表、取费标准、计价程序进行工程造价计价的方式，通常也称为定额计价方式。

2) 工程量清单计价方式：招标人按照国家统一的工程量清单计价规范中的工程量计算规则提供工程量清单和技术说明，由投标人依据企业自身的条件和市场价格对工程量清单自主报价的工程造价计价方式。工程量清单计价方式是与市场经济相适应的国际通行的计价方式。工程量清单计价方式遵循了"控制量，放开价"的原则，将定价权归属企业，最终由市场形成价格，这种计价方式已逐步取代了传统的定额计价方式。《建设工程工程量清单计价规范》GB 50500—2013 规定："使用国有资金投资的建设工程发承包，必须采用工程量清单计价。"该条为强制性条文。

(3) 审查施工图预算的编制依据：施工图预算编制的依据应包括下列内容：

1) 国家、行业和地方政府有关建设投资（工程造价）管理的法律法规和规定；

2) 经审查批准后的施工图设计文件和相关标准图集；

3) 经批准的拟建项目的设计概算文件；

4) 工程地质勘察资料；

5) 施工组织设计或施工方案；

6) 现行建筑工程与安装工程预算定额和费用定额、单位计价表、有关费用规定、企业定额等文件；

7)《建设工程工程量清单计价规范》GB 50500—2013;

8) 材料与构配件预算价格;

9) 建设场地的自然条件和施工条件;

10) 施工承包合同或协议书（如已签订）。

(4) 施工图预算审查的内容❶：

1) 施工图预算审查的编制深度是否符合要求：施工图预算编制的深度应符合《建筑工程设计文件编制深度规定》(2016版) 的要求。施工图预算应由单位工程预算、单项工程预算和建设项目预算三级逐级编制综合汇总而成，关键是编制单位工程施工图预算。

2) 审查工程量：审查工程量是否按照规定的工程量计算规则计算工程量，编制预算时是否考虑了施工方案对工程量的影响，定额中要求扣除项或合并项是否按规定执行，工程量单位的设定是否与要求的计量单位一致。

3) 审查设备、材料的预算价格：设备、材料预算价格是预算造价所占比重最大、变化最大的内容，应重点审查。

4) 审查预算单价的套用：预算单价套用是否正确是审查预算工作的主要内容之一。

审查时应注意以下几个方面：

① 预算中所列各分项工程预算单价是否与现行预算定额的预算单价相符，其名称、规格、计量单位和所包括的工程内容是否与单位估价表一致。

② 审查换算的单价，换算的分项工程是否是定额中允许换算的，换算是否正确。

③ 审查补充定额和单位估价表的编制是否符合编制原则，单位估价表计算是否正确。

5) 审查有关费用项目及其计取，要注意以下几个方面：

① 措施费的计算是否符合有关的规定标准，间接费和利润的计取基础是否符合现行规定，有无不能作为计费基础的费用列入计费的基础。

② 预算外调增的材料差价是否计取了间接费，直接工程费或人工费增减后，有关费用是否相应做了调整。

③ 有无巧立名目乱计费、乱摊费用的现象。

6) 审查采用工程量清单计价办法编制的预算时，应审查各分部分项工程综合单价的编制组合是否符合《建设工程工程量清单计价规范》GB 50500—2013的规定。

6. 将施工图预算与设计概算比较，提出纠偏或调整的建议

将施工图预算编制或审查的结果与初步设计概算比较，如有突破，应提出纠偏措施，要求设计单位修改施工图设计文件，将施工图预算控制在计划值之内。如确需突破则应编制报告，说明情况与原因报建设单位，建设单位同意后按规定报批。

---

❶ 周子炯. 建筑工程项目设计管理手册. 北京：中国建筑工业出版社，2013：274

7. 编制本阶段资金使用计划

施工图预算与设计概算相比,对拟建项目的投资计划将更深化与细化,应根据施工图预算对初步设计阶段的资金使用计划进行修正调整,据此进行资金筹措与安排。

8. 编制施工图设计阶段投资控制的报告与报表

报告中应包括以下主要内容:本阶段投资控制所采取的措施与成效;施工图预算编制和审查的情况;施工图预算与初步设计概算的比较;本阶段投资控制尚存在或需说明的问题。

3.5.8 设计投资控制的技术措施

1. 运用动态控制原理

为实现拟建项目设计阶段的投资目标,应不断地将投资实际发生值与计划值进行比较,发现偏差及时分析原因,采取纠偏措施,将实际发生值控制在计划值范围内。运用动态控制原理应特别抓好下列两个环节。

(1) 对投资计划值进行分析和论证:由于主观和客观因素的制约,建设项目投资目标值有可能难以实现或不尽合理,这就需要在设计过程中细化、精确化或合理调整,只有投资目标合理正确,设计投资控制方能有效。

(2) 设计过程中投资发生的实际数据收集:没有实际数据的收集,就无法了解和掌握设计过程中投资的实际情况,更不能判断是否存在投资偏差。不能等方案设计估算、初步设计概算、施工图预算完成后再算总账。项目管理团队、项目造价咨询机构应与设计单位商定,对设计过程中重要技术方案的确定、建设标准的确定、重要材料设备的选用等应分析实际发生值对计划值的影响;制定并提供反映拟建项目设计计划投资、实际投资、计划投资与实际投资比较的各类投资控制报告和报表,作为进行投资控制数据分析和采取相关控制措施决策的依据。

2. 运用价值工程方法

价值工程是一种将功能和成本、技术与经济结合起来进行技术与经济评价的方法。价值工程方法以提高价值为目标,以功能分析为核心,以集体智慧为依托,以创造精神为支柱,以系统观点为指针,以建设单位要求为重点,实现技术分析与经济分析的结合,寻求功能与成本的最佳匹配。

(1) 设计阶段提高建设项目价值的基本途径❶

1) 既提高工程的功能,又降低工程的造价,这是提高价值最理想的途径;

2) 在保证工程功能不变的情况下降低工程造价;

3) 在工程造价不变的情况下提高工程功能;

4) 在工程功能略有下降的情况下使工程造价大幅度降低;

5) 在工程造价略有上升的情况下使工程功能大幅度提高。

---

❶ 周子焜. 建筑工程项目设计管理手册. 北京:中国建筑工业出版社,2013:280

(2) 设计阶段应用价值工程的时机

1) 方案设计阶段是应用价值工程的重点：设计方案的比选和优化是工程设计乃至项目建设的决定性环节，也是投资控制的关键。运用价值工程方法进行设计方案的比选和优化是控制投资最有效的途径。采用方案设计招标和进行方案设计竞赛有利于设计方案的选择和竞争，设计单位为使项目中标或设计方案中选会尽力去完善设计方案，使设计方案在符合项目使用方功能要求、规模和标准前提下，节约项目全生命周期的投资费用。经评标或评审比选，选出中标或中选方案，以达到优选设计方案的目的。

确定中标或中选的设计方案后，仍需优化。即通过技术经济分析和运用价值工程等最有效途径和方法，结合评标专家（或评审专家）的意见，进行自身修改优化或将其他方案的优点加以吸收和综合，使设计方案更为完善，力求设计方案功能完善、技术先进、经济合理、形象美观。

2) 初步设计阶段也是应用价值工程的重点：设计方案确定后，初步设计阶段要确定各专业的设计要素和技术路线，其中建筑空间分割、内外装修方案、地基与基础选型、结构选型、各专业技术方案和设备选型等也需要采用价值工程方法，将技术分析与经济分析相结合，对技术方案进行比选和优化，达到功能和成本的最佳匹配。在施工图设计阶段遇到类似情况，也应采用价值工程方法，进一步寻求节约投资和提高价值的机会。

3. 执行限额设计

要实现建设项目设计投资不突破计划值，就不能让设计人员"画了算"，必须将技术与经济相结合，要"算着画"，限额设计就是指导设计和投资控制的关键方法和有效措施。限额设计是指在设计阶段，按照建设项目的功能定义、投资定义和批复的投资额等，通过投资规划对建设项目投资目标进行分解，在明确建设项目各组成部分和各个专业设计工种所分配的投资限额基础上，把设计过程中各阶段设计限定在计划投资限额内的方法[1]。进行限额设计有以下要点。

(1) 准确合理分解投资目标，确定投资限额：各设计阶段投资总限额一般用投资估算控制方案设计；用设计估算控制初步设计；用初步设计概算控制施工图设计。要进行限额设计，还必须对投资总限额进行分解，明确建设项目各组成部分和各专业设计工种所分配的投资限额。

在方案设计前的设计准备阶段，应通过编制投资规划，按照方案设计的深度对投资估算进行分解，明确建设项目各组成部分的投资限额（详见本书3.5.4，设计准备阶段的投资控制），将其列入方案设计任务书。由于此阶段尚未确定设计单位，故此阶段对投资目标的分解应由项目管理团队组织项目造价咨询机构完成。

通过方案设计招标（或方案设计竞赛）确定中标（或中选）设计方案和设计单位后，在初步设计与施工图设计阶段，考虑到设计过程中技术与经济

---

[1] 周子炯. 建筑工程项目设计管理手册. 北京：中国建筑工业出版社，2013：276

的结合是由设计单位去进行,所以宜由设计单位完成对投资目标的分解并确定建设项目各组成部分和各专业设计工种所分配的投资限额。这样做的好处还在于:第一,设计单位和设计人员(含造价控制专业人员)常年从事建设项目的设计工作,对技术和经济的结合积累了丰富的经验和资料,通过分解,确定投资限额更准确合理;第二,有利于发挥设计人员的创造性,进行方案比选和优化;第三,设计过程中为了满足业主需求或提高项目价值,有可能在总投资限额范围内,对项目各组成部分和各专业设计工种的投资限额进行调整,这样做有利于设计过程中各专业设计人员的协调。

项目管理团队应组织项目造价咨询机构关注并参与设计单位对投资目标的分解,提出合理化的意见和建议,协助确定拟建项目各组成部分和各专业设计工种所分配的投资限额。这样做也有利于跟踪限额设计的执行情况。设计单位在进行投资分解时,应由设计单位设计主持人组织各专业设计负责人和造价管理人员认真分析和论证,反复协商,从而准确合理地确定拟建项目各组成部分和各专业设计工种所分配的投资限额。

(2)坚持投资限额的严肃性:投资限额目标一旦确定,必须坚持投资限额的严肃性,不能随意变动。如有必要调整必须通过分析论证,按规定程序调整。

(3)限额设计应以控制工程量为主要手段:限额设计是以控制投资为核心,为了方便有效地进行限额设计,应以控制工程量为主要手段,各专业设计人员应根据拟建项目的功能、规模、标准和投资限额分析各分部分项工程的工程量,要严格控制建设标准高、可做可不做的分部分项工程的工程量。

(4)跟踪限额设计的执行情况:应要求设计单位的各专业设计负责人根据各专业特点编制"各设计专业投资核算点表",并确定各设计专业投资控制点的计划完成时间。设计单位投资控制工程师按照投资核算点对各专业设计投资进行跟踪核算,并分析产生偏差的原因。如实际设计工程量超过限额设计工程量,应尽量通过优化设计予以解决;如确实要超过,设计专业负责人需编制详细的限额设计工程量变更报告,说明原因,设计投资工程师估算发生的费用,并由设计投资控制负责人审核确认。项目管理团队应组织项目造价咨询机构检查设计单位执行限额设计的情况。

(5)建立实施限额设计的奖惩约束机制:建设单位对设计单位要实行节约投资的奖励措施与盲目设计导致投资超支的处罚办法,首先应在设计合同的条款中明确设计方根据建设单位下达的投资限额进行设计,若因设计方的责任突破投资限额,设计必须修改、返工,并应承担由此带来的损失。鼓励通过精心优化设计,节省工程投资,并根据节约投资额的大小对设计单位实施奖励❶。

4. 积极采用标准设计

标准设计是指经批准的,在一定时期具有共性条件,使用范围比较广

---

❶ 周子炯.建筑工程项目设计管理手册.北京:中国建筑工业出版社,2013:279

泛，技术上成熟，经济上合理，可以互换代替的通用技术设计文件，包括建筑物单元和建筑构配件、节点构造和结构工程、材料、技术设备以及建筑物各部位的统一参数等设计图纸或规则。采用标准设计既有利于保证工程质量，又能降低建筑安装工程费用和运行维修费用，同时还减少设计工作量，因此只要有条件，都应该实施标准设计。

3.6 项目设计进度控制

建设项目设计进度控制是建设项目进度控制的重要组成部分，建设项目的规划许可、专项审查、配套建设、建设行政主管部门和上级主管部门的设计审查都离不开建设项目相应设计阶段的设计成果，后续的施工及设备材料招投标、施工也必须有相应的设计文件作依据，因此，设计单位能否及时地提供设计成果文件和相关服务，对建设项目顺利进行关系极大，项目管理团队必须充分重视和做好项目设计进度控制。

3.6.1 设计进度控制的原则

(1) 正确处理设计质量、投资、进度三者之间的辩证关系

设计质量、投资、进度三者之间是矛盾、统一的关系，要在确保拟建项目设计质量、投资满足要求的前提下追求进度，绝不能牺牲设计质量、投资要求追赶设计进度。设计是复杂的、系统的思维创作过程，好的设计成果离不开技术方案的比选和优化，设计成果的优劣与设计人员付出的思维成正比，要给设计人员细致、反复推敲留出时间。反之盲目追求设计进度，设计成果往往粗制滥造，要么牺牲设计质量、投资要求，要么造成反复修改，给后续工作造成被动，欲速则不达。应要求设计单位在确保设计质量、投资满足要求的前提下，采取措施集中人力、物力等投入拟建项目，想方设法满足建设单位合理的各设计阶段进度目标。

(2) 遵照建设程序和设计工作规律

国家对基本建设程序有明确的规定，本书的"3.3 建设项目在设计阶段的征询与报批"中阐述了建设项目的规划许可、专项审查、配套建设、建设行政主管部门和上级主管部门的设计审查，设计要遵循这些程序与规定，准备好应提供的相关设计文件，使拟建项目的报批顺利进行，并且这些报批结果往往又成为下一阶段的设计依据，要一步一个脚印，每一阶段每一项设计都应有符合法定程序的依据。

设计工作有其特定的客观规律，比如设计一般分方案设计、初步设计和施工图设计三个阶段；对民用建筑而言，每一个阶段一般都是建筑专业设计先行；各专业的设计先是总体构思、总体和系统设计，后进行细部设计等。掌握和遵照这些规律，有利于编制设计进度计划，合理地提出设计进度目标满足拟建项目后续各项工作的进度要求。

(3) 提高自身工作效率、尽快安排设计

在项目建设过程中,特别在施工前,设计工作是其他工作的龙头,项目的征询报批、施工及材料设备招标投标、施工准备等都离不开相应的设计成果,故项目管理团队在接到拟建项目的项目管理业务后,应以只争朝夕的精神,在充分理解业主意图、项目定义和前期资料的基础上,尽快确定设计单位,编制好设计任务书,使设计工作尽早进行,不要将宝贵的时间耽搁在自己团队内。

(4) 重在提升设计单位和设计人员的积极性和履约意识

设计工作是系统性强的思维创作活动,如何正确处理设计质量、投资和进度的关系主要靠设计单位和设计人员的积极性和履约意识,应在委托设计合同中约定设计方对设计进度的责任,并应制定设计进度管理的制度。

3.6.2 设计进度控制的主要工作内容和措施

1. 确定设计进度目标,编制设计进度控制性计划

(1) 确定目标、编制控制性计划的依据

1) 项目建设总进度目标和里程碑计划对设计的进度要求:如取得建设用地规划许可证、建设工程规划许可证、建设工程施工许可证对设计进度的要求;施工招投标、主要材料设备招投标、分部工程施工计划对设计进度的要求等。

2) 建设项目的技术复杂和先进程度。

3) 设计工期定额。

4) 设计委托方式、设计单位情况及类似工程项目的设计进度。

5) 建设项目规划许可、专项审查、配套建设、建设行政主管部门和上级主管部门的设计审查的程序和办理时间的规定。

6) 规划设计条件、工程勘察资料、设计基础资料和依据性文件具备的情况。

(2) 编制设计进度控制性计划的要点

1) 确定方案设计招标(或设计方案竞赛)招标书发出、评审、发出中标通知书等各节点时间。

2) 拟定优化设计方案、完成方案设计、初步设计、施工图设计的时间。

3) 熟悉和掌握建设项目所在地现行规定,围绕拟建项目规划许可、专项审查、配套建设,编制各征询和报批事项清单,并明确办理各事项应完成的设计文件,根据设计工作规律与基本建设程序编制设计单位配合报建的计划。

4) 拟定办理建设用地规划许可证、建设工程规划许可证、建设工程施工许可证的时间,编制设计单位配合办理上述三证的工作计划。

5) 明确初步设计报审及施工图设计文件送审时间。

6) 在时间允许情况下,宜施工图设计全部完成后一次送审(施工图设计文件审查)。如时间不允许,在全部完成方案设计和初步设计并已审批通过的前提下,根据施工进度和办理建设工程规划许可证、施工许可证的需要，先安排这部分施工图设计和送审，然后根据后续的施工进度再安排其他施工图设计和送审。

7) 明确哪些设备应先落实订货，取得相应技术数据后方可进行各专业施工详图的设计（特别是涉及建筑专业空间分割和主体结构构件布置的），应拟定这些设备的招采时间，以便于这些专业相应的施工详图设计。

8) 根据施工进度目标，拟定各专项设计和二次深化设计的时间安排，特别对涉及基础和主体结构施工的应先尽早安排，如地下室外墙的预留预埋及幕墙在主体结构上的预埋件等。

9) 拟订控制性计划时，应考虑各项征询、报批的办理时间，并对一次办理不成和审查后修改留出时间。

2. 审核设计单位编制的设计进度计划，提出设计进度要求

（1）在设计合同或设计任务书中明确设计进度总目标，并明确方案设计、初步设计和施工图设计完成的时间。

（2）委托设计合同签订后，要求设计单位编制设计进度计划，根据上述设计进度控制性计划的要点，审核设计单位的设计进度计划，与设计单位协商后，确定设计进度计划（含各阶段设计文件提交与各项设计服务），以补充协议的形式双方签认。

3. 切实履行委托设计合同中业主方的责任

委托设计合同中涉及设计进度的业主方责任主要有以下内容：

（1）向设计单位提交包括政府项目立项文件、可行性研究报告及批复文件、环境影响评价文件及批复、选址意见书、规划设计条件、设计任务书、地质勘察报告等设计依据文件和其他必须提供的设计基础资料。

（2）及时、准确、完整地向设计单位提交设计意图和设计要求，提交前应报业主方确认，尽量避免变更和补充设计要求。

（3）在办理拟建项目规划许可、专项审查、配套建设的各项征询和报批中，及时、准确、完整地向设计单位提出设计工作的配合要求，并将办理结果及时递交设计单位，作为下一阶段设计的依据和基础性资料；对报批部门需设计单位修改完善的，限期请设计单位修改、完善。

（4）设计过程中加强沟通，需业主方确认或批复的事项，项目管理团队应在合同约定的期限内尽快组织落实。

4. 跟踪设计进度

设计进度控制与其他控制一样，应采用动态控制原理，即设计进度计划确定后，应定期或不定期的检查设计的实际进度与计划进度的偏差，发生超前或滞后的现象时应分析其原因，采取相应措施纠偏或调整原来的计划。跟踪设计进度的方法如下。

（1）查阅设计单位每月提交的设计月报：应要求设计单位在设计月报中反映设计进度的下列内容：

1) 设计进度计划实施情况：

① 设计完成情况统计表：统计表内应反映各设计专业完成设计文件的

图纸名称与编号、设计阶段、图纸版次、设计或校审阶段、计划完成时间、实际完成时间等。

② 配合拟建项目征询与报批，设计单位应完成设计文件与服务的实施情况：反映应完成这类设计文件或服务的名称、计划完成时间、实际完成时间等。

2）实施设计进度计划存在的问题和所采取的措施。

3）实施下月设计进度计划的主要工作及预测。

4）要求业主方解决的问题。

除查阅设计月报外，项目管理团队可抽查设计工作实际完成情况，对照设计月报中"设计进度计划实施情况"，判断是否有偏差。

（2）定期和不定期的召开设计进度检查、协调会：在各设计阶段（方案设计阶段、初步设计阶段、施工图设计阶段）计划完成时间前的适当时机和每月召开定期设计协调会，将设计进度检查、协调作为设计协调会的内容之一。有关设计协调会的内容和组织详见本书"3.8.3 设计沟通管理要点"中"设计协调会议"。当设计实际进度与计划进度出现重大偏差或需协调解决设计重要进度问题时，还应不定期的召开此类进度协调会。

5. 做好各设计单位之间及外部相关部门的协调

业主方如委托多个设计单位完成拟建项目的设计任务时，应确定主设计单位，并明确主设计单位实现整个项目设计进度目标的责任，出现问题时，项目管理团队应协助主设计单位协调、解决相关问题。

设计工作与规划许可、专项审查、配套建设、建设行政主管部门和上级主管部门的设计审查中的征询与报批关系较大，需要用这些征询和报批的结论作为后续设计的依据或设计基础资料，否则无法进行后续的设计，或因违反设计程序给后续各项工作造成被动，故项目管理团队应积极与外部相关部门协调，保证设计工作顺利进行。

6. 分析设计进度的受控状态，并采取相应措施

根据上述设计进度跟踪情况，项目管理团队应深入分析设计进度的受控状态，辨识实现进度计划的风险，并进行风险评估，针对风险原因和风险程度采取相应的措施，并要求设计单位采取措施实现设计进度计划。

必要时应根据拟建项目建设进度计划，调整设计进度计划，确保拟建项目建设阶段性计划的实现。万不得已时，对拟建项目建设阶段性计划提出调整的建议，以实现拟建项目的进度总目标。

7. 及时做好各阶段设计文件的内审和报审工作

（1）方案设计的内审与报审：设计单位完成方案设计后（最好先提交征求意见稿），项目管理团队并组织业主方及时内审，为了避免常见的因意见不统一造成迟缓决策，应控制业主方内部对设计方案征求意见的时间。项目管理团队并组织业主方对提出的意见分析论证后，将需要设计单位修改完善的意见交设计单位修改和优化。修改优化后的设计方案经项目管理团队复核后报业主审定，并及时报规划管理部门审批。

（2）初步设计的内审与报审：由于初步设计确定了各专业的设计要素和

技术路线，并且初步设计概算是法定的建设项目投资最高限额，故项目管理团队和业主方对初步设计文件的内审工作量要比方案设计内审的工作量大很多。在这种情况下，项目管理团队更要控制业主方内部对初步设计征求意见的时间，并积极组织对初步设计及其概算的内审，尽快完成内审，以便设计单位早日修改完善后报建设行政主管部门和上级主管部门审批。

（3）施工图设计文件的内审与报审：施工图设计文件量大，往往施工图设计完成后还要由业主委托的造价咨询机构编制施工图预算，如果待项目管理团队和业主方完成施工图设计文件及其预算的内审，再送审图机构进行施工图设计文件的审查，则需时间比较长。由于施工图设计文件未经审查，不得使用，建设行政主管部门不得核发施工许可证，并影响施工招投标等一系列程序的进行。项目管理团队和业主方可对施工图设计文件先进行总体审查，审查施工图设计文件是否符合已批准的初步设计，如符合初步设计可先送审图机构进行施工图设计文件的审查。同时再进行并组织业主方、施工单位、监理单位细审，造价咨询机构编制施工图预算，发现问题再要求设计单位以设计变更形式修改施工图设计文件。由于审图机构是对施工图涉及公共利益、公众安全和工程建设强制性标准的内容进行审查，一般情况下，大部分设计变更不会涉及这方面内容，如涉及应送交原审图机构进行复审。

（4）各阶段设计文件内审和报审过程中，加快设计进度的措施。

1）提前发现问题和解决问题：各阶段设计文件完成后，项目管理团队和业主方进行设计文件内审的目的是为了克服设计文件的缺陷，但有关各专业技术方案、功能和建设标准等方面的重大问题应在各阶段设计过程中解决，不能待本阶段设计文件完成后再提出。设计合同中应约定，如因某种原因设计单位不能按照设计任务书、经批复的方案设计和初步设计文件进行后续阶段的设计时，应报告业主方，协商解决办法。另外，设计文件完成后，项目管理团队和业主方应避免轻易提出重大新的设计要求和变更设计要求，否则将严重影响设计进度，并可能造成设计单位的索赔。

2）适当穿插各阶段的设计工作：理论上讲，方案设计批复后方可进行初步设计；初步设计批复后方可进行施工图设计。但不应机械的执行，方案设计、初步设计完成后，要经历业主方内审和相关主管部门的审查，有时需要时间比较长，如等批准后再开始进行下一阶段的设计，会影响设计进度或造成后续设计时间紧张，影响设计质量。可要求设计单位在本阶段设计文件送审过程中，进行下一阶段设计的某些工作，如构思、计算、设计初稿等，待上阶段设计文件批准后再修正、出图，这样可加快设计进度。设计过程中遇到其他类似的问题也可这样处理。

8. 编制各设计阶段的进度控制报告

在方案设计、初步设计、施工图设计完成后，项目管理团队应编制各阶段的设计进度控制报告。报告的主要内容：本阶段设计的实际进度、实际进度与计划进度的比较；产生的问题及其原因；采取的措施及其效果；存在的问题、经验、教训和建议。

3.7 项目设计合同管理

市场经济是契约经济，参与经营管理的各方活动实际上是签订合同和履行合同的过程。在工程项目建设的各个阶段都必须用合同来明确和约束项目建设单位和各参建单位的责任、权利和义务。工程项目的设计活动也不例外，通过签订工程设计合同来明确合同主体的权利、义务及技术经济责任，并通过承担相关的法律责任制约合同主体的履约行为，从而保证合同的履行，实现建设项目设计阶段的各项目标，并保护合同当事人的合法权益。在现代工程项目管理中，合同管理具有十分重要的地位，已成为与进度管理、质量管理、投资管理、信息管理等并列的一大管理职能。由于工程项目的设计活动是一种思维性、系统性极强的服务过程，其他人较难介入设计人员的工作过程中，也不像施工过程那样容易直观地检查其质量和进度，并且这种服务质量的优劣主要取决于设计人员的积极性、责任心和知识水平，故更要通过设计合同来明确和约束合同主体的责任、权利和义务，调动设计单位和设计人员的积极性，从而获得优质的设计服务。

设计合同管理与其他合同管理一样，包括合同的编制、签订、实施、变更、索赔和终止六个环节，其中编制和实施这两个环节是合同管理的重点，也是工作量最大的环节。

3.7.1 设计合同的编制

设计合同文本及其条款是合同双方签订和履约的依据和内容，也是项目设计管理的一个主要基础和依据，项目管理团队必须根据实际情况，选择合适的合同文本，确定合同的主要条款和具体内容。在本书的"3.2.1中5设计合同的谈判和签订"中已阐述了合同标准文本、编制合同专用条款的原则及设计收费等内容。依据《建设工程设计合同示范文本》GF-2015—0209，参照肖时辉编著《建设项目各阶段造价管理实务与操作》中附录1勘察设计合同等文献，编制了一些具体的专用条款推荐给项目管理团队选用，以明确合同双方的责任和义务，调动设计单位和设计人员的积极性。

1. 有关设计收费的专用条款

（1）设计费的构成：合同设计收费为完成该合同条款中所描述的设计及服务工作内容及要求的全部费用。包括各单项工程设计费、方案设计估算编制费、初步设计概算编制费、报审报建配合服务费、招标配合服务费、施工现场服务费、工程结算配合服务费、工程保修阶段服务费等，宜列表明确各项各设计阶段费用的数值或比例。如发生其他设计收费（如主体设计协调费、驻场设计费、施工图预算编制费等），另行计算。

（2）设计收费的计取方式：参照国家发改委、建设部发布的《建设工程勘察设计收费标准》（计价格【2002】10号）的有关规定计算工程设计收费。具体按以下约定计算：

1) 工程设计费＝工程设计收费基准价×(1±浮动幅度值)；

2) 工程设计收费基准价＝基本设计收费＋其他设计收费；

3) 基本设计收费＝工程设计收费基价×专业调整系数×工程复杂程度调整系数×附加调整系数；

其中：工程设计收费基价的计费额指有权审核部门审定的本合同乙方实际设计范围内的所有单位工程概算中的建筑安装工程费之和。当工程设计收费基价的计费额处于两个数值区间时，使用直线内插法确定。

专业调整系数综合考虑取定为：_____；

工程复杂程度调整系数综合考虑取定为：_____；

附加调整系数综合考虑取定为：_____；

浮动幅度值为：_____。

其他设计收费：主体设计协调费：_____。

(3) 设计收费基价的调整：当甲乙双方签订合同时，有权审核部门尚未审定本合同乙方设计范围内的工程概算时，则以工程投资估算中的建筑安装工程费之和为基数计算设计收费暂定价；有权审核部门审定本合同乙方设计范围内的工程概算后，本合同的设计收费金额以审定概算中的建筑安装工程费之和为基数按合同约定做相应调整。

(4) 设计费的支付：

1) 乙方提交的方案设计成果文件（含设计估算）满足合同要求且通过规划主管部门、甲方设计主管部门或其委托的第三方审查，且乙方编制的设计估算经甲方认可后，方可申请支付方案设计阶段各单位工程设计费及方案设计估算编制费。

2) 乙方提交的初步设计成果文件（含设计概算）满足合同要求，通过甲方或甲方委托第三方、建设行政主管部门和上级主管部门的审查，且设计概算经甲方认可后，乙方可申请支付初步设计阶段各单位工程的设计费及工程设计概算编制费。

3) 施工图设计阶段各单位工程设计费分三次支付，施工图审查通过后支付本阶段设计费的40％；甲方委托的造价咨询机构完成施工图预算编制，且施工图预算满足本阶段投资控制要求，支付本阶段设计费的30％；施工图依据相关部门的意见修改完善提交甲方后支付本阶段设计费的30％。

4) 报审报建配合服务费在本合同工程所有相关审批手续完成后一次性支付。

5) 招标配合服务费于本合同工程全部招标工作完成后一次性支付。

6) 施工现场服务费依据乙方现场服务时间按月分摊，（服务期从正式开工之日起，正式通过竣工验收之日止），乙方每六个月可申请一次施工阶段现场服务费的支付。

7) 工程结算配合服务费于本合同设计范围内工程结算经有权审核部门审定后一次性支付。

8) 工程保修阶段服务费于竣工满一年后一次性支付。

9）主体设计协调费于本合同工程竣工验收证书各方签署后一次性支付。

2. 有关双方责任的专用条款

（1）有关设计质量责任的专用条款

1）乙方对其承担本合同约定设计工作的设计成果文件的正确性、完整性、有效性、经济合理性、可靠性、清晰性负责，甲方设计管理部门及其委托的第三方、政府有关部门对其的审查与审核并不减轻乙方的相关责任。

2）乙方应积极配合政府行政部门和行业主管部门、甲方设计管理部门或其委托的审核单位对设计成果的审批、审核，并对审查、审核中发现的设计质量问题及时解决并按规定出具修改图纸。

3）乙方对影响项目质量、投资较大的设计方案、各专业技术方案、地基与基础形式、主体结构选型、建筑装修方案、主要设备选型等重大问题应举行论证会，进行多方案比选和性价比分析，并根据论证会意见进行优化。乙方应在各设计阶段实施前列出本阶段这类比选、优化事项的清单，报甲方认可，并邀请甲方和其委托的专家参加，会后由设计单位编制会议纪要分发各参会单位。

4）乙方对于甲方组织专家审查的设计审查意见存在异议的，在不违反消防、节能、环保、抗震、人防等国家有关工程建设强制性标准的前提下，以甲方技术审查部门最终认定的意见为准。乙方应在设计审查的最终意见发出之后5d内完成设计成果文件进行修改完善提交甲方。如乙方未能在设计审查的最终意见发出之日起3d内积极响应或逾期未能完成相关设计成果文件的修改完善工作，甲方有权直接按设计审查的最终意见实施或直接委托其他设计单位进行相关的设计修改和完善，另行委托设计的相关费用从本合同设计收费中扣减。

5）乙方应对各单位工程的室内外各类管线进行综合平衡，协调并解决其中的矛盾。

6）对在乙方提供的初步设计成果文件基础上，由甲方另行发包进行的专项施工图设计，乙方初步设计成果文件中相关部分的系统构成、强制性的系统功能要求、设备技术参数中的强制性条目要求、接口及界面等设计内容应成熟稳定。乙方应确保相关的初步设计成果文件深度能有效满足专项施工图设计投资控制的要求。

7）乙方应对甲方另行发包各专项设计单位的施工图设计（包括各专项设计的施工图预算）进行预审把关。

8）乙方应对甲方另行发包专项工程实施单位的深化设计成果文件进行审核、认可，主要工作职责如下：

① 审核深化设计文件是否符合原设计文件的要求，特别是否满足总体功能要求和使用要求；

② 审核对相关专业的协调性；

③ 复核及审查深化后的结构安全性和稳定性；

④ 依据最终完善的深化设计文件，对乙方设计范围内相关专业设计成果文件的接口、界面进行修改完善，并确保最终通过甲方及施工图审图机构的审查；

⑤ 对各专项设计施工图的技术接口进行审核并进行设计联络和完善,并结合二次装修施工图提供各相关设备专业末端设计施工图。

9) 乙方提交的施工图设计成果文件应基本上不存在一般性错、漏、碰等问题。

10) 乙方负责编制设备、材料采购的技术文件,包括设备与材料采购清单、技术规格书、必要的附图、技术参数表、采购说明等。

11) 乙方的设计文件中对设备材料的技术要求进行描述时,不得带有倾向性、排他性、指向某一特定厂商品牌或指向某一具有独一性的材料设备。如依据项目定位、功能等要求必须选用某种品牌或某一具有独一性的材料设备时,乙方应事前详细报告甲方并获甲方批准。

12) 对于由甲方拟定的候选建筑材料和设备,在厂商提供符合设计要求的技术资料后,乙方须协助甲方鉴别其优劣并提供相关咨询意见。

13) 乙方应对可能使用的特殊设备和材料进行分析,若在设计过程中,需要预先选定相关材料设备供应商,以便为设计提供必要的技术支持,乙方应提前向甲方提出选定材料设备供应商的建议。

14) 乙方应在设计变更正式发出前对可能的变更方案进行比选,综合考虑工期、质量、造价等方面的因素,确保设计变更的经济性和有效性。

15) 乙方应对本合同范围内的由其他设计单位发出的设计变更进行预审把关、审核及确认,确保本合同设计的总体性、完整性及相关专项设计满足工程投资控制的要求。

(2) 有关设计投资责任的专用条款

1) 乙方应依据实施设计方案编制方案设计估算,并保证设计估算的准确性,设计估算不应突破方案设计的投资计划值。如无正当理由突破计划值,则应修改、优化设计方案。

2) 乙方应编制初步设计概算,并保证设计概算的准确性,设计概算不应突破初步设计的投资计划值。如无正当理由突破计划值,则应修改、优化初步设计文件。

3) 乙方应依据经批准的初步设计技术路线和标准进行施工图设计,并依据初步设计概算采用限额设计方法进行投资控制,确保施工图预算不突破初步设计概算。如因设计原因造成施工图预算突破设计概算,则乙方负责修改施工图设计文件。

4) 乙方应及时提供本合同工程的各主要建筑材料和设备的生产厂商及价格资料,供甲方选购时参考。

5) 设计所选用的主要建筑材料和设备,乙方应提供性能价格比较的分析报告,原则上应优先使用国内产品。

6) 乙方应依据甲方要求提供竣工结算工作所涉及的设计变更相关设计文件。

(3) 有关设计进度责任的专用条款

1) 乙方应编制勘察、设计总进度计划,负责审核各分包勘察、设计单位的实施性计划,定期对各分包勘察、设计单位进度计划的实施情况进行检查,并报甲方。

2)乙方提交的设计成果文件应满足合同约定的时间要求,乙方提交设计成果文件的时间以甲方设计主管部门或其委托的第三方依据合同约定标准审核通过的时间为准。设计成果文件提交时间与份数见表3-1。

设计成果提交时间与份数   表3-1

序号	设计文件名称	提交日期	份数	备注
1	方案设计成果文件(含方案设计估算)			
2	初步设计成果文件(含初步设计概算)			
3	办理《建设工程规划许可证》所需的设计文件			
4	施工图设计成果文件(送施工图审查单位审查)			
5	依据审图机构意见修改后的施工图设计文件			
6	施工图预算			甲方可委托造价咨询单位编制
7	作为施工依据的正式施工图设计文件			

注:办理专项审查与配套建设所需的设计成果文件另行要求。

3)乙方必须按照经甲方审批确定的设计进度计划及时提交设计中间资料,以满足甲方开展有关工作的需要,有关费用已包含在本合同约定的设计费用内。

4)乙方向甲方提交的各版次设计成果文件应满足勘察设计文件审批的要求及本合同工程各阶段建设的需要。

5)在报审报批过程中需要提供设计成果文件或设计中间资料的电子文档的,乙方应无偿提供。

(4)有关协调、配合与设计服务责任的专用条款

1)勘察、设计总承包单位应确保各勘察、设计单位之间的勘察、设计界面和工作内容清晰,不出现重复交叉和遗漏现象,并保证本合同工程各专业接口及周边工程接口的良好衔接。

2)乙方应在设计过程各阶段按照本项目报审报建的要求(含规划许可、专项审查、配套建设、建设主管部门和上级主管部门的设计审查),提交所有必需的文件、图纸及其相应电子文件(刻成光盘),并配合报审报建过程中必需的技术协调、送审技术文件等工作,直至完成所有审批手续。

3)乙方应在甲方进行的工程施工招标、设备材料采购招标过程中提供技术指导,编制用户需求书,制定技术文件(包括主要材料设备清单、技术规格书等),依据甲方的要求参加招标投标答疑会,审核答疑文件,审核和签署设备、材料供货合同技术附件,并依据甲方要求配合进行合同技术条款的谈判工作。

4)乙方依据甲方要求提供本合同工程进行招标所需的设计成果文件。

5)乙方应负责协调各专业分包设计单位编写相应施工、材料设备等招

标文件中的技术和质量标准。

6) 乙方承诺将依据本合同工程建设进展情况和甲方要求提供施工现场服务，及时派出专业设计人员解决施工中涉及勘察、设计的问题。

7) 乙方承诺在设计文件对施工和采购有超规范（标准）要求或无规范（标准）之处，应初拟技术标准，以供专家论证后执行。

8) 乙方应积极配合其设计范围内竣工图的编制工作。

9) 乙方应积极配合并参与工程的保修工作，提供相应的技术支持。

（5）有关配备设计人员责任的专用条款

1) 乙方（包括乙方分包单位）为本合同工程选派的设计总负责人、各专业设计负责人、各专业设计主要成员的职称、资历、资格需满足招标文件及合同约定，在履行本合同期间，非经甲方同意不得更换或再参与本合同项目以外的其他工作。

2) 甲方认为设计总负责人、各专业设计负责人和主要成员不称职时，有权向乙方提出书面更换人员的通知，乙方应在收到甲方的书面通知后5d内更换，更换人员的职称、资历、资格不能低于本合同相应条款的要求，且更换人员需先经甲方认可。若乙方对甲方更换人员要求有异议时，可申请复议一次，若经复议后甲方仍然要求更换，则乙方应无条件更换。

3) 当甲方认为乙方及其分包单位的设计人员及管理服务人员的数量、专业水平、专业配套等达不到设计所需时，甲方有权要求乙方更换及补充相关人员，直至满足设计工作要求为止。

（6）其他责任条款：设计单位应在每月5日前提交2份设计月报，一份送业主方，一份送项目管理团队。设计月报的内容详见本书"3.8.3 设计沟通管理要点"中设计月报制度。

3. 违约责任专用条款

（1）甲方的违约责任

1) 本合同生效后，甲方无正当理由不按合同约定支付定金、设计费，除应支付本合同约定的定金、设计费外，还应按银行同期活期存款利率给乙方计付拖欠期间的利息。

2) 因甲方违约或过错以致给乙方造成损失的，在乙方能够提交足够证据并经查证属实的情况下，甲方赔偿其直接经济损失。

（2）乙方的违约责任

乙方未履行本合同的约定，将承担违约责任，违约责任分一般违约责任和严重违约责任。承担一般违约责任时，必须向甲方交纳违约金3000元；承担严重违约责任时，必须向甲方交纳违约金20000元（违约金数额可依据合同额的大小予以调整）。具体违约责任如下：

1) 乙方未按甲方认可的比选、优化事项清单举行论证会，进行设计方案、技术方案等事项的比选、优化，或未实质性地进行比选、优化，第一次承担一般违约责任，此后每产生一次承担一次严重违约责任。

2) 乙方未履行本书3.7.1中2条中（1）4)条款时，发生一次承担一次严重违约责任。

3）乙方提交的设计成果文件如违反国家标准强制性条文的，经双方确认，每发生一次承担一次严重违约责任。

4）乙方的勘察、设计质量不符合合同约定或勘察、设计成果文件出现遗漏、错误，乙方应在甲方规定的限期内及时进行补充、修改、完善；逾期未修改、完善，每发生一次承担一次一般违约责任，如因此造成后续工作延误，给甲方造成损失，则每发生一次，承担一次严重违约责任。

5）如乙方的设计成果文件中含有明显倾向于某一专门厂商生产的设备、材料描述，或在其设计成果文件中选用了具有专一性、排他性的材料、设备而又事先未向甲方书面报告其详细理由的，违反一次承担一次一般违约责任。

6）非甲方原因造成设计变更并引起工程费用增加的，乙方应负责修改设计，使工程总投资在投资控制指标内；否则造成实际发生的建筑安装工程费增加的，乙方应按下列公式计算向甲方支付违约金；给甲方造成损失的，乙方应赔偿甲方的全部损失。因施工原因或因执行新规范、新标准造成的设计变更除外。

$$违约金 = A \times (B/C)$$

式中　A——实际增加的建安工程费；
　　　B——本合同设计的收费总额；
　　　C——本合同工程审定的设计概算中建安工程费总额。

7）乙方未经甲方同意突破合同约定的投资控制要求，每产生一次乙方承担一次严重违约责任，并且，乙方应先与甲方商定修改设计的方案，然后乙方负责修改设计，使工程总投资控制在合同约定的投资计划值之内。

8）乙方提供的方案设计估算和初步设计概算经甲方委托的造价咨询机构审核，如误差超过正负5%（不含正负5%）时，每发生一次乙方承担一次严重违约责任。

9）乙方未能按合同约定的时间以及甲方审核同意的勘察、设计进度各类计划要求提供勘察、设计成果文件，如因乙方自身原因逾期交付的，乙方每逾期一天承担一次一般违约责任；逾期超过5天，另增加承担一次严重违约责任。

10）乙方未能按本节3.7.1中2条中（4）2）款的要求，提交报审报建所需设计成果文件及提供配合服务的，乙方每延续一天承担一次一般违约责任；延续超过5天，另增加承担一次严重违约责任。

11）乙方未能按甲方要求及时提供招标所需设计成果文件，乙方每逾期一天承担一次一般违约责任；逾期超过5天，另增加承担一次严重违约责任。

12）乙方未能按合同约定投入人员或投入人员未按时到位，为一般设计人员时，每出现一人次，乙方承担一次一般违约责任；为勘察、设计专业负责人时，每出现一人次承担一次严重违约责任。

13）经甲方同意，乙方更换一般设计人员，须向甲方支付违约金5000

元/人次；更换设计专业负责人，须向甲方支付违约金 2 万元/人次；更换设计总负责人，须向甲方支付违约金 5 万元/人次。

14）未经甲方同意，乙方更换一般设计人员，须向甲方支付违约金 1 万元/人次；更换设计专业负责人，须向甲方支付违约金 5 万元/人次；更换设计总负责人，须向甲方支付违约金 15 万元/人次，并甲方有权终止合同。

15）甲方要求乙方以实际工作能力较高的人员更换实际工作能力较低的设计人员，或乙方主动要求以实际工作能力较高的人员更换实际工作能力较低的设计人员，并经甲方同意且实践证实的，乙方可不承担违约责任。

16）在本合同履行期间非甲方原因或未经甲方同意，乙方安排本合同的设计人员承担本合同以外其他工程项目的设计工作，为一般设计人员的，乙方须向甲方支付违约金 1 万元/人次；为设计专业负责人的，乙方需向甲方支付违约金 5 万元/人次；为设计总负责人的，乙方需向甲方支付违约金 10 万元/人次。乙方在甲方限期内，未纠正的，乙方必须向甲方支付上述相应违约金 2 倍的违约金，并甲方有权终止合同。

17）当设计质量或进度不能满足合同要求，甲方要求乙方补充或更换设计人员时，在甲方限期内，乙方未能如期补充、更换设计人员，为一般设计人员的，须向甲方支付违约金 5000 元/人次；为设计专业负责人的，须向甲方支付违约金 2 万元/人次；为设计总负责人的，须向甲方支付违约金 5 万元/人次。

18）除上述约定外，乙方不履行或不完全履行合同责任的，均构成违约，每出现一次承担一次一般违约责任，情节严重的，应承担一次严重违约责任。

4. 奖励专用条款

为了激励设计单位和设计人员实现设计质量、投资、进度目标的积极性，并遵照奖罚对等原则，在下列条件均符合时，对设计人员给予总设计费 5% 的奖励。

（1）切实进行各项方案比选、优化，且效果显著；
（2）按时提交符合合同约定质量要求的各阶段和中间设计成果文件；
（3）坚持实施价值工程原理和限额设计方法控制设计投资，各阶段设计投资控制在计划值之内；
（4）在设计阶段各项报审报批配合、招标配合、施工现场服务过程中，按甲方要求提供满意的设计服务；
（5）在整个设计阶段及后续建设过程中，乙方未发生严重违约责任和支付单项违约金 1 万元以上的违约，乙方的一般违约责任和支付单项违约金 1 万元以下的在 5 次（含）以下。

施工图设计文件正式提交后，可支付该奖金的 80%；其余部分待正式竣工验收后一次性支付。乙方承诺该奖金全部用于对设计人员的奖励。

5. 其他专用条款

其他有关定金、履约保证金、保险、部分解除合同或解除合同、索赔、仲裁等专用条款可参照其他项目设计合同并征求建设单位及其律师意见后选用。

3.7.2 设计合同履行过程中的管理要点

1. 进行合同交底，明确管理职责

由于设计合同明确了设计的质量、投资、进度目标，又明确了合同当事人的责任和义务，设计合同履行在很大程度上就是设计过程的管理，不能将设计的质量、投资、进度管理与合同管理分离，设计合同管理是设计质量、投资、进度管理的手段，所以在项目管理团队内，设计合同履行过程管理的责任人应为工程技术组和投资控制组内负责设计管理的相关人员。

项目经理应组织设计合同条款编制人向负责设计管理的相关人员进行合同交底，设计管理的相关人员通过学习，熟悉合同的主要内容，特别应掌握下列主要内容。

（1）甲方编制设计要求、提交设计基础资料、及时组织审核和确认设计成果文件、办理设计成果文件报审报批、按时支付设计费的责任。

（2）乙方在设计过程中进行方案比选与优化、限额设计、投资控制等方面的责任。

（3）各阶段设计成果文件、报审报批和招标所需设计成果文件与中间文件提交时间的约定。

（4）设计单位配置设计人员的约定。

（5）合同中的主要违约责任。

2. 认真履行甲方责任

项目管理团队中负责设计管理的相关人员应按时全面履行合同通用条款和专用条款中甲方的责任，其目的是为了实现设计的质量、投资和进度目标，防止产生索赔。

3. 设计合同的跟踪

对设计合同的履行情况要严密监视与跟踪，要防止和克服国内部分企业和人员将签订后的合同束之高阁、合同意识淡薄的现象。要实现设计的质量、投资、进度目标，就必须对设计合同的履行进行跟踪，跟踪可使用下列主要方式：

（1）查阅设计单位编制的设计月报：通过查阅设计月报，了解设计进展情况；了解设计单位在质量和投资控制中完成的工作和采取的措施及其效果；下月的工作安排；需解决的问题等。

（2）参加重要的技术论证会和设计协调会：通过参加设计方案、技术方案、结构选型和设备选型等问题的论证会，了解设计单位在方案比选和优化方面的实施情况及其效果，并对方案比选和优化提出意见；通过参加设计协调会，了解设计单位在设计质量、投资、进度控制方面解决的问题及其成效，以便检查履行合同责任条款的情况，并协调设计单位解决相关问题。注意会后应形成会议记录与纪要。

(3) 检查设计单位编制的计划、报告和报表等文件、资料：如检查设计单位编制的设计进度实施计划、方案比选和优化计划、各设计阶段设计投资目标的分解等文件，并检查这些计划的实施情况，通过这类检查跟踪了解设计单位履行合同约定的情况。

(4) 审查、审核设计成果文件：设计管理人员或组织专家对各阶段设计成果文件进行审核，可分析判断设计成果文件是否符合设计要求和设计合同的约定，是否符合相关规范、标准的要求，特别是否符合强制性标准的要求，以此判断设计单位是否履行了设计合同中有关设计质量的约定。审查方案设计估算与初步设计概算及依据施工图编制的施工图预算，判断设计单位是否履行了设计合同中有关设计投资的责任。

(5) 检查设计单位在报审报批、招标等过程中的配合设计服务：检查在规划许可、专项审查、配套建设、建设主管部门和上级主管部门的设计审查过程中，是否按设计合同约定和相关规定提供设计成果文件或中间资料，是否提供了符合要求的相关设计服务。

(6) 检查在设计过程中合同双方有无违约责任，若发生违约责任应按合同约定处理，维护设计合同的严肃性。

4. 设计合同履行的诊断与纠偏

通过对设计合同履行进行的跟踪，在掌握了合同履行过程中大量信息的基础上，应对合同履行情况进行分析，分析设计质量、投资、进度是否处在受控状态，存在的问题及其原因，并分析在质量、投资、进度控制方面的趋势，预测还会发生什么问题，根据发生或预测发生的问题及其原因，研究采取纠偏的措施。

3.8 设计阶段的沟通管理

众所周知，项目建设离不开协作，协作离不开沟通和协调。在建设项目的设计阶段，沟通尤为重要。这是因为设计产品是设计成果文件和相关设计服务，它不产生项目实体，是思维活动的结果。在整个思维活动过程中，若缺少有效的沟通，则设计成果很难实现项目设计的质量、投资和进度目标。另外，设计阶段的报审报批（含规划许可、专项审查、配套建设、政府建设主管部门和上级主管部门的设计审查）涉及诸多政府、行业主管部门和经授权的机构与单位，其中的有效沟通也是必不可少。沟通就是两个或两个以上的人或者实体之间信息的双方交流过程，也可理解为：传递思想，使别人理解自己的过程。

3.8.1 项目管理团队应充分认识设计沟通的作用

(1) 与业主的有效沟通能深切理解业主对建设项目的预期要求，从而提出准确而全面的设计要求：项目管理团队设计管理负责人及其人员需要通过与业主及其管理部门的沟通，深切理解业主对建设项目目标的预期要求、项目设计的意图，了解业主对项目设计关注的焦点和设计构思、设计决策背景、有关设计的项目建设依据性文件以及项目实施现状等，在此基础上编制设计任务书，提出设计要求，再次与业主沟通并经业主审定交设计单位。

（2）为业主管理层决策提供信息：在设计管理过程中，随时向业主管理层通报设计进展情况，在业主管理层做决策时，提供充分的信息，使其了解建设项目设计实施的全貌，权衡利弊得失及对目标的影响，以便业主决策。

（3）项目管理团队的内部沟通能促进相互理解，步调一致：设计管理负责人及其成员应服从项目经理对项目整体实施的计划、组织、控制、监督和对项目设计的干预，应了解项目经理对项目的期望、关注点和工作习惯，按项目部的各种沟通渠道、方式向他通报项目设计情况，不仅是给他一个结果，而应是可作决策参考的建议或措施，必要时作出耐心的解释和说明，取得项目经理的支持。设计管理人员与项目管理团队其他职能部门之间应认真听取或交换相关意见和建议，保持互动合作状态，以实现项目设计阶段的各项目标。

（4）项目管理团队与设计单位及设计人员的沟通，能使设计工作顺利进行，有利于实现设计的质量、投资、进度目标：项目管理团队与设计单位的沟通包括项目管理团队和业主的管理层与设计单位管理层之间的沟通、项目经理和项目设计管理负责人与项目设计主持人之间的沟通、项目专业设计管理人员与专业设计人员之间的沟通。通过沟通，使设计单位及其人员深透理解业主的设计意图和要求，也使项目管理团队及其设计管理人员了解设计人员的设计理念、设计构思、设计程序及设计工作现状，不断交换设计条件，及时化解各种矛盾与分歧，达成共识，取得对方的认同、配合和支持，使设计工作顺利进行并确保设计目标的实现。

（5）与报审报批部门或单位沟通，使报审报批工作顺利完成：在建设项目设计阶段，涉及许多规划许可、专项审查、配套建设、建设主管部门和上级主管部门设计审查的征询、报审报批，这些既是建设项目必办的手续，也往往成为后续设计阶段的依据或设计条件。在征询、报审报批过程中，项目管理团队需与众多政府行政部门或其授权的机构、单位联系、沟通，报批前的有效沟通能使项目管理团队充分掌握报审的相关要求，并按其要求准备相关设计文件、报审资料，报审过程中的有效沟通能使项目管理团队及时了解审批情况和存在的问题，并及时采取有效措施使报审报批工作顺利完成。

（6）良好的沟通有利于传达与表现情感内涵，构建良好人际关系，优化设计和报审运作环境：项目管理团队应抱着平等、尊重、坦诚、友好的心态，进行内外部沟通，相互之间进行思想和意识的双向传递，必能缓和与消释人际矛盾，构建良好的人际关系，优化设计和报审运作环境，有利于凝聚合作精神，提升工作效率和绩效。

3.8.2 有效设计沟通应遵循的原则（沟通技巧）

（1）目标原则：项目管理团队进行设计沟通时目标应很明确，就是为了实现设计质量、投资和进度目标，依据这目标，选择沟通渠道、方法、时机,并在沟通过程中牢牢把握住这一大方向。

(2) 双向互动原则:所谓双向互动就是提倡让所有相关个体都拥有话语权,绝不是单向的施予和被动地接受,需要一个观点交流、来回磋商、凝聚共识、排除分歧的过程,通过这种双向互动才能成为有效的沟通。

(3) 诚信原则:在设计沟通中诚信是最重要的,在沟通过程中双方要抱着平等、尊重、坦诚、友好的心态。设计者应认识到需要通过沟通了解委托者对设计的要求与接收的标准,委托者也应认识到需要通过沟通了解设计的进展与存在的问题和困难,协助设计者解决,从而建立相互之间的信任,消除沟通障碍。

(4) 公开原则:设计成果是所有设计人员相互配合、协作,共同创造的结果,所有设计人员都需要了解或掌握业主方相关的设计要求、设计条件等信息,并参与相关的设计沟通,应遵循这一原则选择沟通方式和信息传递的渠道。

(5) 准确原则:沟通的三个基本要素是沟通者、内容、接受者,设计沟通需要对沟通的内容精心准备,认真反复推敲,以达到逻辑清晰,表达清楚的程度。信息传递失真或者信息模糊,容易造成理解错误或失信,使沟通趋于无效或转向负面;简练又清晰的信息传递可以提高设计沟通和设计工作效率❶。

(6) 素质原则:设计沟通对设计专业知识要求很高,而且要求设计沟通双方的设计共通点越多越好,故应由专业技术人员承担相应专业的设计沟通工作,最好由具有设计工作经历的专业技术人员承担。承担设计管理和设计沟通的人员应努力学习设计相关专业知识,提升设计沟通所要求的基本素质,要善于以书面或口头形式组织和表达思想,包括面谈技能、书面沟通技能、倾听技能、演讲与谈判技巧等。遇到复杂设计问题时,可邀请相关专家参加设计沟通。

(7) 持续原则:设计沟通贯串于设计全过程中,要保持设计沟通的持续性、连贯性,使得设计活动持续,设计沟通不止。通过持续、反复的沟通,使设计不断优化与修正。

3.8.3 设计沟通管理要点

(1) 选择沟通方式,制定沟通制度:设计沟通贯串于整个设计过程中,项目管理团队在设计前向设计单位提设计要求,提供设计基础资料;在设计过程中交换设计条件、比选和优化设计、商讨技术方案、研究解决设计技术问题、要求设计单位提供报审报批和招标等配合服务等;在各设计阶段设计成果文件交付后,交换审核意见,研究设计优化、修正等过程中,都需要进行充分、有效的设计沟通。除这些经常的沟通之外,需选择下列沟通方式。

1) 设计月报制度:在委托设计合同中应约定设计单位每月应向项目管

---

❶ 周子炘. 建筑工程项目设计管理手册. 北京:中国建筑工业出版社,2013:451

理团队和业主提交设计月报，设计月报应包含下列内容。

① 本月设计进度情况：

a. 本月设计完成情况统计表：统计表内应反映各设计专业完成设计文件的图纸名称与编号、设计阶段、图纸的版次、设计或校审阶段、计划完成时间、实际完成时间等。

b. 本月除出图外还完成那些设计工作，如设计输入的梳理、各专业设计协调、方案构思、各专业的设计计算等。

c. 配合拟建项目征询和报批，设计单位应完成的设计文件与服务的实施情况，需反映应完成这类设计文件或服务的名称、计划完成时间、实际完成时间等。

d. 本月设计进度方面存在的问题和需要业主方解决的问题。

② 本月设计质量情况：

a. 本月进行方案比选与优化的情况：应反映设计方案与各专业技术方案等比选和优化的事项，比选情况与优化成果。

b. 本月进行设计重大问题论证的情况：应反映论证的题目或事项、参加人、论证结果。

c. 为满足业主方设计意图和设计要求所采取的措施及其效果。

d. 对政府行政主管部门或其授权机构、业主方或其委托的审核机构对设计成果文件审核时提出的修正意见，修正或优化的情况。

e. 为征询、报审报建而提供的设计成果文件是否一次性通过，如未一次性通过，主要存在的问题及其原因。

f. 本月在满足业主方设计意图和设计要求方面存在的问题和困难，需业主方解决的问题。

g. 本月设计质量方面存在的问题。

③ 本月设计投资情况：

a. 利用价值工程原理，进行投资控制所做的工作及其成效。

b. 执行限额设计所做的工作：包含设计限额的确定及其分解情况、实施情况等。

c. 方案设计估算或初步设计概算编制情况：含编制进度、估算值或概算值与相应计划值的比较。

d. 设计投资控制存在的困难，需业主协助解决问题或建议。

e. 本月投资控制方面存在的问题。

④ 分包设计单位设计进展情况：

a. 分包设计单位设计进度、投资、质量总体情况；

b. 主设计单位完成的协调工作；

c. 主设计单位对分包设计成果预审和确认的情况。

⑤ 对设计质量、投资、进度是否处在受控状态的分析，如有可能失控，其原因及拟采取的措施。

⑥ 下月设计的重点工作：主要描述为满足设计合同中设计质量、投资、

进度方面的约定拟完成的重点工作。

2）项目管理团队内部月例会制度

只有充分有效的内部设计沟通管理才有良好的设计外部沟通，在项目设计阶段，项目管理团队至少每月召开一次内部的设计工作沟通例会，会议由设计管理负责人主持，设计管理人员、办理设计报审报批人员、合同管理人员、相关招采人员参加，并邀请项目经理参加。

会议主要议题如下：

① 依据设计月报及上月所了解的设计情况通报上月设计进展情况，应包含设计进度、设计质量与设计投资控制情况。

② 设计合同执行情况，特别是双方责任条款执行情况，有否发生违约责任。

③ 设计单位要求解决的问题及处理意见。

④ 项目管理团队设计管理部门及相关部门认为应解决的问题及处理意见。

⑤ 本月设计协调会的议题、需解决的问题及处理方案。

3）设计协调会议

在项目设计阶段，项目管理团队每月至少应召开一次设计协调会议，这是重要的正式设计沟通渠道。会议由项目经理主持，邀请业主方代表及其相关人员参加；设计单位的项目设计主持人及各设计专业负责人参加，必要时请设计单位相关领导参加；项目管理团队设计管理负责人及其成员、相关部门负责人参加；必要时相关设计分包单位应派人员参加。项目经理视项目进展情况，必要时可邀请造价咨询机构、招标代理机构及施工单位参加。

会议主要议程如下：

① 设计单位（含分包设计单位）通报本月设计进展主要情况（应为设计月报中的主要、重要内容及设计单位认为应在会上通报的重要事项）；

② 协调解决设计单位提出需解决的问题；

③ 项目管理团队就设计质量、投资、进度控制及合同履行等方面，提出应注意的事项，并研究需解决的问题；

④ 安排研究下月设计及设计服务的重点工作；

⑤ 业主方提出设计工作要求。

设计协调会前，项目经理或设计管理负责人应主动与业主方沟通本次协调会的议程、应解决的问题及解决方案，对复杂问题可先召集小型研讨会研究解决方案（必要时邀请专家参加）。

会后由项目管理团队设计管理部门编写会议纪要，各方签认后分发各相关单位。

（2）设计沟通需及时并渠道畅通

除设计过程中的日常沟通及上述特定沟通方式（设计月报、项目管理团队内部月例会、设计协调会）外，设计过程中遇到急需解决的问题应及时沟通，不能等每月的设计协调会，并且沟通渠道应畅通，在这种情况下，首先是设计单位项目设计主持人与项目管理团队设计管理负责人进行沟通,然后视问题的影响程度和复杂程度,可采取下列沟通协调方式。

1) 对基本不涉及全局,只涉及专业的一般问题,可由设计专业负责人与设计管理专业技术人员协商解决,事后应分别报项目设计主持人与设计管理负责人认可。

2) 对涉及全局各专业或对实现设计目标有重大影响的问题,设计管理负责人应召开专题会议研究解决,除项目设计主持人及相关设计人员、项目设计管理负责人及相关人员外,还应邀请项目经理、业主代表及相关人员参加协调解决,对复杂的问题,还应邀请相关专家参加。

(3) 重视设计技术接口的沟通

设计技术接口涉及面广,情况复杂,技术接口的提交与验收应是十分严格和慎重的,尤其是主体专业(如工艺、建筑专业)提出的条件。设计单位内部各专业技术接口的沟通,主要由项目设计主持人组织,但项目管理团队设计管理人员应予以关注,掌握各专业设计动态,参加重要的技术研讨,如方案性问题、基础资料的不足和弥补等。对于甲方负责联系的配套建设(如供电、给水排水、电信、热力等)及甲方发包的专项设计,必须十分重视其间的设计技术接口的沟通,要避免其间互提条件的漏项或矛盾。技术接口与设计条件必须十分明确,在审核设计成果文件时,也必须验收其技术接口是否有误。

(4) 注重沟通工具的效果

在项目设计评审或优化活动中,应要求设计人使用效果最佳的视觉沟通图面(如 BIM 技术等)、模型展示,将其作为设计管理人员和设计师的沟通工具,便于同业主管理层和非专业人员沟通。

(5) 留存沟通记录

在建设项目整个设计过程始终伴随着设计沟通,设计沟通的结果往往都成为设计要求、设计基础性资料、设计依据、设计认可文件,对这类设计沟通结果都必须整理成记录存档。对书面的设计要求、设计基础性资料、设计依据、设计成果文件、往来函件等的收、发应互签验收单;对各类会议纪要应参会各方签认后分发;对日常口头沟通的结果,重要的应形成专项记录,各方签认后存档,带有要求性、依据性的一般沟通结果,可在每月设计协调上通报后记入会议纪要。

4 工程发包与物资采购管理

工程发包与物资采购是工程项目实施阶段的一项重要内容，它贯穿于项目实施全过程中的多个环节，即发包与采购工作分散在工程项目的设计准备阶段、设计阶段和施工阶段等环节。由于项目勘查、设计任务的发包在本书第三章中已阐述，故本章主要阐述施工前准备阶段与施工阶段的工程发包与物资采购的管理。并要说明，本书所述的项目管理是基于建设单位已委托了招标代理机构与工程造价咨询单位，故在工程发包与物资采购中，招标代理机构与工程造价咨询单位的具体工作在本章中不作详细阐述，主要是阐述项目管理团队在工程发包与物资采购过程中应做的工作及管控的内容。在工程发包与物资采购过程中，项目管理团队既要充分发挥招标代理、工程造价咨询等单位的作用，不陷入大量具体工作中，又要发挥主导和管控作用，不丧失控制权，使项目管理团队真正成为项目参建各方管理的集成者。工程发包与物资采购工作的成效将直接决定对项目实施单位的选择，影响项目投资、进度和质量目标的实现，故项目管理团队对该项工作要给予足够的重视。

4.1 工程发包与物资采购的总体策划

工程发包与物资采购中大量的招投标工作可由招标代理机构去实施，但由于项目管理团队是掌握全局，是参建各方管理的集成者，为了全面实现工程项目的投资、进度、质量目标，项目管理团队应做好发包与采购的总体策划。总体策划主要包含下列工作。

4.1.1 确定工程发包的合同结构

确定工程发包的合同结构，首先应按本书"2.2.2 的 1 工程分解的要求"将项目分解成单位工程、分部（子分部）工程、分项工程，建筑工程分解应执行《建筑工程施工质量验收统一标准》GB 50300 中附录 B "建筑工程分部工程、分项工程划分"的规定。

在工程分解的基础上确定工程发包的合同结构，施工发包一般分为施工总承包单位、施工分包单位（专业承包单位），分包单位又分建设单位直接发包的分包单位和总承包单位发包的分包单位，确定工程发包的合同结构应考虑下列规定和因素。

（1）一个工程项目应有一个施工总承包单位，并且工程的主体结构分部工程应由施工总承包单位完成。

(2) 根据工程项目的特点，选择一个能基本完成所有分部工程的总承包单位，尽可能减少分包单位，这样可减少建设单位和项目管理团队协调的工作量，有利于实现工程进度、投资和质量目标。

(3) 在下列情况下，优先考虑由施工总承包单位承担或由其发包分包工程，这便于总承包单位对分包单位的管理与协调，有利于工程的质量与进度控制，也有利于降低工程造价。

1) 总承包单位管理能力强；

2) 拟分包工程的技术性不太强，复杂程度不太高；

3) 拟分包工程与总承包单位承担的工程衔接性较强，可能发生交叉作业，界面划分较困难，易造成责任不易划清，如基础、室内给排水与供暖、电气照明、防雷及接地等子分部工程。

(4) 在下列情况下，可考虑由建设单位另行直接发包分包工程。

1) 拟分包的工程技术复杂、专业性特别强、技术要求高，而总承包单位与拟选的分包单位相比，对其不熟悉，缺乏施工与管理经验；

2) 总承包单位管理能力较差；

3) 拟分包的工程施工相对较独立，界面划分与责任较清楚，如地基、基坑支护、土方、边坡子分部；幕墙子分部、通风与空调分部、智能建筑分部、电梯分部等和室外工程；

4) 在尚不具备确定总承包单位条件的情况下，为了实现进度目标先开工的工程，如基坑支护、土方、边坡与地基子分部工程。

(5) 无特殊原因，施工总承包单位和建设单位发包的分包工程均应纳入施工总承包单位的管理，这样有利于总承包单位对项目的管理与协调，有利于工程质量、进度和投资控制，也有利于规避建设单位的风险。

4.1.2 确定甲供材料、设备的种类

工程项目建设使用的大宗材料和一般设备应由施工单位采购，下列情况下的材料与设备可考虑由建设单位（项目管理团队）采购。

(1) 建设单位有特殊要求的材料和设备，如影响观感的装饰材料、灯具及特种设备等。

(2) 量大、价高，总体投资大的材料、设备与构配件，由建设单位采购可降低工程造价，如高档建筑门窗、空调机组、电梯、智能建筑的终端设备等。

(3) 提供设备、构配件的单位一并提供安装及试运行、维修保养，其综合费用比施工单位采购、安装费用低，且质量责任明确，如建筑门窗、部分装饰材料、空调设备、电梯等。

在确定甲供材料、设备时，既要考虑降低工程造价，又要考虑给施工单位合理的利润空间，不能严重挫伤施工单位的积极性，还要规避因甲供材料、设备造成工程质量责任不清的风险。

4.1.3 工程发包与物资采购界面管理的策划

工程发包与物资采购涉及众多参建单位和事项,在工程项目管理中,界面管理十分重要,因为大量的矛盾、争执、损失都发生在界面上,特别是大型、复杂的工程项目,界面必须经过精心组织和设计,纳入整个项目管理的范围。发包与采购界面管理策划的主要内容如下。

(1) 对界面进行定义,并形成文件。界面定义应包括下列主要内容:

1) 界面的位置:确定界面位置时,应有利于质量责任的划清,并要符合施工实际。如外幕墙在主体结构中的预埋件是施工总承包单位(承担主体结构施工)还是幕墙分包单位施工,应予以明确,总起来说由幕墙分包单位预埋有利于今后施工与质量责任的划分,但如果在主体结构施工时,幕墙分包单位尚未确定,或幕墙深化设计未完成,未确定预埋件的位置与做法,在这种情况下,就可以由施工总承包单位与设计单位协商预埋通长钢板或扁钢并组织实施。

2) 界面上的工作及责任界限:界面位置确定后,往往还需要明确界面上的工作及责任界限,如某些专业工程(如钢结构、幕墙工程、智能建筑等)确定由分包单位施工后,往往需明确由这些专业承包单位完成深化设计并经主设计单位审核、确认。又如吊顶上的空调、弱电终端设备由该设备安装公司安装,吊顶由精装修施工单位施工,如果这些设备与吊顶龙骨、吊杆发生矛盾,则应明确由谁调整龙骨与吊顶。再如某设备确定甲供,但该设备运到施工现场后,应明确甲乙双方在开箱验收、交接、保管等过程中的工作,并明确安装过程中若遇质量缺陷、零配件缺损等问题时,甲乙双方的工作及责任界限。

3) 工序与工期的界面:界面确定后,还需确定各施工单位施工的顺序与工期,确定谁先施工,谁后施工,并确定工期,使后施工的施工单位有工作面。如公建走道吊顶内有风管、各种水管、电管,需确定其施工顺序与完成时间。

4) 成本界面:各项工作均会发生成本,故界面确定后需同时确定成本,以免造成各单位的漏算或重算。

对上述界面内容定义后,应形成文件,施工前能形成文件的,应在合同文件中记载,在施工过程中形成文件的,可形成补充协议或会议纪要。

(2) 在界面处设置必要的检查验收点和控制点:界面通常位于专业接口处,在专业接口处应设置检查验收点和控制点,如精装修单位在封吊顶板前,相关单位必须对风管、水管、电管进行检查验收,经相关方签认;对各类管线的位置、标高设置控制点。

(3) 制定主动、积极协调管理界面的制度:在施工中,必须注意界面之间的联系与制约,解决界面之间的不协调、障碍和争执。主动积极地管理界面的关系,对相互影响的因素进行协调。

(4) 界面变更管理:目标、设计、实施方案、组织责任的任何变更,都可能影响上述界面的变更,故界面文件必须随工程变更而变更。

4.1.4 选择工程发包与物资采购的方式

1. 发包与采购的方式

常用的方式有下列几种:

(1) 招标:包括公开招标与邀请招标两种。

1) 公开招标:是指招标人以招标公告的方式邀请不特定的法人或其他组织投标。这种招标方式,业主有较大的选择余地,有利于降低工程造价,提高工程质量和缩短工期,但导致招标人对资格预审和评标工作量加大,招标费用增加。

2) 邀请招标:是指招标人以投标邀请书的方式邀请法人或者其他组织投标。这种招标方式,由于被邀请参加竞争的投标者为数有限,可节省招标费用和时间。但限制了竞争范围。

(2) 竞争性谈判:是采购人通过与符合相应资格条件不少于3家的供应单位分别谈判,商定价格、条件和合同条款,最后从中确定成交供应单位的采购方式。

(3) 单一来源:是指采购人直接与唯一的供应单位进行谈判,签订合同的采购方式。

(4) 询价:是采购人从符合相应资格条件的供应单位名单中确定不少于3家供应单位,向其发出询价通知书让其报价,最后从中确定成交供应单位的采购方式。

(5) 其他政府采购方式:是指国务院政府采购监督管理部门认定的除以上采购方式外的其他政府采购方式。

2. 选择发包与采购的方式

选择发包与采购方式时,应考虑下列因素:

(1) 应符合法律、法规的规定:政府对发包与采购方式有若干法律、法规,包括有关的建设法规、招投标法规,市场准入资质管理法规,质量管理法规等。如《工程建设项目招标范围和规模标准规定》对工程建设项目在其规定的范围和规模标准内的,必须进行招标;并规定"依法必须进行招标的项目,全部使用国有资金投资或者国有资金投资占控股或者主导地位的,应当公开招标"。又如《中华人民共和国政府采购法》规定了政府采购项目在什么情况下可以采用邀请招标、竞争性谈判、单一来源及询价方式进行采购。

应执行的文件有:《工程建设项目招标范围和规模标准规定》、《房屋建筑和市政基础设施工程施工招标投标管理办法》、《中华人民共和国政府采购法》、《中华人民共和国政府采购法实施条例》等。应注意当前正进行深化改革,各级政府正在大力梳理和调整各项行政文件,项目管理团队必须关注和执行当前当地的最新法律、法规和规范性文件。

(2) 与市场相适应:选择发包与采购方式时,要与市场的资源相适应,特别应关注业主或项目管理团队所了解、熟悉的承包单位和材料、设备供应商及曾配合过的合作伙伴。如业主近几年曾将几个工程发包给几个施工单位，且任务完成好，合作愉快，则新的施工任务如政策允许邀请招标，就没有必要采用公开招标的方式。

(3) 与工程状况相适应：工程状况指项目技术特性、工期特性及工程进展特性，根据这些特性选择政策允许的发包与采购方式，如项目的某弱电终端设备只能采用单一来源的采购方式。

4.1.5 编制工程项目发包与采购总体计划

工程项目的施工离不开工程发包与物资采购，为了实现工程项目施工阶段的进度目标，建设单位的工程发包与甲供材料、设备及构配件的采购也必须满足施工的需要，项目管理团队对发包与采购的策划应包括编制工程发包与物资采购的总体计划，以指导与控制招标代理机构实施建设单位负责的工程发包与物资采购工作。

编制发包与采购总体计划的方法：

(1) 为了表示发包、采购、施工等工作的逻辑关系，该总体计划应采用网络计划的方法。

(2) 将施工总进度作适当调整，使施工总进度计划能反映与建设单位负责的工程发包与物资采购有关的施工项目，如建筑门窗为甲供，则施工总进度计划中应有门窗安装施工项目。

(3) 将工程发包与物资采购事项作必要的阶段划分，如钢结构专业分包可分成钢结构分包单位的确定（含招标、投标、签订施工合同）、钢结构深化设计、钢结构施工单位进场施工三个阶段；又如甲供建筑门窗可分成门窗施工单位的确定（以签订合同为标志）、门窗加工、门窗进场安装三个阶段。这样可充分考虑专业分包施工及物资供货前的各项准备工作及其工作时间。

(4) 将工程发包、物资采购工作融入施工总进度计划，将施工所涉及的专业分包合同签订，深化设计图纸，甲供材料、设备与构配件的供订货，施工作业面及危大工程专项施工方案审查等事项与施工总进度计划融为整体，作出周密安排与计划，为顺利施工、实现施工阶段进度目标奠定坚实的基础。

上述总体计划编制完成后，项目管理团队应根据施工实际进度及内外部条件的变化适时进行动态调整和优化。

4.1.6 与招标代理机构等参建单位沟通

项目管理团队编制发包与采购总体计划的目的是指导整个项目的发包与采购工作，实现项目的进度目标。该计划编制完成后，需向有关单位交底，并研究布置下一步工作，其主要工作如下。

(1) 要求招标代理机构编制各项发包与采购工作计划，明确执行人及每项发包采购事项中各具体工作及其时间节点。

（2）对招标中需设置招标控制价的，要求造价咨询机构制订编制招标控制价的工作计划。

（3）与招标代理机构研究各项发包与采购事项应具备的前置条件（如施工总承包单位的招标需初步设计及概算已批准，有施工招标所需的图纸等），要求相关单位与部门制订落实这些前置条件的计划。

（4）当施工总承包单位确定后，应要求施工总承包单位编制其负责发包与采购范围的总体计划。

（5）当上述各项计划与项目管理团队编制的发包与采购总体计划有矛盾时，召集相关方调整、优化相关计划。

（6）跟踪施工与发包、采购的实施情况，发现偏差，及时采取措施或动态调整总体计划与上述各项计划。

4.2 工程发包与物资采购的管理要点

工程项目中很多发包与采购的具体工作是由招标代理机构、造价咨询机构等单位去实施的，但项目管理团队作为整个项目管理的集成者，为了实现项目的投资、进度、质量总目标，对建设单位负责的工程发包与甲供物资采购的关键事项必须实施管控，管控要点如下。

4.2.1 项目管理团队负责招采的人员要树立正确的理念

工程发包与物资采购是工程项目管理一项重要的工作，其成效直接影响项目实施单位的选择，影响项目投资、进度、质量目标的实现，项目管理团队及其负责招采的人员必须树立以下理念。

（1）真诚地为项目、为业主选择素质高、重合同、讲信誉，能实现项目目标的施工单位和物资供应商：工程建设领域是腐败滋生的重灾区，项目的工程发包与物资采购环节又尤为突出，负责招采的人员一定要廉洁自律，排除一切私心杂念，真诚地为业主、为项目服务，一切从为实现项目的目标出发，工作要高效、踏实，多与业主沟通，为业主决策提供真诚、可靠、有益于项目的意见。

（2）坚持实事求是、重实效的原则：当前在建筑市场中，由于诚信氛围尚未真正形成，相关制度不完善、缺失，存在不少形式主义、不负责任的做法，比如现今的评标方式，如仅仅依靠几个评委，在不深入了解工程项目的特点及投标单位实际素质、能力的情况下，用短短半天或一天的时间，匆忙从投标文件中评出中标单位，是很难选择满意的中标单位的。住房和城乡建设部2014年7月1日发布的《关于推进建筑业发展和改革的若干意见》（建市【2014】92号）中提出："调整非国有资金投资项目发包方式，试行非国有资金投资项目建设单位自主决定是否进行招标发包，是否进入有形市场开展工程交易活动，并由建设单位对选择的设计、施工等单位承担相应的责任。"或许，今后政策会进一步调整，让建设单位负责任的选择施工单位与物资供应商。在此过程中，既要符合法律、法规要求，又要坚持实事求是、重实效的原则，真正选择合作愉快、能实现项目目标的施工单位与物资供应商。

4.2.2 认真审核招标文件

招标文件是全面反映建设单位工程发包或物资采购要求的要约性文件，是告知投标人招标项目内容、范围、数量与招标要求、投标资格要求、招标投标程序、投标文件编制与递交要求、评标标准和方法、合同条款与技术标准等招标投标主体必须掌握的信息和遵守的依据，对招标投标各方均具有法律约束力。可以说招标文件是招投标活动中最重要的文件。国家发改委、建设部等九部委于2007年发布了《标准施工招标文件》，招标代理机构一般依据此标准文件编制项目的招标文件。招标代理机构编制完成后，项目管理团队必须认真审核，由于标准文件中投标人须知（须知前附表除外）、评标办法及通用合同条款应不加修改地引用，所以主要应审核其他自行编制的内容。审核的要点如下（以施工总承包单位的招标为例）：

(1) 招标范围是否准确

1) 审核投标邀请书中招标范围与项目管理团队编制的工程发包、物资采购的合同结构及界面定义是否一致。

2) 审核工程量清单暂估价表（含材料、设备及专业工程暂估价）中的项目（名称）。这是由于暂估价表中的材料、设备及专业工程与建设单位工程发包与甲供物资有关，涉及工程发包、物资采购的合同结构与界面划分。

3) 审核总承包单位可以分包工程的内容是否符合项目管理团队编制的合同结构及界面划分，是否有利于实现项目质量与进度目标。

(2) 审核专用合同条款

在招标文件中应编制拟编入合同中的主要专用合同条款，主要包括质量标准和要求、获得奖项的约定、提前竣工奖励、工期延误、关于工程变更、价格调整的约定等。专用合同条款既要有利于项目质量、投资、进度目标的实现，又要考虑市场状况，有利于招标工作及合同签订的顺利进行。要防止出现两种倾向：第一，如专用合同条款过宽，有利于提高投标单位投标积极性，但不利于项目目标的实现，并且，如在合同谈判过程中，再提出新的较严的专用合同条款，可能影响合同的签订；第二，如专用合同条款过严，可能有利于项目目标的实现，也有利于合同谈判与签订，但可能挫伤投标单位的投标积极性，给招标工作带来困难。故应宽严适度，坚持招标人与投标人合作共赢的原则。

(3) 审核评标方法和评分标准

1) 审核拟采用的评标方法：在《标准施工招标文件》中给出了经评审的最低投标价法和综合评估法，审核项目的评标方法是否适合项目的特点。

2) 审核评分标准：在招标文件的"评标办法前附表"中，招标代理机构对各项评分因素均制定了评分标准，并确定了施工组织设计、项目管理机构、投标报价、其他评分因素的权重,还确定了评标基准价的计算方法。项目管理团队应对上述评分标准进行审核,审核时应掌握下列原则:

① 施工组织设计评分标准要强调投标人对工程项目特点、重点、难点的把握,以及施组和施工方案的针对性、科学性和可行性。

② 项目管理机构评分标准要强调项目经理和技术负责人的任职资格、学历和实实在在的业绩,应要求附证明材料;强调项目管理机构人员的到位承诺;应增加对项目经理、技术负责人等主要成员面试的评分。

③ 投标报价的权重要适当,对技术不复杂,规模不太大或对投标人均比较了解,且对各投标人均较信任情况下,权重宜加大;反之,权重不宜过大。

④ 其他评分因素可增加对各投标单位考察的结果、施工单位及项目经理的信用评分(市场与现场管理联动)等项内容,使评标不只是评委对投标文件的评审,应综合投标人的实际素质、能力、业绩和信用程度。

(4) 审核招标工程量清单

造价咨询机构编制完成招标工程量清单后,项目管理团队应依据招标文件所提供的图纸、工程量清单计价规范、招标文件的合同条款及项目合同结构和界面文件等审核招标工程量清单。

(5) 审核招标文件是否符合现行法律、法规和规范性文件的规定

《标准施工招标资格预审文件和标准施工招标文件暂行规定》中规定:"招标人编制的施工招标文件,应不加修改地引用《标准施工招标文件》中投标人须知(投标人须知前附表和其他附表除外)、评标办法(评标办法前附表除外),通用合同条款。"这样编制的招标文件是符合当时法律、法规要求的,但应注意《标准施工招标文件》所引用文件的动态调整,如该标准文件中的通用合同条款是引用《建设工程施工合同(示范文本)》的1999年版,而现今已使用2013年版,故编制招标文件中的通用合同条款应引用2013年版的通用合同条款。

对《标准施工招标文件》中需招标人结合招标项目特点和实际需要编制和填写的内容,项目管理团队应审核是否符合法律、行政法规的强制性规定。

4.2.3 考察与确定投标人

采用招标方法确定施工单位与物资供应商,考察与确定投标人是非常重要的环节,如果与投标人既未合作过,又未经考察了解,仅通过评委对资格预审文件评审确定投标人,对后续的工作将带来很大的风险。项目管理团队应谨慎组织考察与确定投标人,该项工作分下列两种情况。

(1) 当采用邀请招标方式时,由于邀请招标是招标人以投标邀请书的方式邀请特定的法人或者其他组织投标,即投标人是在正式招标前确定的。被邀请的投标人一部分可能与招标人合作过,招标人对这部分投标人应该有较全面的了解,而其他投标人则应是经考察后确定的投标人。所以采用这种方

式确定投标人,对后续工作风险较小。

(2) 当采用公开招标方式时,由于公开招标是招标人以招标公告的方式邀请不特定的法人或其他组织投标,即招标人在正式招标前并不知道投标人人选,往往通过资格审查确定投标人,并且招标人往往不能把握资格审查过程与结果。在这种情况下,招标人对其中部分投标人并不熟悉,为了减少后续过程风险,必须对这部分投标人进行考察,并在招标文件的评标办法中,将考察内容与结果列入评审因素和评分标准。也可采取在评标过程中,增加全体评委对投标人面试与考察的环节。

对施工招标的投标人考察应侧重考察项目部主要成员的实际能力、素质及对项目的理解、策划上,最好能听取以往施工项目建设单位的反映。考察人员要坚持公平、公正原则,不要带有任何私心杂念和偏见,考察后应形成考察报告,考察人员对其考察结果负责。考察可由招标代理机构组织,项目管理团队和建设单位领导与相关人员参加。

4.2.4 组织编制并审核招标控制价

招标控制价是在工程招标发包过程中,由招标人根据国家或省级、行业建设主管部门颁发的有关计价依据和办法,以及拟定的招标文件和招标工程量清单,结合工程具体情况计算的工程造价,其作用是招标人用于对招标工程发包的最高投标限价。《建设工程工程量清单计价规范》GB 50500—2013规定:"国有资金投资的建设工程招标,招标人必须编制招标控制价。"(国有资金投资建设工程的范围见该规范条文说明中 3.1.1 条)对于非国有资金的建设项目,为了做好工程发包阶段的造价控制工作,宜编制招标控制价。本文的施工图设计阶段投资控制中提出,为了便于造价控制,宜由造价咨询机构编制施工图预算。为了发挥招标控制价是招标工程发包最高投标限价的作用,并为了在施工阶段更方便、有效地进行审核工程量计量、计价、工程价款调整、工程价款支付等事项,也宜要求造价咨询机构编制招标控制价,以取代施工图预算。

项目管理团队应审核造价咨询机构编制的招标控制价,审核重点如下:

(1) 编制的依据、综合单价的计算是否符合《建设工程工程量清单计价规范》GB 50500—2013 中 5.2 节的规定。

(2) 比较招标控制价与批准的设计概算,如招标控制价超过批准的设计概算,应报原概算审批部门审核,并根据审核结论采取相应措施。

项目管理团队审核后,应在发布招标文件时公布招标控制价,同时将招标控制价及有关资料报送工程造价管理机构备查。项目管理团队应要求造价咨询机构认真编制招标控制价,确保编制质量。如投标人经复核认为招标人公布的招标控制价未按照《建设工程工程量计价规范》GB 50500—2013 的规定进行编制,将会发生投标人向招投标监督机构和工程造价管理机构投诉。当工程造价管理机构复查结论与原公布的招标控制价误差大于±3%时,将责成招标人改正,这样将要相应延长投标文件的截止时间,影响工程发包的进程。

4.2.5 审核合同文本

项目管理团队对合同文本的审核,一般可分草拟合同文本的初审和签订前合同文本的审核。

(1) 草拟合同文本的初审:招标代理机构编制完成合同文本后,项目管理团队应先进行初审,主要审查下列内容:

1) 审查合同文本的合法性、完备性:为了达到合同的合法性和完整性,一般选用国家相关部门发布的示范文本,除勘查、设计合同示范文本外,可供选用的合同示范文本如下:《建设工程施工合同(示范文本)》(GF-0201)、《建设工程委托监理合同(示范文本)》(GF-0202)、《建设工程造价咨询合同(示范文本)》(GF-0212)、《建设工程施工专业分包合同(示范文本)》(GF-0213)、《建设工程招标代理合同(示范文本)》(GF-0215)等。选用示范文本时,应注意,对其通用条款不应随意修改或删除,要保持合同的完整性,但可以补充符合工程项目特点和建设单位要求的专用条款。

2) 审核专用合同条款:合同条款特别是专用合同条款应充分反映业主方对工程项目质量、进度、投资等方面的要求。这些要求要详尽、具体,具有可操作性,要针对项目特点、建设环境、建筑市场现状及承包方的特点;对合同执行过程中可能发生的问题和纠纷进行预测,并提出处理的意见;还需明确违约责任。编制专用合同条款不要怕细,细微、详尽的专用合同条款有利于实现项目的质量、进度、投资等目标,有利于各项工作的开展。项目管理团队可借鉴以往或外单位成功项目的合同文本,审核本项目的专用合同条款。

初审后将草拟合同文本、审核意见与建设单位、招标代理机构沟通,由招标代理机构修改形成供合同谈判的合同文本。

(2) 签订前合同文本的审核:合同谈判后,根据谈判协商的意见,由招标代理机构编制拟签订的合同文本。审核该合同文本宜采用会议评审的方法,由项目管理团队招采、合同管理组负责人主持,建设单位和项目管理团队分管领导和相关人员、招标代理机构相关人员参加。主要评审甲、乙双方原有的不同意见,经谈判后形成结论的合同条款,应严格控制合同中的开放性条款,避免使用含糊不清的词句和条款。会后形成评审记录,并由合同文本编制人根据评审意见修改完善。

对于比较简单的合同,或谈判过程中甲、乙双方对草拟的合同文本无重要分歧意见,签订前合同文本的审核可不采用会议评审的办法,而采用会签的方式,但应经项目经理同意。

4.2.6 合同谈判

草拟的合同文本经初审后,项目管理团队招采、合同管理组负责合同谈判工作,应邀请建设单位相关领导或人员参加,特别是较重要的合同。合同谈判不只是双方争夺各自的利益，还需要使双方对于合同的结构和要求逐步澄清，并协商达成一致意见，形成共识。合同谈判是一个需要有高度人际关系和专业技能要求的过程，在合同谈判中应掌握以下谈判技巧❶。

（1）将谈判地点尽量放在自己单位所在地，这将使自己占有主场优势，会使对方在谈判环境中产生一种压力。

（2）尽量让供方在谈判中多发言。合同谈判中不是谁说得多就会占优势，说多了不但会说错而且会说出各种让步和自己的底线，在谈判开始时应尽量让对方先对自己的价格和要求表态，对方也许会透露许多有用信息。

（3）谈判发言必须充分准备。谈判前应明确自己谈判的重点和底线，并应分析对方可能发表的意见和要求，及我方的回应意见。只有充分准备，才能有主动地位，获得好的谈判结果。

（4）谈判时不要激动。在谈判发生争论时，发言一定不要激动，否则就违背了通过谈判达到双赢的目的。

（5）谈判过程中要相互顾全体面，满足对方感情上的需求。谈判过程中要给对方这样的印象：尽管你和他们讨价还价，但是你还是很尊重他们的人格和利益，并把他们看作是利益一致的合作伙伴，当对方在某一点作出让步，一定要顾全对方的体面。

（6）谈判一定要避免过早摊牌。一旦摊牌或发出最后通牒，谈判双方就很难再作出进一步让步，将会造成谈判破裂。

合同谈判一定要达到如下结果：①双方共赢；②双方的权利、责任、义务和要求逐步澄清，降低合同执行过程中的风险。

4.2.7 合同的签订与备案

合同文本经评审、修改，定稿后由招采、合同管理组上报项目经理审阅，方可提交建设单位领导签章。

签订后的合同应按当地政府部门规定的期限提交相关资料进行备案。需备案的合同一般包括勘察、设计、监理、招标代理、造价咨询、施工图审查、施工总承包和专业分包等合同。

4.3 工程发包与物资采购的主要依据性文件

（1）《中华人民共和国合同法》
（2）《中华人民共和国招标投标法》
（3）《中华人民共和国建筑法》
（4）《中华人民共和国政府采购法》
（5）《中华人民共和国政府采购法实施条例》

---

❶ 李明安、邓铁军、杨卫东.工程项目管理理论与实务.长沙：湖南大学出版社，2012年：99

(6)《工程建设项目施工招标投标办法》
(7)《房屋建筑和市政基础设施工程施工招标投标管理办法》
(8)《工程建设项目招标范围和规模标准规定》
(9)《中华人民共和国标准施工招标文件》(2007版)
(10)《建设工程施工合同（示范文本)》GF-2013—0201
(11)《建设工程施工专业分包合同（示范文本)》
(12)《工程建设项目货物招标投标办法》
(13)《建设工程工程量清单计价规范》GB 50500—2013

5 开工前的项目管理工作

工程项目经历前期策划决策和设计阶段，施工图设计基本完成并经施工图审查机构审查后，工程项目将进入施工阶段。工程项目开工是个重要标志，表明工程项目施工前大量的策划、报批、准备工作基本就绪。设计工作基本完成后，尚有很多开工前的施工准备工作需要完成，除了确定施工总承包单位和监理单位外，主要是围绕编制和审核各项施工计划（策划）、施工场地及其施工配套的准备、开工前的动员和检查、办理各项开工手续四个方面进行。项目管理团队应针对这些方面制定工作计划，并督促相关单位按计划实施，使工程项目具备开工条件，并为今后施工顺利进行奠定基础。

5.1 确定施工总承包单位和监理单位

5.1.1 施工总承包招标应具备的条件

依据国家发改委、住房和城乡建设部等七部委 2013 年 4 月联合发布的《工程建设项目施工招标投标办法》（七部委 30 号令）规定，应当具备下列条件才能进行施工招标：
（1）招标人已经依法成立；
（2）初步设计及概算应当履行审批手续的，已经批准；
（3）有相应资金或资金来源已经落实；
（4）有招标所需的设计图纸及技术资料。

在上述条件中，未明确提出需要项目立项文件和规划许可证，但在《标准施工招标文件》的投标邀请书中需填写项目立项文件的批文名称及编号，故项目立项文件是施工招标的必备条件。未规定招标开始时需提供规划许可证，但北京市各建筑交易市场规定，开标时建设单位应取得建设工程规划许可证。这样做招标工作可提前，可以让投标单位有较充裕的时间编制投标文件，还使建设单位有较充裕时间考察投标人，并给建设单位与投标人商量开工前各项准备工作提供了方便。

上述条件包含"有招标所需的设计图纸及技术资料"，这意味着施工图设计基本完成，项目的方案设计已获规划部门审批，否则用没有把握的图纸进行招标，存在着巨大的风险。

5.1.2 施工招标投标活动所需时间的规定

为了安排开工前的各项准备工作，项目管理团队招采人员应了解施工招标、投标中各项工作所需时间的规定，在《工程建设项目施工招标、投标办法》中有如下规定。

（1）自招标文件或者资格预审文件出售之日起至停止出售之日止，最短不得少于五日；

（2）自招标文件开始发出之日起至投标人提交投标文件截止之日止，最短不得少于二十日；

（3）开标应当在招标文件确定的提交投标文件截止时间的同一时间公开进行；

（4）中标候选人公示期不得少于三日；

（5）招标人和中标人应当在投标有效期内并在中标通知书发出之日起三十日内订立书面合同；

（6）招标人应当自发出中标通知书之日起十五日内，向有关行政监督部门提交招标投标情况的书面报告。

从上述规定可看出，自出售招标文件起至订立施工合同，最少需一个月的时间，这还不包括资格预审（如需要）、考察投标人、编制招标文件、编制合同文件和合同谈判等工作所需的时间。关于施工招标投标活动中各项工作如何开展，在本文第四章工程发包与物资采购管理中已阐述。

5.1.3　确定监理单位

《建设工程监理规程》GB/T 50319—2013 规定："工程监理单位是受建设单位委托，在施工阶段对建设工程质量、造价、进度进行控制，对合同、信息进行管理，对工程建设相关方的关系进行协调，并履行建设工程安全生产管理法定职责的服务活动。"从中可看出监理单位也是向建设单位提供工程项目管理服务，只不过监理单位是提供施工阶段的项目管理服务，并且行政主管部门着重关注监理单位进行施工质量控制和施工现场安全管理。既然建设单位委托了项目管理企业进行项目管理，就宜将目前监理的业务并入项目管理范围内（实际上工程项目管理工作就应包含施工阶段的各项控制和管理），不再委托监理，即监理行业内倡导的监管合一模式。早在 2003 年建设部在《关于培育发展工程总承包和工程项目管理企业的指导意见》中就提出："对于依法必须实行监理的工程项目，具有相应监理资质的工程项目管理企业受业主委托进行项目管理，业主可不再另行委托工程监理"。2014 年 7 月住房和城乡建设部发布的《关于推进建筑业发展和改革的若干意见》也再次明确："具有监理资质的工程咨询服务机构开展项目管理的工程项目，可不再委托监理。"监管合一模式具有如下好处：

（1）项目管理往往从设计阶段就介入工程项目，甚至从前期策划决策阶段就介入工程项目，对工程项目情况了解、掌握（包括设计过程与结果、工程发包与物资采购、与工程项目参建单位及近外层、远外层部门的关系等），能更好地进行施工阶段的质量、投资、进度控制及各项管理。

（2）项目管理机构能深切理解业主的建设意图，能掌握项目的总目标，并努力实现项目的各项目标，与再另行委托监理相比，监管合一能更好地处理质量、投资、进度之间辩证统一的关系。

（3）减少或避免了项目管理企业与另行委托的监理企业之间的交叉、矛盾，减少了企业之间的管理层次，便于协调，提高工作效率。

综上所述，业主方既然委托了工程项目管理服务，就没必要再另行委托监理，当然该项目管理单位应具有相应的监理资质。在这种情况下，为了履行法律法规赋予监理的职责，并为了使项目经理保持足够的精力把控项目的全局而不完全陷入原属监理范畴内的具体事务中，可在项目经理领导下设总监理工程师，由其履行总监的职责；并设置监理组，主要负责施工质量控制、施工现场安全管理及相应的信息资料管理（施工进度、投资控制及其他管理仍属项目管理范畴）。监理组的部分成员可由项目管理团队工程技术组的技术人员兼任。

5.2 开工前各项计划（策划）的管理

5.2.1 审核施工组织设计

施工组织设计是指导施工承包单位全面施工的实施性文件，是施工承包单位编制专项工程施工方案的基础与依据；是项目管理团队检查施工组织与技术管理状态，进行质量、进度、安全管理的依据；往往也是建设单位与施工承包单位进行工程结算的依据之一。项目管理团队对施工组织设计应进行认真的审查。

审核施工组织设计的要点如下：

（1）审查施工组织设计内容是否完整：群体工程或住宅小区除对各单位工程编制施工组织设计外，还应编制整个工程的施工组织总设计。

1）施工组织总设计应包含：编制依据、工程概况、施工部署、施工总控进度计划、施工总平面布置。

2）施工组织设计应包含：编制依据、工程概况、施工部署、施工准备、主要施工方法、主要管理措施、施工平面图。

施工组织总设计与施工组织设计详细内容可参阅北京市地方标准《建筑工程施工组织设计管理规程》DB11/T 363。

（2）审查施工组织设计编审的程序是否符合规定：施工组织总设计应由承包单位项目负责人主持，承包单位相关人员编制，承包单位技术负责人审批；施工组织设计应由承包单位项目负责人主持，项目技术负责人编制，承包单位技术负责人或其授权人审批。

（3）审核施工方质量保证体系、安全文明施工保证体系是否与项目规模和要求相匹配，项目主要负责人的配置是否符合合同及相关规定：

1）施工方质量保证体系的组织机构、项目主要负责人资格要求、各项质量管理制度的建立等规定可详见北京市住房和城乡建设委员会 2010 年 3

月发布的《关于加强北京市建设工程质量施工现场管理工作的通知》(京建发【2010】111号)。

2) 施工方安全生产管理机构设置及专职安全生产管理人员配备的要求详见《建筑施工企业安全生产管理机构设置及专职安全生产管理人员配备办法》(建质【2008】91号)。

(4) 审核施工进度计划是否满足项目管理团队编制的控制性总进度计划的要求。

(5) 审核资源(资金、劳动力、材料、设备等)供应计划能否满足施工的需要。

(6) 审核施工部署、施工方案、施工措施是否符合投标书、施工合同，会不会引起费用与工期索赔。

(7) 审核施工总平面布置是否合理，与项目管理团队对施工现场用地的策划结果(详见本节5.2.4)有否矛盾，施工总平面布置图应分基础施工、主体结构施工及装修设备安装三个阶段分别绘制。

(8) 审核生产安全事故应急预案，重点审查应急组织体系、相关人员职责、预警预防制度、应急救援措施。

5.2.2 编制监理规划

项目总监理工程师组织监理组编制项目的监理规划，应主要针对施工质量控制与施工现场安全管理的内容进行编制，编制时可参阅各单位编制监理规划的相关文件和作业指导书。

5.2.3 编制施工阶段控制性总进度计划

施工阶段控制性总进度计划编制的原则、内容和方法详见本书6.1施工阶段进度控制章节。

5.2.4 策划现场用地

为了施工顺利进行和节省投资，项目管理团队应对现场用地精心策划，特别对于群体工程。

1. 现场用地策划的依据

(1) 规划与土地部门批准的用地范围，用地红线是各类建筑工程项目用地的使用权属范围的边界线，应明确用地红线外代征地(道路、公共绿化用地等)在项目施工期间可临时占用的时限。

(2) 经批准的建筑总平面图(含室外工程与地下工程)。

(3) 项目建设总进度计划，主要是各单位工程与室外工程、地下工程开、竣工时间。

(4) 工程项目的勘查资料，含现有拟保留或废止的建筑物、构筑物及地下管线等。

(5) 现场满足施工的道路、用电、用水、排水、通信条件，含路由和能力等。

2. 现场用地策划的内容

（1）拟定建设方（建设单位、项目管理单位、设计单位及其他咨询单位）现场办公和生活场所的需求。（含数量与位置）

（2）初步确定临水接入点、临电接入点、排水口、出入口等位置。

（3）制定场地平整、临时道路建设计划。

（4）不同时间段施工场地与临时设施（含施工管理用房、生活用房等）场地的划分与布置，有条件时应考虑代征地的利用，必要时还需考虑临时占地的可能性。

（5）当临时用水、排水、用电、通信、道路等不能满足施工需要时，应寻求解决的办法。

3. 现场用地策划的原则

（1）施工期内较长时间使用的临时设施尽量不要占用永久建筑物、构筑物和地下管线的位置，如需在这些位置建临时设施，应建这些建筑物、地下管线施工时该临时设施拆除后不需再重建的这类临时设施，避免临时设施反复拆建的做法。

（2）对于群体工程，现场用地的划分与布置应服从整个项目各单位工程与地下工程开工的顺序与进度，满足总进度计划的要求。

（3）降低临时设施的修建费用，充分利用各种永久建筑、管线、道路，利用暂缓拆除的原有建筑物。

（4）满足劳动保护、技术安全及消防、环保、卫生、市容等国家相关规定。

（5）在改、扩建工程施工时，应考虑企业生产、居民生活和工程施工互不妨碍。

4. 现场用地策划的方法

项目管理团队应先拟定策划的方案，与拟选定的施工总承包单位沟通，在此基础上，总承包单位编制施工组织总设计与施工总平面布置图，在编制过程中，就现场用地策划与施工总平面图反复磋商，经修改、优化后形成策划结果。该策划结果是总承包单位编制正式施工总平面图的依据，也是项目管理团队审核施组和施工总平面图的依据。

5.2.5 督促造价咨询机构编制施工阶段资金使用计划并审核

为了使施工顺利进行，开工前项目管理团队应督促造价咨询机构编制施工阶段的资金使用计划，该计划编制完成后，项目管理团队应审核。

（1）审核施工阶段资金使用计划的依据

1）施工合同中有关工程造价及工程款支付的约定；

2）已标价的工程量清单或施工图预算书；

3）经审核的施工进度计划。

（2）筹措第一年度资金，确保开工

施工阶段资金使用计划经项目管理团队审核后（对第一年度的资金使用计划应重点审核），报建设单位作为资金筹措的依据，并据此筹措第一年度资金，确保开工。

5.2.6 制定项目管理团队施工阶段工程管理制度和工作计划

参照本书编制的项目管理规划是在项目管理招投标阶段或在项目管理初期形成的。随着工程的进展，特别准备开工时，应根据需求，制定施工阶段的工程管理制度和工作计划，如项目管理团队参与或组织的施工质量和施工现场安全的检查制度；建设单位、项目管理团队与施工等单位的文件往来、沟通制度；开工前各项准备工作的计划等。

5.2.7 施工降水的申请

依据《北京市建设工程施工降水管理办法》的规定，自2008年3月1日起，北京市所有新开工的工程限制进行施工降水，应采用帷幕隔水方法，隔断地下水进入施工区域。如因地下结构、地层及地下水、施工条件和技术等原因需采用施工降水，项目管理团队应组织专家评审（专家从市建委和市水务局共同组建的专家库中随机抽取），并形成专家评审报告。

5.2.8 委托深基坑支护工程的设计

依据《关于规范北京市房屋建筑深基坑支护工程设计、监测工作的通知》（京建法【2014】3号），"建设单位应依法选择具备岩土工程设计资质的单位进行深基坑工程设计"。故对于开挖深度≥5m，或开挖深度小于5m但地质条件或周边环境较复杂的基坑工程，在确定采用止水帷幕隔水或施工降水后，项目管理团队应协助业主方尽早委托深基坑支护工程的设计，避免影响开工。

5.3 施工场地的准备

5.3.1 施工现场临时用电

1. 用电量的计算

应依据项目总进度计划、施工部署（各单位工程开、竣工时间）等要求，确定各种施工机械设备、电焊机的型号与数量，计算其用电量，并计算室内照明、室外照明的用电量，从而计算出施工现场临时用电的总用电量，该用电量应征求拟选施工单位或潜在投标人的意见。

在项目管理团队缺少丰富施工经验的情况下，可先请2~3家拟选施工单位（或潜在投标人）计算用电量，比较分析后确定用电量。

2. 办理临时用电申请

依据《电力供应与使用条例》（国务院令第196号），申请临时用电应到当地供电企业办理手续，签订临时用电合同，约定临时用电的容量、期限及违约责任等。

当现有电源能满足需要，则仅需在工地设立变电所或变压器。如现有电源不能满足需要，则申请临时用电后，尚需经历确定供电方案、设计、施工、验收等环节，需要一段时间后尚能供电，故项目管理团队应提前征询、申请，留出必要的时间，避免影响项目开工。

3. 将临时用电接入施工现场

依据施工合同的约定，项目管理团队将临时用电接入施工现场，一般情况下，项目管理团队（建设单位）在申请临时用电时，委托供电企业组织变压器（或变电所）的安装与验收，使现场具备施工用电条件。变压器应设在高压线进入工地处，避免高压线穿越工地。由于变压器受供电半径的限制，在大型工地上，一般应设置若干个变压器，这样还可避免当一处发生故障时，影响其他区域。

5.3.2 施工现场临时用水

1. 用水量的计算

应依据项目总进度计划、施工部署、施工方法、气候条件及环保要求，计算施工现场生产用水、施工机械用水、生活用水、消防用水、降尘用水等用水量，计算出临时用水的总用水量。该水量应征求拟选施工单位或潜在投标人的意见，也可先请2~3家拟选施工单位（或潜在投标人）计算总用水量，比较分析后确定总用水量。

2. 办理临时用水申请

项目管理团队应向当地自来水公司递交临时施工用水报告，7个工作日内自来水公司经办人员到现场调查核实，如同意供水，则付费后一个月内所属供水管理所安排施工，将管线接到施工现场，留出接口作为施工临时用水的水源。

如要从江河、湖泊或地下取水作为施工临时用水水源时，依照《取水许可和水资源费征收管理条例》（国务院令第460号）的规定，应申请领取取水许可证后，方可进行取水工程或设施的施工及取水。办理取水许可证的相关问题详见《取水许可证和水资源费征收管理条例》。

5.3.3 施工现场临时排水

《城市排水许可管理办法》（建设部令第152号）有如下规定：

（1）第三条："排水户向城市排水管网及其附属设施排放污水，应当按照本办法的规定，申请领取城市排水许可证书。未取得城市排水许可证书，排水户不得向城市排水管网及其附属设施排放污水。"

（2）第四条："本办法所称排水户，是指因从事制造、建筑、电力和燃气生产、科研、卫生、住宿餐饮、娱乐经营、居民服务和其他服务等活动向城市排水管网及其附属设施排放污水的单位和个体经营者。"

(3) 第六条："在城市排水管网及其附属设施覆盖范围内，排水户应当按照城市排水规划等有关要求，将污水排入城市排水管网及其附属设施。"

依照上述规定，施工临时排水相关事项应由施工单位负责办理，项目管理团队应督促施工单位办理城市排水许可证书，将污水排入城市排水管网及其附属设施。

5.3.4 道路及施工现场出入口

如施工现场位于市郊现有道路旁，施工现场设出入口就相当于现有道路开启路口；如施工现场不在现有道路旁，则需修建一段临时道路与施工现场相连，现有道路也需开启路口。开启路口和修建一段临时道路均需要获得公安交通管理、市政工程行政管理等部门的批准。

项目管理团队可先与拟选施工单位（含土方分包单位）研究施工现场出入口的方位。宜设2个或2个以上机动车出入口，以方便机动车出入，条件许可时，尽量出口、入口单独使用。确定出入口方位时应考虑物资、设备、大型构件出入方便；出入口方位与基坑开挖时土方运输车路线、坡道方位相协调；还应考虑周边交通环境，并与现有道路交叉口保持一定距离等因素。

项目管理团队对施工现场出入口和修建临时道路形成初步意见后，应征求拟选施工单位意见，形成共识后再征求公安交通、市政工程等相关管理部门意见，正式报批，批准后组织实施。

5.3.5 组织场地移交

施工现场具备了通水、通电、通路等施工条件，确定了总承包单位后，项目管理团队应组织向施工单位进行场地移交，场地移交主要包括以下工作。

(1) 施工临时用电的验收与移交：项目管理团队组织临时用电安装单位与总承包单位对临时用电设备及线路进行验收、移交，项目管理团队将临时用电合同（复印件）交总承包单位，总承包单位履行合同中使用单位的责任和义务，并签署移交记录。

(2) 施工临时用水的验收与移交：项目管理团队组织临时用水施工单位与总承包单位对临时用水管路及其配件进行验收、移交，项目管理团队将临时用水的供水合同等文件（复印件）交总承包单位，总承包单位履行合同中使用单位的责任和义务，并签署移交记录。

(3) 施工现场坐标点、高程点的移交：项目管理团队将坐标点（含红线桩等）、高程点移交给总承包单位，由总承包单位维护，双方签署移交记录。

(4) 场地移交：移交前项目管理团队应组织对场地标高进行测量，形成能满足计算土方量的场地原始地形图，双方予以签认。并将场地内可移交给总承包单位使用或保管的建筑物、构筑物、管线移交给总承包单位，并签署移交记录。

(5) 施工现场及毗邻区域内地上、地下管线和相邻建筑物等的有关资料移交：项目管理团队向施工单位提供施工现场及毗邻区域内地上、地下管线资料和相邻建筑物、构筑物、地下工程的有关资料，双方在移交单上签字。并要求施工单位制定对毗邻建筑物、构筑物和地下管线等的专项保护措施，总监理工程师审查后签署意见。

5.3.6 组织规划验线

各单位工程控制线测设后，要求总监组织监理组进行复核，在施工单位测设和监理复核时，应注意放线依据的正确性和唯一性，特别在有多版施工图和通知涉及建筑物方位时，更应复核这些图纸、通知与规划许可证是否一致，如发现问题及时与设计单位或规划部门联系。在第一个单位工程放线时，更应谨慎。

复核符合要求后，项目管理团队应按规定组织规划部门进行验线。

5.4 办理项目开工手续

5.4.1 缴纳相关规费

（1）咨询当地建设行政主管等部门，了解工程建设项目开工前应缴纳相关规费的规定。

（2）协助建设单位缴纳相关规费，并收集相应的票据，做好记录。

5.4.2 申报质量、安全监督

在工程项目开工前，项目管理团队必须按监督范围分工，向建设（专业）行政主管部门委托的建设工程安全质量监督站申请办理建设工程安全质量监督手续。

1. 监督范围的分工

（1）市建设工程安全质量监督总站受监市立项工程、市重大工程、中央各部委立项工程、市近代优秀保护建筑等建设工程。

（2）各区、县建设工程安全质量监督站受监本区、县地域范围内，本区、县立项的建设工程和经总站、专业站同意调拨的工程。

（3）各专业（如市政、公用、园林等）、大型建设区域的建设工程安全质量监督站受监本专业权限范围内或本地域范围内的建设工程。

2. 申报安全质量监督应具备的条件

（1）工程勘察、设计、监理、施工已完成招投标；

（2）施工图设计文件已审查；

（3）工程勘察、设计、监理、施工合同已登记备案；

（4）按规定需要进行设备监理的项目，已办理设备监理承发包手续；

（5）建筑垃圾和工程渣土的处置证已办理。

在申报工程安全质量监督前，项目管理团队应向相应安全质量监督站咨询申报的其他条件和应提交的书面文件资料。

3. 申报的结果

建设工程安全质量监督站在审查建设单位提供的全部文件资料后，对符合要求的项目签发加打条形码、盖章的《建设工程安全质量监督申报表》，作为向建设行政主管部门申领施工许可证的凭证。

5.4.3 办理《建筑工程施工许可证》

建筑工程实行施工许可证制度，是由国家授权的建设行政主管部门，在建筑工程开工前，对该项工程是否符合法定的开工必备条件进行审查，对符合条件的建筑工程发给施工许可证，允许该工程开工建设的制度。

1. 实行施工许可的建筑工程范围

住房和城乡建设部2014年6月25日发布的《建筑工程施工许可管理办法》规定："在中华人民共和国境内从事各类房屋建筑及其附属设施的建造、装修装饰和与其配套的线路、管道、设备的安装，以及城镇市政基础设施工程的施工，建设单位在开工前应当依照本办法的规定，向工程所在地的县级以上地方人民政府住房城乡建设主管部门申请领取施工许可证。"

工程投资额在30万元以下或者建筑面积在300m^2以下的建筑工程，可以不申请办理施工许可证（各省、自治区、直辖市政府住房城乡建设主管部门对限额可进行调整）。

按照国务院规定的权限和程序批准开工报告的建筑工程，不再领取施工许可证。

2. 申请领取施工许可证应具备的条件

（1）已经办理该建筑工程用地批准手续。依据《建设用地审查报批管理办法》（国土资源部第3号令），以有偿使用方式提供国有土地使用权的，由市、县人民政府土地行政主管部门与土地使用者签订土地有偿使用合同，并向建设单位颁发《建设用地批准书》；以划拨方式提供国有土地使用权的，由市、县人民政府土地行政主管部门向建设单位颁发《国有土地划拨决定书》和《建设用地批准书》。

（2）在城市规划区的建筑工程，已经取得建设工程规划许可证。在本书"3.3.2中6建设工程规划许可"中已阐述。

（3）施工场地已经基本具备施工条件，需要征收房屋的，其进度符合施工要求。在本章"5.3施工场地的准备"中阐述如何做到施工场地已基本具备施工条件。

（4）已经确定施工企业。应提交施工中标通知书复印件及已备案的《建设工程施工合同（副本）》，在本章"5.1确定施工总承包单位和监理单位"中已阐述。

（5）按照规定应当委托监理的工程已委托监理。在本章5.1中已阐述了采用监管合一的方式。在《住房城乡建设部关于推进建筑业发展和改革的若干意见》（建市【2014】92号）中指出："分类指导不同投资类型工程项目监理服务模式发展。调整强制监理工程范围，选择部分地区开展试点，研究制定有能力的建设单位自主决策选择监理或其他管理模式的政策措施。"应注意有关监理服务模式、调整监理工程范围等政策的变化。

（6）有满足施工需要的技术资料，施工图设计文件已按规定审查合格。在本书"3.3.5 中 2 工程项目施工图审查"中已阐述了工程勘察文件和施工图设计文件的审查。

（7）有保证工程质量和安全的具体措施。施工企业编制的施工组织设计中有针对建筑工程项目制定的相应质量、安全技术措施，建立工程质量安全责任制并落实到人。专业性较强的工程项目编制了专项质量、安全施工组织设计。

（8）按规定办理了工程质量、安全监督手续。应提交建设工程安全质量监督站签发的加打条形码、盖章的《建设工程安全质量监督申报表》。

（9）建设资金已经落实。建设工期不足一年的，到位资金原则上不得少于工程合同价的 50%，建设工期超过一年的，到位资金原则上不得少于工程合同价的 30%。建设单位应当提供本单位截止申请之日无拖欠工程款情形的承诺书或者表明其无拖欠工程款情形的其他材料，以及银行出具的到位资金证明，有条件的可以实行银行付款保函或者其他第三方担保。

（10）法律、行政法规规定的其他条件。

3. 注意事项

建设单位应当自领取施工许可证之日起三个月内开工。因故不能按期开工的，应当在期满前向发证机关申请延期并说明理由；延期以两次为限，每次不超过三个月。既不开工又不申请延期或超过延期次数、时限的，施工许可证自行废止。

5.5 开工前的检查与其他工作

5.5.1 组织图纸会审与设计交底

在本书"3.4.5 中 2 施工图设计质量控制的方法"中已阐述了项目管理团队组织施工单位、监理单位和造价咨询机构对施工图设计文件进行检查。开工前，项目管理团队对施工图的管理要点如下。

（1）项目管理团队应将经施工图审查机构审查的正式施工图发给施工单位等参建方，作为施工的依据。

（2）对施工图质量的控制，项目管理团队应为主要责任方，可以组织施工单位、监理单位熟悉、核查施工图设计文件，但这些单位不承担施工图质量控制的责任，所以开工前项目管理团队负责设计质量管理的工程技术人员仍应注重核查施工图，可以根据施工进度分期分批的核查施工图设计文件。

（3）鼓励施工、造价咨询等参建方对施工图中存在的问题多提出意见，对提出的意见，项目管理团队要认真对待，尽早与设计人员研究解决，施工前通过发出设计变更解决施工图中的问题,可使造价、工期损失最小。

(4) 组织设计人员对施工等单位进行设计交底,设计交底的主要内容包括:

1) 设计主导思想,采用的设计规范,各专业的设计说明等。

2) 工程设计文件对主要工程材料、构配件和设备的要求,对所采用的新材料、新工艺、新技术、新设备的要求,对施工技术的要求以及涉及工程质量、施工安全应特别注意的事项等。

3) 建设单位、项目管理团队、设计、施工等单位对会审中提出的意见和建议进行研究,并形成结论。

会后由施工单位整理设计交底会议纪要,并由建设单位、项目管理单位、设计单位、施工单位、造价咨询单位的代表和总监理工程师共同签认。

对设计交底会上决定进行设计修改的,由原设计单位按设计变更管理程序提出修改设计,必要时需经施工图审查机构审查。

5.5.2 检查施工单位现场人员的准备情况及质量、安全保证体系

(1) 检查施工单位现场人员的准备情况:可安排总监理工程师组织监理组依据施工承包合同、施工招标文件、投标书及经审批的施工组织设计等检查施工单位主要现场人员到位情况。施工现场主要质量、安全管理人员还应符合下列要求。

1)《关于加强北京市建设工程质量施工现场管理工作的通知》(京建发【2010】111号)对施工单位现场质量管理人员有如下规定:

① 项目经理(含分包单位项目经理)应持有施工单位授权委托书,且大中型工程必须由本专业注册建造师担任(大型工程应由一级注册建造师担任)。

② 5万m^2以上建筑工程的项目部技术负责人应具有高级以上技术职称;10万m^2以上建筑工程的项目部技术负责人还应有2年以上类似工程建设技术质量管理工作经验;5万m^2以下建筑工程的项目部技术负责人应具有中级以上技术职称。

③ 建筑面积在10万m^2以上的工程项目质量检查员人数:土建专业不应少于6名、水电专业各不应少于3人;5万~10万m^2的:土建专业不应少于4名、水电专业各不应少于2人;5万m^2以下的:土建专业不应少于2名、水电专业各不应少于1人。分包单位项目部应至少配备2名质量检查员。质量检查员应具有中级以上技术职称或从事质量管理工作5年以上,并取得企业培训上岗证书。

④ 施工单位项目部应配备专职施工试验管理人员,10万m^2以上的项目:应不少于3名;5万~10万m^2的项目:不应少于2名;5万m^2以下的项目:不应少于1名。施工试验管理人员应具有初级以上技术职称或从事质量管理工作3年以上,并取得企业培训上岗证书。

2) 施工单位现场安全管理人员人数及要求、特种作业人员要求等详见

《建筑施工企业安全生产管理机构设置及专职安全生产管理人员配备办法》(建质【2008】91号)、《建筑施工特种作业人员管理规定》(建质【2008】75号)。

(2) 检查施工单位质量保证体系：检查应着重下列两个方面。

1) 检查项目部质量管理的组织机构是否健全，职责分工和责任是否明确。

2) 质量管理制度是否健全：质量管理制度应包括：施工方案和技术交底制度；材料、设备、构配件进场检验及储存管理制度；施工试验检测管理制度；检验批、分项、分部、单位工程自检、申报、签认制度；隐蔽工程及关键部位质量预检、复检和验收制度；工程质量问题和质量事故处理制度等。

(3) 检查施工单位安全生产保证体系：着重复查施工单位质量及企业生产许可证，安全生产管理人员配备及其资格，特种作业操作资格，安全生产保证组织机构及专项规章制度。

5.5.3 核查基坑专项施工方案

近年来施工项目都较大，基坑较深，特别在北京市范围内施工，基坑深度一般均超过5m，不少会超过8m，部分项目与周边建筑物或道路、管线较近，部分区域地下水埋深也较浅。绝大部分建筑工程项目开工首先是基坑土方开挖和基坑支护，故核查基坑专项施工方案就成为开工前必须进行的一项检查事项。

开工前，项目管理团队先委托了基坑支护设计，按规定基坑深度超过3m就属危险性较大的分部分项工程，施工单位应依据基坑支护设计编制基坑专项施工方案，总监理工程师应组织监理组审核该专项施工方案。如基坑深度超过5m，总监理工程师应督促施工单位组织专家论证，专家论证后依据专家论证意见审批该专项施工方案。由于编制专项施工方案和组织专家论证都需要一定时间，故项目管理团队应编制工作计划提前安排。

5.5.4 检查现场施工机械、材料等准备情况

可由总监理工程师组织监理组检查现场施工机械、材料等准备情况，应根据开工时的分部分项工程，检查相应的施工机械、材料准备情况。开工时先施工基坑的，应依据基坑专项施工方案检查降水（如需降水）、土方开挖、基坑支护等工程的施工机械、材料准备情况。如基坑施工时间较短，应督促施工单位安排地基与基础分部工程施工所需的施工机械与材料等。

5.5.5 检查督促施工现场临时设施的建造

施工现场施工临时用电的电源、临时用水的水源接口、出入口位置确定后，总承包单位应依据施工总平面布置图配套建造施工现场的供电线路、供水管路及临时道路；现场红线外临时用电、临时用水如有施工任务，往往分别由供电企业、自来水公司承担；红线外临时道路由市政部门或总承包单位承担。项目管理团队应分别督促这些单位按计划完成，不得影响项目开工。

项目管理团队还应督促总承包单位按计划完成施工现场临时围墙、临时

生产、生活、办公用房（含建设单位、项目管理单位、造价咨询等单位的办公、生活用房）的搭设。

5.5.6 组织召开第一次工地会议

第一次工地会议应由项目管理团队组织，并由项目管理单位项目经理主持。建设单位、项目管理单位、施工单位、造价咨询机构、招标代理单位、勘察及设计单位的项目负责人及相关人员、总监理工程师均应参加。

第一次工地会议的主要内容应包括：

(1) 各参会单位分别介绍各自项目的组织机构、人员及其分工；
(2) 建设单位介绍项目情况及各项目标总要求；
(3) 项目管理团队介绍各项目标控制要求，工作程序和流程、开工所具备的条件等；
(4) 施工单位介绍施工准备情况；
(5) 总监理工程师介绍监理规划并对施工准备情况提出意见和要求；
(6) 研究确定各方在施工过程中参加工地例会（监理例会）的主要人员，并确定工地例会的时间、地点及会议主要范围等。

会前，项目管理团队应筹备第一次工地会议的议程，并检查各参会单位会议议程的准备情况。会后，项目管理团队负责编制会议纪要，经各方代表会签后发放至参会各方。

5.5.7 签发工程开工令

总承包单位完成各项施工准备工作，认为具备开工条件，向项目管理团队监理组报送《工程开工报告》后，项目管理团队应检查相关各方开工前准备工作的完成情况，同时符合下列条件时，提出审核意见，建设单位审批同意后，由总监理工程师下达工程开工令。

(1) 已取得《建筑工程施工许可证》；
(2) 设计交底和图纸会审已完成；
(3) 施工组织设计已由项目管理团队总监理工程师签认；
(4) 施工单位现场质量、安全生产管理体系已建立，管理及施工人员已到位，施工机械已具备使用条件，主要工程材料已落实；
(5) 进场道路及水、电、通信等已满足开工要求；
(6) 基坑工程专项施工方案已由总监理工程师签认，需经专家论证的，已获得通过；
(7) 工程定位测量成果已经监理工程师复核，需规划部门进行规划验线的，已完成规划验线。

注意事项：《北京市建筑工程施工许可办法》（2003年11月25日）规定："开工是指建筑工程开始施工作业，其中，新建工程的开工，是指开始进行基础桩施工或者土方开挖；改建、扩建工程和旧有房屋装饰装修工程的开工，是指开始进行拆改作业。"如在领取施工许可证前进行土方开挖或拆改作业，应经当地建设行政主管部门书面认可。

5.6 开工前项目管理工作的主要依据性文件

（1）《工程建设项目施工招标投标办法》（七部委30号令）；

（2）《关于培育发展工程总承包和工程项目管理企业的指导意见》（建市【2003】30号）；

（3）《关于推进建筑业发展和改革的若干意见》（建市【2014】92号）；

（4）《关于加强北京市建设工程质量施工现场管理工作的通知》（京建发【2010】111号）；

（5）《电力供应与使用条例》（国务院令第196号）；

（6）《城市供水条例》（国务院令第158号）；

（7）《取水许可和水资源费征收管理条例》（国务院令第460号）；

（8）《城市排水许可管理办法》（建设部令第152号）；

（9）《城市道路管理条例》；

（10）《建筑工程施工许可管理办法》（住房和城乡建设部2014年6月25日发布）；

（11）《北京市建筑工程施工许可办法》（2003年11月25日）；

（12）《建设用地审查报批管理办法》（国土资源部第3号令）；

（13）《北京市建设工程施工降水管理办法》（京建科教【2007】1158号）；

（14）《关于规范北京市房屋建筑深基坑支护工程设计、监测工作的通知》（京建法【2014】3号）。

6 施工阶段的项目管理

施工阶段是工程项目形成实体的阶段，在此阶段投资量大，周期长，参建单位多，协调关系复杂。在施工阶段，除了在项目决策、设计阶段策划的事项需实施外，施工阶段的各项计划、措施、制度等也需要策划。施工阶段各参建单位均要实现各自的目标和利益，项目管理团队必须围绕项目的总目标，组织、协调各参建方，在众多的管理工作和参建单位中，项目管理团队应清醒地认识到自己是总集成者，并始终保持这角色。

工程项目各个部分的设计、采购、施工等工作的进展往往是不均衡的，每一阶段并没有统一的、绝对的时间界限，往往存在交叉。例如在项目主体结构进入施工阶段时，项目的机电、幕墙、精装修等部分可能仍在进行施工图设计或深化设计过程中，许多采购工作也会在施工期间进行，这些内容在本书中可视为施工阶段之前的工作，已分别在本书前面的章节中阐述。

6.1 施工阶段的进度控制

工程项目是由施工单位施工的，但大量工程实践证明工程进度不完全取决于施工单位，有的甚至不主要取决于施工单位。业主方（项目管理团队）能否履行自己的职责，组织、协调、集成各参建单位的关系和管理至关重要。施工阶段的进度控制一定要坚持系统原理和动态控制。项目管理团队施工阶段进度控制的主要工作是：项目进度目标的论证与完善；编制施工阶段进度总控制计划；跟踪检查各项计划执行情况，发现问题及时采取措施纠偏或调整计划，确保进度总目标的实现。

6.1.1 项目总进度目标的论证与完善

工程项目总进度目标是在项目决策阶段项目定义时确定的，但当时往往还不掌握比较详细的项目设计文件及项目实施的制约条件，也缺乏比较全面的有关工程发包的结果、施工组织和施工技术方面的资料。当项目经历了前期决策阶段、设计阶段，完成了施工图设计，确定了施工总承包单位，领取了施工许可证，完成了开工前的各项准备工作，进入施工阶段，项目各方面的情况均比较明朗了（如工程难易程度、工程量等），项目管理团队不能或不易控制的制约因素（如设计进度、各种报批手续）也大幅度减少了。在这种情况下，项目管理团队必须也有条件对项目总进度再进行分析论证，主要解决以下问题。

（1）此前各项工作（如施工图设计文件及审查、领取施工许可证、开工前准备工作)是否按总进度计划规定的时间完成,如有延误,应分析对实现总进度目标的影响程度。

(2) 在当前情况下,分析实现项目总进度目标的难易程度。为实现总进度目标,对施工进度及里程碑事件有何要求。

(3) 经分析论证,如总进度目标确实不能实现,应调整、优化总进度目标,并报建设单位审批。

6.1.2 编制施工阶段进度总控计划

项目管理团队应对施工阶段的施工里程碑事件及相关各项工作进行策划,编制施工阶段进度总控计划,以此指导各参建单位编制或优化各自的进度计划并实施。通过编制与论证该计划,也可反过来论证与完善项目的总进度目标。

1. 编制施工阶段进度总控计划必须坚持系统原理

施工阶段项目实施的进度不只涉及施工单位的施工进度,还受到众多参建单位和工作的制约,各参建单位、各项工作为施工顺利进行创造条件至关重要,这就需要项目管理团队采用系统原理,以施工进度为主线,将为施工顺利进行所涉及的各项工作做系统策划,将施工与这些工作形成整体,编制成施工阶段进度总控计划。为施工顺利进行,所需完成的工作,各个项目不尽相同,但主要应安排下列工作。

(1) 提供施工图纸:如设计单位分期出图时,在基坑开挖、地基基础、主体结构、装修与设备安装等各阶段前应相应提供基坑及基坑支护设计图、基础施工图、结构施工图、装修及各设备专业施工图;需要进行深化设计的分部、分项工程,在相应专业施工前应提供深化设计施工图。

(2) 分包单位进场:分包单位进场包括分包单位的招投标、签订分包施工合同、为分包单位提供施工作业面等,特别是建设单位直接发包的分包工程更应列入施工阶段进度总控制计划。如对幕墙专业分包单位的招标投标、签订分包合同、幕墙工程深化设计、主体结构完成到什么程度该分包单位进场(如由幕墙分包单位负责幕墙预埋件的埋设,则±0.00以上主体结构施工时就应进场)等做出安排。

(3) 提供甲供材料、设备与构配件:包括这些材料、设备、构配件的招投标(如需要)、签订供货合同及到货。如建筑门窗由甲方供货,则要安排签订门窗订货合同、门窗到货的合理时间(其中还应考虑门窗加工、运输时间)。某些材料、设备还要考虑进场的合理时间,以免无处存放或增加存放费用。

(4) 办理相关施工审批手续:如施工降水、超过一定规模危险性较大的分部分项工程的专项施工方案需通过专家论证后方可施工,又如竣工交付使用除完成单位工程竣工验收外,还需完成规划、消防、人防等专业验收。

(5) 资金保证:项目管理团队应依据施工进度计划与施工合同约定编制资金使用计划,供建设单位筹措资金。

安排上述各项工作时，还应考虑这些工作本身所需的时间、周期，并适当留有余地，以确保为施工顺利进行及时创造条件。

2. 编制施工阶段进度总控计划和方法与步骤

（1）施工阶段进度总控计划应采用网络计划形式

施工阶段参建单位多，施工各项活动按其客观规律存在逻辑关系，为确保施工顺利进行的各项工作与施工之间也存在必然的逻辑关系，为了使进度总控计划能指导施工及各项工作，应采用网络计划的形式编制该计划。

（2）编制施工阶段进度总控计划的方法与步骤

1）审核施工单位编制的施工总进度计划：主要审核施工总进度计划的工期目标、关键节点与里程碑是否符合招标文件、施工总承包合同的约定及业主方的管理要求，并结合施工组织设计，审核施工总进度计划的合理性和可行性。审核结束后，与施工单位分析、研究审核意见，形成共识后要求施工单位调整与优化施工总进度计划。

2）以施工过程为主线，先编制施工进度总控计划：虽然施工阶段项目管理工作多，各项工作之间组织协调量大，但项目管理各项工作均是为了使施工顺利进行，实现施工进度目标。所以编制施工阶段进度总控计划应以施工过程为主线，依据工程分解和施工合同约定，参照施工单位编制的施工进度计划先编制施工关键节点和里程碑事件的施工进度总控计划。

3）将涉及工程进度的项目管理工作编入施工阶段进度总控计划：对于上述施工进度总控计划中需要其他工作为其创造条件的施工活动，遵循系统原理，依据施工阶段工作分解，将这些工作（6.1.2 中 1 条中提供施工图、分包单位进场、提供甲供材料设备、办理审批手续等）作为该施工活动的紧前工作编入进度总控计划。在此过程中要注意：①这些工作与施工各活动的逻辑关系必须正确；②如果这些工作的完成时间经压缩还迟于该施工活动的开始时间，则需调整施工进度总控计划（含逻辑关系和工作时间），以确保该施工活动获得开展的必要条件。

4）论证施工阶段进度总控计划：上述总控计划初稿编制完成后，项目管理团队应组织团队内各部门和参建单位的相关人员分析、论证该计划的完整性、合理性和可行性，确认各施工活动和项目管理工作的逻辑关系和工作时间。在分析、论证的基础上计算网络计划中各时间参数，确定关键工作和关键线路，优化施工阶段进度总控计划。

5）上传下达施工阶段进度总控计划：施工阶段进度总控计划经论证、优化后，报建设单位，并下发相关参建各方。若总控计划改变了项目进度总目标，则应经建设单位审批后再下发相关单位。

6.1.3 审核各部门、各参建单位编制的进度计划，并督促其落实

1. 要求各部门、各参建单位编制或优化其进度计划

项目管理团队将施工阶段进度总控计划下发给各参建单位后，应要求各参建单位依据该进度总控计划编制或优化本单位的进度计划。

(1) 总承包单位应参照项目管理团队编制进度总控计划的方法编制本单位的进度总控计划。总承包单位也应采用系统原理将其负责的材料、设备和构配件的采购、分包单位进场、深化设计、办理施工相关手续等工作编入施工总进度计划内,形成这些工作与施工活动成为整体的网络计划。并要求总承包单位编制下一层级各分部工程及各专项工作的进度计划。

(2) 项目管理团队各相关部门应依据施工阶段进度总控计划编制或优化下一层级(施工图提供、甲供材料设备供订货、甲方发包的分包单位进场、办理施工相关手续等)的专项工作计划,与进度总控计划配套。

(3) 设计单位编制或优化其进度计划,如设计单位分期出施工图,则应依据进度总控计划编制或优化相应施工图的设计进度计划;负责深化设计的专业设计单位也应依据进度总控计划编制深化设计进度计划。

(4) 招标代理机构应依据进度总控计划,与项目管理团队招采、合同管理组共同调整、优化发包与采购总体计划,并编制各发包、采购事项的工作计划。

除总承包单位编制的进度网络计划外,各参建单位、各部门编制的下一层级进度计划应分轻重缓急,可分阶段编制各自的进度计划,对近期需实施的事项应先行并详细编制,对近期不涉及的事项可稍缓,粗线条编制。

2. 审核各部门、各参建单位编制的进度计划,并督促其落实

项目管理团队审核各部门、各参建单位编制的进度计划的重点是这些计划是否与施工阶段进度总控计划相吻合;这些计划的合理性与可行性;这些计划的编审程序是否符合规定。如发现下一层级的进度计划不能满足进度总控计划的要求,应要求编制单位修正,若经修正确实不能满足总控计划的要求,则要对总控计划进行调整、优化。项目管理团队应督促各部门、各参建单位落实各自的进度计划。

6.1.4 对进度计划进行风险分析,并采取规避措施

1. 判断进度计划中的风险点

为实现项目施工阶段的进度目标,项目管理团队应对进度计划进行风险分析,特别对进度总控计划应进行风险分析,分析、评估对项目进度可能产生重大影响的风险点。风险点主要包括下例几种类型。

(1) 总控计划中受外部条件的制约,完成难度较大的工作。如分批出图的项目,若设计单位任务多,设计人员不易配合,则提供某一阶段的施工图就成为实施总控计划的一个风险点。

(2) 总控计划中受季节等因素影响,如不按计划完成对后续施工可能产生重大影响的施工活动。如基础底板或基础垫层按计划应于雨季前完成,如不完成则造成基坑积水,不能进行土方作业、甚至造成基坑边坡坍塌,给后续施工按计划进行产生重大影响,则不按时完成基础底板或基础垫层施工就是一个风险点。又如主体结构和二次结构按计划应于农民工回家秋收前完成,如不完成则可能造成内外装修队伍进场后无施工作业面,并影响冬施前

装修湿作业的完成，给按期竣工造成重大影响，则不按期完成主体结构和二次结构施工就是一个风险点。

（3）总控计划中对后续多项施工或工作产生严重制约的工作。如高档饭店客房精装修样板间的制作和确定如不按计划完成，则影响石材等装修材料的订货、加工和供货及卫生器具、灯具、家具等的供订货，并影响后续装修队伍的进场和施工，则不按期完成该样板间的制作和确认就成为一个风险点。

对项目管理团队各部门及各参建单位编制的下一层级进度计划也应参照上述方法判断风险点。

2. 进行风险分析，制定规避措施

项目管理团队应对风险进行风险分析，分析可能产生风险的原因，并分析风险的影响程度，针对原因和程度制定规避措施。项目管理团队要清醒地认识到，对风险一定要重点、主动控制。

6.1.5 比较进度计划值与实际值，根据需要采取措施并督促落实

（1）建立工程进度信息收集、加工与报告制度：项目管理团队应采用动态控制原理进行工程施工阶段的进度控制，而动态控制首先是信息收集、加工和报告。项目管理团队的计划协调组应制定工程进度信息的收集、加工与报告制度，该制度应包括下列主要内容：

1）进度信息收集的渠道、周期：可要求参建各方每周或每月采用进度报表、网络平台等方式报告工程进度，除定期报告外，对重大问题与突发事件应及时报告。

2）进度信息收集的内容：除收集施工现场施工进度信息外，还应收集参建各方及项目管理团队相关部门涉及为施工顺利进行而开展工作的进度信息，并应收集造成进度延误的原因。

3）进度信息的加工、分析：计划协调组对收集的信息应进行计划值与实际值的比较，判断提前或延误的程度，并预测工程进度趋势，进一步综合分析产生提前或延误的原因，必要时，可组织相关方召开专题会综合分析原因。

4）进度信息的报告：计划协调组应按规定的周期向项目经理报告工程进展情况，包括工程进度（含与工程进度相关的工作）计划值与实际值的比较结果，预测的进度趋势、提前或延误的原因，并可提出进度控制的建议。对于重大问题和突发事件应及时报告。

（2）进度控制的措施：项目管理团队应针对进度延误的原因，采取相应的措施，进度控制的措施可分组织措施、管理措施、经济措施和技术措施，主要可采取以下措施：

1）定期或不定期地召开进度协调会：进度控制工作包含了大量的组织和协调工作，而会议是组织和协调的重要手段，应进行有关进度协调会的组织设计，以明确会议的类型（如包括进度内容的工地例会、专题进度协调会

等);各类会议的主持人及参会单位和人员;各类会议的召开时间;各类会议文件的整理、分发和确认。召开进度协调会要注意效果,为了达到预期的会议效果,应抓好下列环节。

① 会前准备:项目经理和计划协调组在掌握了工程进度实际值与计划值比较结果及工程进度控制中存在问题的基础上,应拟定本次协调会的会议议题,并通知各参会单位,要求各参会单位做好参会准备。项目管理团队应准备好分析意见,初步拟定解决问题的方案。应要求参会各方不开无准备的会议。

② 有议有决:会议主持人应要求参会各方围绕会议议题充分发表意见,但议论后应形成会议决议事项,并明确落实单位、责任人和完成时间,绝不开有议无决的会议。

③ 会后检查决议事项的落实情况:项目管理团队会后应检查决议事项的落实情况,督促责任单位按期落实,并要求责任方在下次会议上报告本次会议决议事项的落实情况。这要形成会议惯例,使无故不落实决议事项的"无地自容"。

2) 选择合理的合同结构,避免过多的合同交界面:根据工程项目的特点,选择合理的合同结构可减少合同界面的交叉,减少协调的工作量,便于进度管理与控制,有关如何确定工程发包与物资采购的合同结构,请详见本书 4.1.1、4.1.2 条。

3) 充分发挥施工总承包单位的作用:在施工承包合同中应详细约定总承包单位对其发包的分包单位和物资供应单位进度管理的责任,也应约定总承包单位对甲方直接发包分包单位的管理义务。项目管理团队并应按合同约定督促、检查总承包单位对进度管理的策划、实施、检查、协调各项工作是否按计划进行。应由总承包单位组织或主持解决的问题,应督促其完成,而不是取代其完成。

4) 及时履行业主方的责任:业主方直接发包的分包工程,应按计划签订分包工程合同,宜征求总承包单位对分包合同的意见,并纳入总承包单位管理;业主方负责的专业工程设计(含深化设计)、物资的采购等应按施工阶段进度总控计划完成;施工过程中需业主方决策的事项应按计划、决议确定;按合同约定筹措、拨付工程款。

5) 选用有利于加快施工进度的施工方案和施工技术:施工方案和施工技术对施工进度有直接影响,在审核施工方案时,应考虑对施工进度的影响。在工程进度受阻时或预计受阻时,应分析是否存在施工方案、施工技术的影响因素,是否有改变施工技术、施工方法和施工机械的可能性。

6) 控制工程变更:实践证明工程项目(特别是公建项目)工程变更多将直接影响进度目标的实现,工程变更多势必影响施工的计划性。在审核工程变更时,除考虑其功能和经济性外,也应考虑对施工进度的影响,可变可不变的最好不变,如要变,应尽早变,以有利于提前作出计划、安排,不耽误施工,更不能造成返工。另外,在施工受阻或预计受阻时,也要分析是否存在设计技术的影响因素，为实现进度目标是否有设计变更的可能性和必要性。

7）在工程项目预算中应安排为加快工程进度的合理的措施费和必要的经济激励措施，以达到承发包双方共赢。

6.1.6 调整进度计划

施工过程中，受到各种因素的影响，施工过程不可能完全按照计划进行，当进度产生偏差时，首先采取措施纠偏，使后续过程按计划进行，如采取措施后后续过程仍不能按计划进行，则应对原计划进行调整，以实现项目进度目标。因此必要时对进度计划的调整也是项目进度控制的一项工作。

1. 判断进度偏差对执行进度计划的影响

当工程项目的实际进度与计划进度出现偏差时，应分析此偏差对后续工作的影响。运用网络计划技术，对总时差和自由时差进行分析，就可以判断此偏差对进度的影响是局部的（仅对后续工作有影响），还是总体的（对总工期有影响）。具体判断原则和过程如下。

（1）判断发生进度偏差的工作是否在关键线路上。如果是关键线路上的工作，说明无论偏差大小，都必将对后续工作的最早开始时间和项目总工期产生影响，则必须采取果断措施调整进度计划。

（2）对于非关键线路上工作的偏差，首先应判断该偏差是否大于自由时差。如果大于自由时差，说明此偏差必定影响后续工作的最早开始时间。如果后续工作的最早开始时间不能调整，则需要对本工作完成过程中的偏差在本工作后续过程中予以消除；如果本工作后续过程不能消除，则只能调整后续工作的最早开始时间。如果此偏差不大于自由时差，说明此偏差对后续工作不会产生影响，则原计划可不作调整。

（3）对于非关键线路上工作的偏差，如果大于自由时差，还应进一步判断该偏差是否大于工作的总时差。如果大于工作的总时差，则说明此偏差不但影响后续工作的最早开始时间，还影响项目的总工期，出现此偏差的工作已成为关键线路上的工作。如果该偏差大于自由时差，但小于或等于工作的总时差，说明该偏差只影响后续工作的最早开始时间，不影响项目总工期。

2. 进度计划调整的方法

当进度偏差影响项目总工期实现时，需对关键线路进行调整，以实现项目的进度目标，关键线路的调整可采用下列方法。

（1）调整关键工作的持续时间

1）当关键线路的实际进度比计划进度滞后时，应在尚未完成的关键工作中选择资源强度小或费用低的工作缩短其持续时间，并重新计算未完成部分的时间参数，将其作为新计划实施。

2）当关键线路的实际进度比计划进度提前时，若不拟提前工期，应选用资源占用量大或直接费用高的后续关键工作，适当延长其持续时间，以降低其资源强度或费用；当确定要提前工期时，应对尚未完成的部分工作，重新确定关键工作的持续时间，按新计划实施。

（2）调整逻辑关系

当实际情况要求并允许改变施工方法或组织方式时，可采取调整逻辑关系的方法，如将部分原串联方式的工作改成并联或流水施工的方式，以缩短这些工作总的持续时间，来消除此前进度偏差，实现原计划的总工期。

6.1.7 审批、处理工程停工、复工及工期变更事宜

由于业主方原因不得已停工时，项目管理团队应根据造成停工的原因，确定停工范围。停工原因消失时，应要求施工单位及时复工，并做好记录，按合同约定妥善处理因停工造成的工期与费用索赔。

由于施工单位施工质量、施工安全等原因，业主方要求停工时，应符合施工合同约定，并根据停工原因确定停工范围。施工单位整改完毕后，项目管理团队审核施工单位的复工申请，符合要求后同意复工。

项目管理团队处理工程停复工及工期变更事宜应符合项目管理委托合同的约定，并及时向建设单位报告。

6.2 施工阶段的费用控制

虽然工程建设项目投资的决定性阶段在项目前期决策阶段和设计阶段，施工阶段对工程造价的影响仅为 $10\%\sim15\%$，但不可忽视施工阶段造价控制的作用。这是因为施工阶段是资金投入量最大的阶段，工程造价的控制进入了实质性操作的阶段，此前的投资估算、设计估算、设计概算、施工图预算直至施工合同价均为计划值，而施工阶段形成了投资的实际值，如不认真实施控制职能，将会背离项目的投资目标。又因为施工阶段影响因素多，情况更加复杂，许多不确定因素纷纷显现出来，参建各方出于各自不同的利益，均对工程造价产生影响，且增大造价控制的难度，若不进行有效控制，将会突破投资的计划值，影响投资目标的实现。

6.2.1 施工阶段费用管理的概念

1. 建设投资管理、工程造价管理、工程成本管理的概念与区别

（1）建设投资管理：建设投资是建设项目业主对建设需求选择和自主决策形成的经济参数，它取决于整个项目的建设需求，包括项目的建设规模、功能构成和技术标准等。建设投资管理的主体是业主方，管理涉及的范围是全部建设工程的所有建设活动，管理的核心问题是建设项目的科学决策和实施过程的投资控制。

（2）工程造价管理：工程造价是工程项目的建造价格，它不是一方自主决策的经济参数，而是交易双方通过市场，并按市场规律共同决定，它取决于工程承发包合同标的内容、施工条件、工期与质量要求，以及工程招投标的博弈和竞争状态。工程造价管理的主体是承发方双方，管理涉及的范围是

合同标的涉及的所有建造活动，管理的核心问题是公开、公正、公平交易，按照有序竞争、互利互惠、规范诚信的行为原则，合理确定和有效控制工程造价。

（3）工程成本管理：工程成本一般指施工成本，是施工过程中活劳动和物化劳动的消耗以货币量表示的经济消耗。工程成本管理的主体是生产方（承包方），管理涉及的范围与工程造价相对应，管理的核心问题是以最经济合理的施工方案，在规定的工期内完成质量符合标准和合同约定的工程施工任务，并取得预期的经济收益。

项目管理团队在施工阶段既有建设投资管理的职能，又有工程造价管理的职能。投资管理中的科学决策主要是在项目前期决策阶段和设计阶段完成，在施工阶段主要是投资控制。工程造价管理中的合理确定工程造价主要是在招投标阶段完成，在施工阶段主要是有效地控制工程造价。项目管理团队在施工阶段投资控制的主要任务是分解、调整和优化施工阶段的投资目标，而施工阶段大量的工作是工程造价控制工作。项目管理团队应意识到发包方是工程造价控制的直接施控者和受益者，应发挥主导作用。

2. 工程造价管理的特点

（1）工程造价控制是项目投资控制的基础，是工程承发包交易的结果，一旦形成的实际造价超过目标造价，则成刚性状态，直接影响实际投资。

（2）工程造价的影响因素多，除工程本身的技术因素外（如地质状况、工程规模、技术复杂程度、质量要求等），还有社会因素（如经济政策、市场条件、竞争状况等）。另外由于承发方双方在工程造价管理方面的行为取向不同，在先定价、后生产的交易方式下，工程实际造价不可避免地受到工程实施过程中各种主客观因素的影响，以及信息不对称等原因产生的承包方道德风险。所以，加强合同管理成为工程造价管理最重要的手段，这就需要订立详尽合理可操作的合同条款，并跟踪合同的执行。

（3）工程造价管理与工程质量、进度、安全、环境的目标管理密切相关。如果承包合同价在业主预期范围内，应该说项目的造价、质量、进度目标在当时情况下取得了初步的平衡。如果承包合同价超出了业主的预期范围，或在施工过程中，由于深化设计、市场价格波动等因素，工程造价有可能突破承包合同价，而业主确定的投资计划值不能或不能全部消化可能发生的超支，那势必对工程造价进行调整，在调整时，必须全面考虑项目功能、标准、造价、进度等方面的综合平衡，力争求得最佳匹配。

6.2.2 施工阶段投资控制的任务

1. 分解、调整、优化施工阶段的投资目标

建设项目的投资目标是不断深化、细化和优化的，工程项目经历了前期决策阶段和设计阶段后，投资目标基本明确了，在施工招标投标工作完成后，工程项目的技术因素与社会因素基本明朗了，项目的工程造价得到了初步确定，投资目标也进一步明确。然而，建设项目投资目标的深化与优化不应终止，并且施工阶段受各种主客观条件的影响，部分分部分项工程或措施项目的造价尚未最终确定或会发生变化，特别当计算出的工程造价突破预期造价时，更应调整和优化项目的投资目标。要调整和优化投资目标，首先应对投资目标进行分解。

（1）投资目标的分解：进入施工阶段，项目管理团队应组织造价咨询机构对投资目标进行分解，投资目标的分解主要是对施工图预算或承包合同价进行分解。由于地基与基础、主体结构分部调整的可能性很小，故分解的重点是装饰装修、设备安装、给水排水、暖通空调、建筑电气、智能建筑等，设备价格可调整的余地较大，并且应是调整、优化的重点。

（2）投资目标的调整、优化：投资目标的调整和优化应由项目管理团队主持，造价咨询机构予以协助。施工阶段投资目标的调整、优化主要也是对施工图预算或承包合同价进行调整和优化，调整和优化的原则主要如下。

1）尊重业主的意图。如投资目标需增加，业主能否同意，这决定投资目标调整和优化的方向。又如建设项目建成后是业主自用还是开发销售，这决定项目投资、质量、进度目标的匹配和调整、优化的出发点。所以在调整、优化前和过程中应充分与业主沟通，理解和尊重业主的意图。

2）确保项目的基本功能或提高功能：建设项目的最终目的是建成后使用，功能应是第一位的。调整和优化投资目标应提高建设项目的功能，即提高性价比，如工程造价超出预期，投资目标又不能增加，最起码应确保项目的基本功能。

3）确保重点、兼顾一般：即遵循"二八定律"（帕累托定律），该定律认为：在任何一组事物中，最重要的只占一小部分，约为20%；其余80%尽管是多数，却是次要的。工程项目建设也应遵循这一定律，比如建筑装饰装修，在资金有限的情况下，突出重点，确保重点部位的资金投入所达到的效果要比"撒胡椒面"式分配资金效果好。又如开发销售的建筑，要将资金重点投到该建筑的"卖点"上。

4）从项目全寿命周期效果出发：建设项目一次性投资与经常性费用有一定的反比关系。在选择投资方向时，通常项目投资费用的少量增加反而会使项目运营和使用费用大量减少；反之，项目投资费用略有减少，可能导致项目运营与使用费用大幅度增加。应寻求两者尽可能好的结合点，使建设项目全寿命周期费用最低。从这一点出发，如项目施工图预算超出预期，投资又不允许增加，则投资调整时，应注意：对使用时间长、今后改造困难的部位，不宜盲目压缩投资；反之，对使用时间短，今后改造容易的部位，可较大幅度地压缩投资。

2. 根据需要，动态调整施工阶段业主方的资金使用计划

在施工准备阶段，造价咨询机构已依据施工图预算、施工合同和施工进度计划编制了施工阶段的资金使用计划，项目管理团队也进行了审核。该资金使用计划是施工过程中进行工程结算和工程价款支付的计划值，施工阶段受各种主客观因素的影响，工程进度和费用将会发生一定程度的变化，项目管理团队应组织造价咨询机构动态调整施工阶段业主方的资金使用计划，以确保施工顺利进行，并减少业主方融资的成本。

6.2.3 施工阶段造价控制的任务

1. 招标控制价与合同价的对比与分析

要有效地对工程造价进行控制，首先应将合同价与招标控制价进行逐项对比与分析。由于招标过程中评标时间的仓促，业主方或评委不可能对投标报价逐项进行分析，或逐项与招标控制价进行对比，在这种情况下，项目管理团队对合同价（依据中标价确定的）的构成不可能有深入、细致的掌握。施工合同签订后，项目管理团队应要求造价咨询机构进行招标控制价与承包合同价的逐项对比。通过比对，掌握合同价的详细构成，找出存在问题和风险，从而对合同价真正做到心中有数，以便确定控制的重点以及项目费用节超、统筹平衡的可能性。如果在招标前未编制招标控制价，或者已编制的施工图预算（或标底）不具备与合同价进行逐项比对，则应要求造价咨询机构编制能与合同价进行逐项比对的施工图预算或招标控制价，并进行比对。这对于造价咨询机构在施工阶段实施造价控制必不可少，否则将难以有效地实施造价控制，并且该项工作越早完成越主动，效果越佳。造价咨询机构完成招标控制价与合同价的对比分析后，项目管理团队应要求其提交对比分析结果，该结果可用招标控制价与合同价对比差额表显示。表式见表6-1。

招标控制价与合同价对比差额表　　　　表6-1

序号	项目编号	项目名称	综合单价		工程量	合价			备注
			控制价	合同价		控制价	合同价	合价差额	

对比分析结果（招标控制价与合同价对比差额表）具有以下作用：

（1）微观上判断合同价的合理性，并采取相应措施：招标控制价与合同价的对比实质上就是买价与卖价的对比，通过买价与卖价的逐项对比，可逐项判断合同价的合理性，对差额较大的可采取如下措施。

1）规避承包方采用不平衡报价获利增加工程造价：承包方有可能对今后工程量会增加的项目（由于招标图纸不明确或设计变更），提高综合单价；而对今后工程量会减少的项目，压低综合单价。采用这种方法既不提高总价，不影响中标，又能得到更理想的经济收益。逐项对比发现这种情况后，在深化设计和处理设计变更时应控制好这类工程量。

2）关注材料、工程设备市场价格，力争降低造价：对于因材料、工程设备价格高造成合同价比招标控制价高得较多的项目，应特别关注这类材料、工程设备的市场价格。按规定，当材料、工程设备的物价变化超过合同约定幅度时（一般为±5%），其超出部分应按实调整。在审核这类子目工程价款时，应仔细审核该子目所用材料、工程设备的市场价格，如能要求承包方在这些材料、工程设备市场价格较低时采购更好。

3）通过工程变更降低造价：对于上述材料、工程设备报价较高的项目，可力争通过工程变更降低工程造价。如能选择满足功能、价格较低的其他规格、型号的材料、工程设备替代原材料、工程设备，则可按变更后的材料、工程设备价格调整综合单价，达到降低工程造价的目的。

（2）为施工阶段投资目标的调整、优化提供了更详实的依据：通过招标控制价与合同价的逐项对比分析，判断各项合同价款的合理性，就更能踏实地实施施工阶段投资目标的调整和优化，并对调整、优化的结果起到验证的作用。

若建设项目在招标阶段未编制招标控制价，招标投标结束确定中标价后由于种种原因也未编制招标控制价，则应全面审核中标价（合同价），以起到上述招标控制价与合同价对比分析的作用。

2. 熟悉、掌握施工合同和行政主管部门有关合同价款的约定与规定，必要时签订相关补充协议

合同价款特别是合同价款的调整涉及发承包双方切身利益，均较敏感，政策性也很强，项目管理团队要处理好合同价款的调整。准确地审核造价咨询机构初审的工程款结算申请，必须掌握施工合同的约定与法律法规、工程造价管理部门的相关规定。

（1）熟悉、掌握施工合同中关于合同价款调整的约定：2013年版《建设工程施工合同（示范文本）》通用合同条款的10.变更、11.价格调整、12.合同价格、计量与支付中均有合同价款调整的约定；在建设项目专用合同条款中也会有对通用合同条款原则性约定的细化、完善、补充、修改或另行约定的条款。在这些条款中应特别关注发承包双方有关合同价款承担风险范围和风险费用计算方法的约定（在约定的范围内，综合单价不作调整），以及超出约定的范围以外进行合同价款调整的因素、方法和程序等。

（2）熟悉、掌握法律法规及工程造价管理部门对合同价款调整的规定：《建设工程工程量清单计价规范》GB 50500—2013（以下简称计价规范）较为集中的发布了合同价款调整的规定，执行工程量清单计价的建设项目当然要执行这些规定。该规范还规定："不采用工程量清单计价的建设工程，应执行本规范除工程量清单等专门性规定外的其他规定。"故项目管理团队的造价管理人员必须掌握这些规定，以便在计价过程中执行这些规定。计价规范有关合同价调整的规定见表6-2。

合同价款调整的主要规定　　表6-2

序号	调整因素	调价规定
1	法律法规的变化	1.1 基准日后(招标工程以投标截止日前28d，非招标工程以合同签订前28d为基准日)因国家法律、法规、规章和政策发生变化引起工程造价增减变化的，发承包双方应按照省级或行业建设主管部门或其授权的工程造价管理机构发布的规定调整合同价款。(计价规范9.2.1条) 1.2 由于下列因素出现,影响合同价款调整的,应由发包人承担： 1)国家法律、法规、规章和政策发生变化；

续表

序号	调整因素	调价规定
1	法律法规的变化	2)省级或行业建设主管部门发布的人工费调整,但承包人对人工费或人工单价的报价高于发布的除外; 3)由政府定价或政府指导价管理的原材料等价格进行了调整。(计价规范3.4.2条) 1.3 因承包人原因导致工期延误的,按上述1.1规定的调整时间,在合同工程原定竣工时间之后合同价款调增的不予调整,合同价款调减的予以调整(计价规范9.2.2条)
2	工程变更	2.1 因工程变更引起已标价工程量清单项目或其工程量变化时,应按下列规定调整: 1)已标价工程量清单中有适用于变更工程项目的,应采用该项目的单价;但当工程变更导致该清单项目的工程量发生变化,且工程量偏差超过15%时,该项目单价可进行调整。即:当工程量增加15%以上时,增加部分工程量的综合单价应予调低;当工程量减少15%以上时,减少后其余部分的工程量的综合单价应予调高。 2)已标价工程量清单中没有适用但有类似于工程变更项目的,可在合理范围内参照类似项目的单价。 3)已标价工程量清单中没有适用也没有类似于变更工程项目的,应由承包人根据变更工程资料、计量规则和计价办法、工程造价管理机构发布的信息价格和承包人报价浮动率提出变更工程项目单价,并应报发包人确认后调整。 4)已标价工程量清单中没有适用也没有类似于变更工程项目,且工程造价管理机构发布的信息价格缺项的,应由承包人根据变更工程资料、计量规则、计价办法和通过市场调查等取得合法依据的市场价格提出变更工程项目的单价,并报发包人确认后调整。 (计价规范9.3.1条、9.6.2条) 2.2 工程变更引起施工方案改变并使措施项目发生变化时,承包人提出调整措施项目费用的,应事先将拟实施的方案提交发包人确认,并应详细说明与原方案措施项目的变化情况。按下列规定调整措施项目费: 1)安全文明施工费应按实际发生变化的措施项目,按国家或省级、行业建设主管部门的规定计算。 2)采用单价计算的措施项目费应按实际发生变化的措施项目,按上述2.1条的规定确定单价。 3)按总价(或系数)计算的措施项目费,按实际发生变化的措施项目调整,但应考虑承包人报价浮动因素。 如果承包人未事先将拟实施的方案提交发包人确认,则不予调整。 (计价规范9.3.2条、3.1.5条) 2.3 当发包人提出的工程变更因非承包人原因删减了合同中的某项原定工作或工程,致使承包人发生的费用或(和)得到的收益不能被包括在其他已支付或应支付的项目中,也未被包含在任何替代的工作或工程中,承包人有权提出并应得到合理的费用及利润补偿(计价规范9.3.3条)
3	项目特征不符	若在合同履行期间出现设计图纸(含设计变更)与招标工程清单任一项目的特征描述不符,且该变化引起该项目工程造价增减变化的,应按实际施工的项目特征,按上述2.1条、2.2条规定重新确定相应工程量清单项目的综合单价,并调整合同价款(计价规范9.4.2条)
4	招标工程量清单缺项	4.1 合同履行期间,由于招标工程量清单中缺项,新增分部分项工程量清单项目的,应按上述2.1条规定确定单价,并调整合同价款。(计价规范9.5.1条) 4.2 新增分部分项工程量清单项目后,引起措施项目发生变化的,按上述2.2条规定,在承包人提交的实施方案被发包人批准后调整合同价款。(计价规范9.5.2条) 4.3 由于招标工程量清单中措施项目缺项,承包人应将新增措施项目实施方案提交发包人批准后,按上述2.1条、2.2条的规定调整合同条款(计价规范9.5.3条)

6.2 施工阶段的费用控制

续表

序号	调整因素	调 价 规 定
5	工程量偏差	合同履行期间,当应予计算的实际工程量与招标工程量清单出现偏差,按下列规定调整合同价款: 1)对于任一招标工程量清单项目,因工程量偏差超过15%时,当工程量增加15%以上时,增加部分的工程量的综合单价应予调低;当工程量减少15%以上时,减少后剩余部分的工程量的综合单价应予提高。 2)当工程量偏差超过15%,且该变化引起相关措施项目相应发生变化时,按系数或单一总价方式计价的,工程量增加的措施项目费调增,工程量减少的措施项目费调减。 (计价规范9.6.1条、9.6.2条、9.6.3条)
6	计日工	任一计日工项目实施结束后,承包人应按照确认的计日工现场签认报告核实该类项目的工程数量,并应根据核实的工程数量和承包人已标价工程量清单中的计日工单价计算,提出应付款价;已标价工程量清单中没有该类计日工单价的,由发承包双方按本表2.1条、2.2条的规定商定计日工单价计算(计价规范9.7.4条)
7	物价变化	7.1 合同履行期间,因人工、材料、工程设备、机械台班价格波动影响合同价款时,应根据合同约定按计价规范附录A的方法之一调整合同价款。(计价规范9.8.1条) 7.2 承包人采购材料和工程设备的,应在合同中约定主要材料、工程设备价格变化的范围或幅度;当没有约定,且材料、工程设备单价变化超过5%时,超过部分的价格应按上述附录A的方法计算调整材料、工程设备费。(计价规范9.8.2条) 7.3 发包人供应材料和工程设备的,应由发包人按照实际变化调整,列入合同工程的工程造价内。(计价规范9.8.4条) 7.4 发生合同工程工期延误的,按下列规定调整: 1)因非承包人原因导致工期延误的,计划进度日期后续工程的价格,应采用计划进度日期与实际进度日期两者的较高者。 2)因承包人原因导致工期延误的,计划进度日期后续工程的价格应采用计划进度日期和实际进度日期两者的较低者(计价规范9.8.3条)
8	暂估价	8.1 发包人在招标工程量清单中给定暂估价的材料、工程设备属于依法必须招标的,应由发包双方以招标方式选择供应商,确定价格,并应以此为依据取代暂估价,调整合同价款。(计价规范9.9.1条) 8.2 发包人在招标工程量清单中给定暂估价的材料、工程设备不属于依法必须招标的,应由承包人按照合同约定采购,经发包人确认单价后取代暂估价,调整合同价款。(计价规范9.9.2条) 8.3 发包人在工程量清单中给定暂估价的专业工程不属于依法必须招标的,应按照本表2.1条、2.2条的规定确定专业工程价款,并应以此为依据取代专业工程暂估价,调整合同价款。(计价规范9.9.3条) 8.4 发包人在招标工程量清单中给定暂估价的专业工程,依法必须招标的,应当由发承包双方依法组织招标(招标人应符合计价规范9.9.4条第1、2款规定)选择专业分包人,并以专业工程发包中标价为依据取代专业工程暂估价,调整合同价款(计价规范9.9.4条)
9	提前竣工	9.1 压缩的工期天数超过定额工期20%的,应在招标文件中明示增加赶工费用。(计价规范9.11.1条)。 9.2 发包人要求合同工程提前竣工的,应征得承包人同意,并应承担承包人由此增加的提前竣工费用(计价规范9.11.2条)。 9.3 发承包双方应在合同中约定提前竣工每日历天应补偿额度,此项费用应列入竣工结算文件中(计价规范9.11.3条)
10	误期赔偿	承包人未按照合同约定施工,合同工程发生误期,承包人应赔偿发包人由此造成的损失,并应按照合同约定向发包人支付误期赔偿费。发承包双方应在合同中约定误期赔偿费,并应明确每日历天应赔偿额度。误期赔偿费应列入竣工结算文件中,在结算款中扣除(计价规范9.12.1、9.12.2条)

续表

序号	调整因素	调价规定
11	索赔	根据合同约定,承包人认为非承包人原因发生的事件造成承包人损失,或发包人认为由于承包人原因造成发包人损失,当有正当的索赔理由和有效证据时,可向对方提出索赔。以双方认可的索赔金额调整合同价款。索赔程序应符合计价规范9.13节的规定(计价规范9.13节)
12	现场签证	12.1 承包人应在收到发包人指令(要求承包人完成合同以外的零星项目、非承包人责任等工作)后七天内向发包人提交现场签证报告,发包人应在收到该报告后的48h内对报告内容进行核实,予以确认或提出修改意见。 12.2 现场签证中应列明完成该签证工作所需的人工、材料、工程设备和施工机械台班的数量和单价。 12.3 现场签认工作完成后的7d内,承包人应按照现场签认内容计算价款报送发包人确认后,作为增加合同价款,与进度款同期支付。 12.4 合同工程发生现场签认事项,未经发包人签认确认,承包人便擅自施工的,除非征得发包人书面同意,否则发生的费用由承包人承担。(计价规范9.14节) 12.5 在施工过程中,当发现合同工程内容因场地条件、地质水文、发包人要求等不一致时,承包人应提供所需的相关资料,并提交发包人签证认可,作为合同价款调整的依据(计价规范9.14.6条)
13	暂列金额	已签约合同价中的暂列金额由发包人掌握使用,其余额应归发包人所有(计价规范9.15节)

（3）熟悉、掌握施工合同和计价规范中有关工程计量、计价、合同价款调整、结算等事项的时限要求,以免超过时限丧失权利,造成损失。

（4）必要时签订相关补充协议：在熟悉、掌握施工合同和法律法规、建设主管部门有关工程造价管理的约定与规定的基础上,针对承包单位的经营理念、合同中尚需解决的问题及造价控制的需要,签订或建议业主签订相关补充协议,以完善施工合同,更有效地实施施工阶段的造价控制。

3. 督促造价咨询机构关注、收集与项目造价相关的信息、数据

由于因法律、法规、规章和政策发生变化,人工费调整,由政府定价或政府指导价管理的原材料价格调整引起的合同价款调整,均要依据省级或行业建设主管部门或其授权的工程造价管理机构发布的造价信息执行,另外,当承包人采购的材料、工程设备价格波动超过合同约定的范围或幅度,其超出部分也应按合同约定及发承包双方确认的市场采购价调整。所以在期中结算、竣工结算过程中,掌握与项目造价相关的信息、数据是审核支付申请,进行工程价款调整的基础条件之一。并且,不管是发包人负责采购还是承包人负责采购的材料、工程设备,业主方都期望价廉物美。这些均要求造价咨询机构不断地关注和收集与项目造价相关的信息、数据。项目管理团队应要求造价咨询机构结合工程项目特点建立这些信息、数据的收集、登录、分析和报告制度。特别应将下列情况下使用的材料、工程设备价格作为关注和收集的重点。

（1）工程量大、价格高对项目工程造价影响大；

（2）经与招标控制价对比、分析,承包人投标报价高,发包人拟降其价格,结算时可能发生争议；

（3）拟通过设计变更降低工程造价或提高性价比；

(4) 市场价格波动较大。

4. 审核期中工程款（进度款）支付申请

审核工程款支付申请及支付工程款要注意以下三个方面：一、资金支付安全，确保工程款不超支支付；二、资金支付及时，确保工程施工顺利推进；三、资金支付公正合理，严格按照双方合同约定的规则进行计量支付。我国工程建设大多数采用单价合同，对单价合同而言，审核工程款支付申请，主要是审核工程量与综合单价。

（1）审核工作分工

1）项目管理团队工程技术组负责审核承包单位提交申请中完成的工程部位是否属实，是否验收合格，并签署审核意见。

2）造价咨询机构审核承包单位完成的工程量及当期应付工程款，并签署审核意见。

3）项目管理团队投资控制组复核造价咨询机构上述审核结果，并签署复核意见。

4）项目经理签认后报业主方审定。

（2）审核（复核）完成的工程量

《建设工程工程量清单计价规范》规定："工程量必须以承包人完成合同工程应予计量的工程量确定。"该条为强制性条文。招标工程量清单所列的工程量是一个预计工程量，施工中进行工程计量，当发现招标工程量清单中出现缺项、工程量偏差，或因工程变更引起工程量增减时，应以承包人按照现行国家计量规范规定的工程量计算规则计算的实际完成应予计量的工程量确定。所以必须认真审核（复核）承包人所报的完成工程量。为了准确地审核（复核）工程量，应掌握以下审核要点和采取的措施。

1）不符合承包合同要求，未经工程质量检验合格或未按设计要求完成的工程与工作，均不予计量支付。

2）制作工程计量报审单表式：报审表内应列以下内容：完成工程量的项目编码、项目名称、单位、工程部位、当期完成工程量、该项累计完成工程量、承包单位注明该项是否全部完成、招标工程量清单该项总工程量、核实工程量、核实累计工程量；质量验收结论及审核人签字；工程量审核意见及审核人签字；工程量复核意见及复核人签字；审定人签字等。

3）凡依据工程变更（含设计变更）、现场签证等计算的工程量，承包人应随工程计量报审表附工程变更单、现场签证单（或注明变更单、签证单编号）。

4）对于工程量大、持续施工时间长的清单项目，宜要求施工单位依据施工方案和进度计划将其分解切块，当承包单位上报的每期完成工程量与分解切块的工程量不符，或经分析完成工程量有可能超过招标工程量清单中的工程量时，应要求承包单位提交书面报告，说明其原因，并提供计算方法。出现这种情况时，项目管理团队投资控制组应重点复核，并与造价咨询机构研究解决办法，必要时还应与业主方和承包单位共同协商解决办法。

5)项目管理团队应要求造价咨询机构在其计量支付台账内反映工程计量状况,应包含每期承包单位上报工程量、审核工程量、累计审核工程量、招标工程量清单的工程量及承包单位注明该项是否全部完成等信息和数据。根据台账分析工程量总计量能否控制在招标工程量清单的工程量范围内,工程量及工程量清单项目增加与减少的原因及其合理性,工程量计量结果对工程造价的影响,必要时应采取相应措施。

(3)审核进度款支付申请中的综合单价与工程款

审核支付申请中的综合单价与工程款主要是依据合同有关工程款的约定及政策规定,准确掌握那些不应予以调整,哪些允许调整,及对超出合同约定风险范围的价款如何调整。对于合同价款调整的合同约定及政策规定,在本书6.2.3.2中已较详细阐述,在审核中还需掌握以下要点。

1)勤于与业主沟通:审核支付申请与工程款支付对发承包双方都是一项十分敏感且较为重要的问题,必须及时以书面形式主动与业主沟通、汇报、协调,取得业主认可。对于重大的经济问题,项目管理团队不要自作主张擅自决定,应与业主方、造价咨询机构、承包单位多方协调取得一致性意见,再行决定。项目管理团队以对本项目负责和提高经济效益的目标为出发点,处理各类问题,在与业主沟通时要以科学的态度善于发表自己的见解,不能一味顺从业主的一切要求,特别是对错误或不妥的决定,要说清合同的约定或政策规定。

2)要主动寻求核减综合单价与工程款的机会:施工单位出于自身的经营目的,为了得到或提高企业的经济效益,会如期按已标价工程量清单提交进度款支付申请,并争取取得较多的经济利益,造价咨询机构和项目管理团队会审核综合单价与工程款,合理地核定和核减综合单价与工程款。但当综合单价与工程款应降低时,承包单位一般不会主动提出降低,造价咨询机构与项目管理团队造价管理人员也往往容易忽视,所以造价咨询机构与项目管理团队的造价管理人员应有意识关注和寻求核减综合单价与工程款的机会,当法律法规变化、工程变更、项目特征不符、物价变化、暂估价、索赔等调价因素造成综合单价与工程款降低时,要及时、主动向承包单位提出。《建设工程工程量清单计价规范》规定:"出现合同价款调减事项(不含工程量偏差、索赔)后的14d内,发包人应向承包人提交合同价款调减报告并附相关资料;发包人在14d内未提交合同价款调减报告的,应视为发包人对该事项不存在调整价款请求"。造价管理人员应掌握和执行该项规定。

3)编制进度款报审单的格式:《建设工程工程量计价规范》GB 50500—2013中10.3.8条规定了支付申请应包括的内容,《建设工程施工合同(示范文本)》(GF-2013-0201)通用合同条款的12.4.2条也约定了进度付款申请单应包括的内容。为了方便、准确地审核进度款支付申请,并有利于项目造价控制,项目管理团队应要求造价咨询机构参照上述规定与约定编制进度款报审表的格式。

4)掌握并执行相关规定:项目管理团队造价管理人员除掌握本书

6.2.3.2 条合同价款调整的规定外，还应掌握并执行下列规定。

① 由于承包人使用机械、施工技术以及组织管理水平等自身原因造成施工费用增加的，应由承包人全部承担。（计价规范 3.4.4 条）

② 合同当事人应在专用合同条款中约定综合单价包含的风险范围和风险费用的计算方法……，在约定的范围内，合同单价不作调整。（合同示范文本通用合同条款中 12.1 条）

③ 进度款的支付比例按照合同约定，按期中结算价款总额计，不低于 60%，不高于 90%。（计价规范 10.3.7 条）

④ 发包人没有按合同约定按时支付预付款的，承包人可催告发包人支付；发包人在预付款期满后的 7d 内仍未支付的，承包人可在付款期满后的第八天起暂停施工。发包人应承担由此增加的费用和延误的工期，并向承包人支付合理利润。（计价规范 10.1.5 条）

⑤ 预付款应从每一个支付期应支付给承包人的工程进度款中扣回，直到扣回的金额达到合同约定的预付款金额为止。（计价规范 10.1.6 条）

⑥ 发包人没有按时支付安全文明施工费的，承包人可催告发包人支付；发包人在付款期满后的 7d 内仍未支付的，若发生安全事故，发包人应承担相应责任。（计价规范 10.2.3 条）

⑦ 经发承包双方确认调整的合同价款，作为追加（减）合同价款，应与工程进度款或结算款同期支付。（计价规范 9.1.6 条）

⑧ 当承包人负责采购的材料、工程设备的价格变化超出合同约定的风险范围，拟进行合同价款调整时，施工合同示范文本通用合同条款有如下规定："承包人应在采购材料前将采购数量和新的材料单价报发包人核对，发包人确认用于工程时，发包人应确认采购材料的数量和单价。发包人在收到承包人报送的确认资料后 5d 内不予答复的视为认可，作为调整合同价格的依据。未经发包人事先核对，承包人自行采购材料的，发包人有权不予调整合同价格。发包人同意的，可以调整合同价格。"（合同示范文本通用合同条款 11.1 条第 2 种方式（2）④）

⑨ 除生效法律文书要求发包人向分包人支付分包合同价款或专用合同条款另有约定外（如发包人直接指定分包），分包合同价款应由承包人与分包人结算，未经承包人同意，发包人不得向分包人支付分包工程价款。（合同示范文本通用合同条款 3.5.4 条）

5）审核综合单价应注重按实际发生的原则：当按合同约定，因材料、工程设备价格变化或法律法规变化等可调整合同价款时，应注重分时间段按当期发生的变化（如材料、工程设备的价格变化，人工费的调整）决定综合单价是否调整及如何调整。如审核现浇砼各项目的综合单价，如果人工费的变化引起综合单价的调整，应审核承包单位上报综合单价中的人工费价格是不是工程造价管理部门发布的当期价格，应按工程造价管理部门发布的各时间段不同人工费价格变化分段计算现浇砼的综合单价，在审核进度款时就解决这问题，而不能在审核竣工结算时，按竣工结算时的人工费价格变化调整全部现浇砼的综合单价。

5. 审核、处理工程变更和现场签证中与工程造价相关的事宜

（1）审核、处理工程变更与工程造价相关的事宜：工程变更的控制是施工阶段控制工程造价的主要内容之一。一般情况下，工程变更都会带来合同价款的调整，而合同价款的调整又是双方利益的焦点，合理地处理好工程变更可以减少不必要的纠纷，保证合同的顺利实施，保护发承包双方的利益。工程变更包括设计变更、进度计划变更、施工条件变更、工程量变更等，对工程造价影响最多的往往是设计变更。控制设计变更，首先要认真审查变更的必要性、可能性及其经济性，决定是否采纳；其次是对可能存在的变更趋向或构想要早抓早落实；再次是严格执行设计变更程序。

1）审查设计变更的必要性、经济性，决定是否采纳：

① 业主方（含项目管理团队）提出的设计变更：业主方提出设计变更往往是由于认为原设计不合理或需求、使用功能、标准的改变，对这类设计变更，首先应分析是否必须变，如果必须变或变更后功能、性价比得到显著提高，则应由造价咨询机构计算变更后对造价的影响，如果暂列金额能消化这变更引起的费用增加，或能通过其他设计变更降低工程造价来平衡，则该变更可决定采纳。如果该设计变更造成工程总造价增加，则业主方应根据造价是否允许增加或概算审批部门能否同意决定是否采纳。对于造价变化较大或技术较复杂的设计变更，项目管理团队应召集业主、设计单位、造价咨询机构及相关专家进行专家论证，论证时还需分析变更对工期的影响，综合平衡质量、工期、造价三大目标。除上述设计变更外，对经分析可变可不变的设计变更，总的原则是持谨慎态度，尽量减少设计变更，因设计变更往往均引起造价、工期的变化，影响合同的执行，对工程建设不利。

② 承包方提出的设计变更：承包方提出的设计变更往往是由于设计所采用的材料、工程设备采购过程中发生了问题，或提出其他建议。对承包方提出的设计变更，除参照上述对业主方提出设计变更是否采纳的方法而进行分析、论证外，还应注意两方面的问题：①防止承包方通过设计变更将投标报价时的不平衡报价给消化掉，即将投标报价偏低的通过设计变更使其工程量减少或直接取消；或将投标报价高的项目通过设计变更使其工程量加大。因此审查承包方提出的设计变更，首先应审核其投标报价中涉及该变更项目的综合单价是否异常偏高或偏低。②因承包人原因造成工程质量问题或质量事故，通过设计变更进行加固补强或恢复其功能，由此变更造成的费用应由承包人承担。

2）对可能存在的设计变更趋向或构想要早抓早落实：因为在施工过程中变更设计，越到施工后期，变更越困难，费用也越高。特别是拟变更的部位如已施工，若要实施变更，返工将造成变更费用更高，且影响工期。项目管理团队应采取如下措施，实现早抓早落实。

① 施工图（含专业深化设计）完成后，项目管理团队负责设计管理的人员认真审核、检查其设计质量，尽早发现设计不合理及影响使用功能的问

题；开工后在地基与基础分部、主体结构分部施工期间应提前考虑设备安装及装修各分部工程中有无变更的趋向和构想。如需变更或有变更趋向和构想，应尽早组织分析、论证，确定要变更的，尽早请设计单位完成变更设计图纸。这样做可以尽早确定设计变更的费用，以判断能否在暂列金额中消化，或采取其他设计变更降低工程造价来平衡此项设计变更增加的费用，并筹措资金保证施工顺利进行。

② 认真组织设计交底和施工图会审：业主和项目管理团队人员应认识到，检查、发现和处理设计图纸中的问题不是施工单位、造价咨询机构和监理单位（如另行委托监理单位）的法定责任，但这些单位的人员可能有能力发现施工图中的部分设计问题。应采取措施，借助他们的知识和经验，鼓励他们发现设计中的问题，提出合理化的建议，这样做，有利于设计变更的早抓早落实。

③ 加强设计管理，要求设计单位严格实施校审制度，力争将不合理设计和设计错误消除在正式出图之前，对出现的不合理设计和设计错误应有惩罚措施并追究，这样做可减少后续设计过程中的错误（往往一个项目的施工图是分批完成的）。有关设计质量管理在本书"3.4 项目设计质量控制"中已阐述，在此不再赘述。

3）严格执行设计变更程序：项目管理团队应依据合同约定及相关规定，制定设计变更及因设计变更引起合同价款调整的执行程序，在程序设计及执行过程中，应把控以下要点。

① 无论哪一方提出的设计变更，均需经业主方同意，应由业主方盖章及代表人签字。

② 无论哪一方提出的设计变更，均应由项目管理团队签发指令后方可执行。

③ 设计变更均应由设计单位编制设计变更文件，必要时应绘制变更设计图纸。

④ 除合同另有约定外，承包人应在收到变更指令后 14d 内，向项目管理团队提交变更估价申请。项目管理团队应在收到承包人提交的变更估价申请后 7d 内审查完毕并报送发包人，项目管理团队对变更估价申请有异议，通知承包人修改后重新提交。发包人应在承包人提交变更估价申请后 14d 内审批完毕。发包人逾期未完成审批或未提出异议的，视为认可承包人提交的变更估价申请。因变更引起的价格调整应计入最近一期的进度款中支付。（合同标准文本通用合同条款 10.4.2 条）

⑤ 项目管理团队在审查承包人提交的变更估算申请后，报发包人审批时应向业主提交变更评估报告，评估报告包含：对承包人变更估价的审查意见；该变更对合同项目工期、质量目标的影响；变更是否采纳的综合意见。

（2）审核、处理现场签证中与工程造价相关的事宜

在施工过程中，由于非承包人原因引起费用增减，且在竣工图中无法反映，经项目管理团队和发包人确认的临时发生的工程（作）量，按规定办理的凭证称为现场签证。现场签证也作为工程结算的依据。

1) 现场签证涉及的主要原因：

① 零星用工：施工现场发生的与主体工程无关的用工，如定额费用以外的搬运、拆除用工等。

② 零星工程：指施工图以外的零星工程。

③ 引起费用增减的隐蔽工程：如施工图未包含的地基处理等。

④ 窝工、非施工单位原因停工造成的人员、机械经济损失：如停水、停电、业主供料不及时、延期交图等。

⑤ 其他需要签证的费用。

2) 审核、处理现场签证过程中的注意事项：由于现场签证是临时发生，涉及的原因多样，没有规律性，是影响工程造价的关键因素之一，在审核、处理现场签证中应注意以下事项：

① 文字表述应详实、清楚：如机械台班的签证，签证中应清楚表明是什么原因造成机械窝工，签证的机械台班是无负荷运转还是闲置台班等。

② 数字计量应详实、准确：现场签证中的数量不能只有一个最终结果，应该有计算表达式，且计算表达式中的数据应有据可查。

③ 现场签证应表明事情发生的时间及签署时间，并应及时办理签证，避免事后补办。

④ 签证应规范：一般情况下，需要业主、项目管理、施工单位三方签署才能生效。

⑤ 签证的合理性：现场签证只是证明该项事实存在，但并不意味该事实的存在一定要百分之百计算价款，需依据合同、招标投标文件和相关规定作合理合规的综合分析后再作判断。

6. 动态监控项目工程造价，提供分析报告

施工阶段项目管理团队应督促造价咨询机构及时收集、掌握项目工程造价信息，对工程造价情况进行统计、比较、分析与预测，与造价咨询机构研究，共同提出建议或处理意见，向业主方提供分析报告。为此，应督促造价咨询机构做好下列工作。

(1) 建立工程造价台账，动态跟踪项目费用

项目投资控制的目标是通过初步设计概算、施工图预算、合同价、结算价等逐步深化和确定的。在实际的工程项目管理过程中，由于工程项目各部分的进展（特别是设计、采购等方面的工作）往往是不均衡的，造成不同部分投资目标深化的程度不一样，在同一时间点，有的部分已经形成了合同价甚至完成了结算，而有些部分仍在初步设计概算或施工图预算阶段❶。为了动态跟踪项目费用，做好工程造价控制，应要求造价咨询机构设计下列表式并及时填写相关信息。

1) 工程造价计划值台账：对各单位工程应按每一项合同包将产生的施工图预算价（或招标控制价）、合同价、合同变更或补充协议增、减价等及

---

❶ 上海市建设工程咨询行业协会. 建设工程项目管理服务大纲和指南，2013：83

时登录该台账。应做到将单位工程分解成若干个合同包，且不得遗漏分部分项工程，未签订合同或补充协议可预留，其作用可判断各合同价（含合同变更、补充协议）能否控制在该合同所含的分部分项工程的施工图预算范围内，各合同价总和是否控制在该单位工程预算内。

2）施工阶段计量支付台账：对每项合同应建立计量支付台账，每发生一次计量支付，均及时登录该台账。台账内容应含：合同额、承包方申请额、发包方核定额（应分别列明总额及工程变更、现场签证、工程量偏差、价差调整、索赔等引起的增、减值）、实际支付额等，且每项均应有累计额。其作用：掌握每份合同价款的实际发生值，便于与合同价比较，分析、预测能否控制在合同价款内。

除此之外，可根据工程特点及造价控制需要要求造价咨询机构建立其他专项台账，跟踪项目费用。

（2）将实际发生值与合同价进行比较、分析与预测

在施工准备阶段，工程造价控制的目标值是施工图预算（或招标控制价），实际发生值是合同价款；而在施工阶段，工程造价控制的目标值是合同价款，实际发生值是工程竣工结算价。不能待工程竣工时再将合同价与竣工结算比较，这样不能称为造价控制。工程造价控制的任务就是在施工过程中，将工程费用支出控制在合同价款内（或允许的增、减范围内）。这就要求项目管理团队和造价咨询机构在施工过程中，不断地将各阶段期中结算与合同价款进行比较、分析，应要求造价咨询机构做好下列工作。

1）对于工程大、持续时间长的分部分项工程项目或措施项目，宜依据已标价工程量清单与施工进度计划将该项合同价分解切块，这样便于各期期中结算并便于与该期合同价进行比较。

2）在比较、分析过程中，应特别关注因各调价因素引起合同价调整及其累计值、暂估价的变化，应分析这些增加的费用能否在合同价款内调整或在暂列金额中消化。

3）应依据工程进展情况、费用支出情况、物价变化趋势、暂估价的变化、工程变更的趋势和需求等不断预测工程未完成部分尚需的投资，分析总造价能否控制在施工图预算内或超过的幅度，为采取纠偏措施提供基础信息。

（3）提交工程造价分析报告，并对造价控制中发现的问题提出建议或处理意见

工程造价控制是施工阶段项目管理的主要任务之一，也是业主方敏感的主要问题之一。项目管理团队应定期向业主提交工程造价分析报告，也可在项目管理月报中报告。

1）工程造价分析报告中应包含下列主要内容：

① 本期施工单位申报工程款，项目管理团队审核数，业主方审批数，累计审批数；本期及累计审批数所对应的目标值，审批数与目标值比较的增、减数。这些数据应按发生的项目列表表明。

② 与目标值相比，审批数发生变化的原因分析：对发生变化的项目，应说明其原因，如政策调整、工程变更、价差调整、现场签证、索赔等。

③ 对工程造价的预测：应包括本期已施工的分部分项工程与措施费项目未完成部分所需费用，及其能否控制在该项的合同价款内或超出的幅度。必要时应预测工程总造价能否控制在合同价款内。

④ 本期实际支付的工程款明细，及与资金使用计划的比较结果。

⑤ 本期工程造价控制所做的工作或采取的措施及其效果。

⑥ 对本期工程造价控制过程中发现问题的处理意见或建议。

2) 对工程造价控制过程中发现的问题应提出处理意见或建议：工程造价实际发生值与合同价比较后，当超出合同价时，项目管理团队应分别下列情况向业主提出处理意见或建议。

① 当实际发生值（指业主审批的期中应付款数）超出合同价有限，能在暂列金额中消化，并预测此后尚能控制在总造价内，则说明工程造价可控，向业主如实报告即可。但需注意动用暂列金额中的费用应坚持前紧后松的原则。

② 实际发生值超出合同价较多，有超出工程总造价的趋势，则应向业主报告，报告后将出现两种情况：一．业主方同意（含业主需报上级管理部门审批）增加工程造价，则项目管理团队应按业主方同意变更后的工程造价实施控制；二．业主方不同意增加工程造价，则项目管理团队应对未施工的分部分项工程项目和措施项目的费用实施调整，消化已超支的费用，在实施调整时应尽量不影响项目的主要功能和不降低主要部位和重点部位的建设标准。

对重要的处理意见和建议，项目管理团队宜采用专题报告的形式。

7. 寻求节约投资的机会

虽然施工阶段对工程造价的影响仅为 $10\%\sim15\%$，但并不意味施工阶段就不能挖潜，就没有寻求节约投资的机会，所以项目管理团队除做好上述各项造价控制工作外，还应充分挖潜，寻求节约投资的机会。特别应注重采取技术措施与经济措施相结合的方法寻求机会。寻求节约投资的机会可从以下几个方面着手。

（1）设计方面：在施工阶段，当发现设计不合理或有节约投资的机会，特别在装饰装修和专业深化设计过程中采用价值工程原理可获得节约投资的机会，具体方法可参照本书"3.5 建设项目设计投资控制"的内容。

（2）施工方面：应认真审核施工单位提交的施工组织设计和专项施工方案，寻求节约投资的机会。

1）认真审核施工组织设计：如果施工组织设计不深入、不合理，将会造成施工不能顺利进行，甚至导致出现合同纠纷、索赔，从而增加工程造价。另外施工组织设计中的一些施工措施也会引起工程量清单中措施项目费用的变化，故应认真审核，并寻求节约投资的机会。

2) 认真审核涉及工程造价的施工方案：有的施工方案对工程量清单中的分部分项工程项目和措施项目的费用影响相当大，如地基处理方案，为达到设计要求的地基承载力和变形要求，地基处理可能有多种方法，各种方法的费用有的相差较大；又如钢结构安装，吊装和组装有多种方法，其费用也不同。项目管理团队在审核这些施工方案时，也应审核其经济性，必要时组织专家论证，寻求节约投资的机会。

(3) 材料、设备采购方面：材料、设备和构配件的选用和采购价对工程造价的影响也较大，应认真比较、选用，并在最适应的时机采用最适应的方式采购，这将会得到理想的节约投资的机会。其具体方法可参见本书"4.2 工程发包和物资采购的管理要点"的具体内容。

(4) 索赔方面：施工单位对业主方和项目管理团队的索赔也会增加工程造价，项目管理团队和业主方应认真履行合同约定的责任和义务，并对可能发生索赔的事项进行风险分析，防止发生对业主方的索赔。必要时实施对施工单位的索赔，防止工程造价不必要的增加。

8. 预测和防止可能发生的索赔，审批、处理施工费用索赔事宜

工程索赔通常是指工程项目合同履行过程中，合同当事人一方因对方不履行或未能正确履行合同，或由于其他非自身原因而受到经济损失或权利损失时，通过一定的合法程序向对方提出经济或时间补偿要求。发生施工单位向业主方的索赔，势必影响项目费用和工期，项目管理团队在费用索赔管理中的主要任务如下。

(1) 预测和防止可能发生的索赔

1) 造成施工单位向业主方提出索赔的主要常见原因

① 没有按合同约定提供设计资料、图纸，未及时答复请示、下达指令等，使工程不能正常进行。

② 没有按合同约定的日期交付施工场地、行驶道路，提供水电及应由业主供应的材料、设备，使承包商不能按时开工或造成施工中断。

③ 业主未按合同约定按时支付工程款，或业主已处于破产处境，不能继续履行合同。

④ 下达错误指令，提供错误信息。

⑤ 在工程施工和保修期间，由于非承包商原因造成未完成或已完工工程损坏。

⑥ 合同约定由业主方承担风险的不可抗力造成施工方的损失。

2) 防止可能发生施工单位向业主方提出索赔的主要措施

① 认真履行合同，按时完成业主方和项目管理团队的工作，为施工顺利进行创造条件，不违约，使承包商无索赔机会，或找不到索赔的理由。

② 依据项目管理工作进展情况（如施工图提供、甲供材料设备供订货、资金筹措、甲指分包合同等），预测可能发生的索赔，并积极采取防范措施，防止引起索赔的干扰事件发生。

③ 对已发生的干扰事件及时采取措施，以降低它的影响，降低损失，

避免或减少索赔。

④ 项目管理团队在行使权利时，不能违约或超出合同约定，对承包商下达指令、做出决定时应与合同相关条款进行核查，注意不能产生漏洞、矛盾和失误，避免给承包商提出索赔的机会。

(2) 审核、处理各项费用索赔

1) 处理索赔的原则

① 公平合理：由于业主和承包商的目的和经济利益不同，所以项目管理团队应兼顾双方利益，调整双方的经济关系，在处理索赔、调解争执时，应按合同约定和文件规定办事，做到公平合理。

② 实事求是：项目管理团队在处理索赔事件时，必须以合同和相应法律为准绳，以事实为依据，完整、正确地理解合同，严格执行合同。

③ 迅速、及时地处理：应在合同约定的时限内处理索赔事宜，否则会给承包商提供新的索赔机会，而且会使许多问题积累起来，造成混乱，影响施工顺利进行。

④ 与业主和承包商协商一致：在处理索赔事件时，必须充分地与业主、承包商协商，考虑双方要求，做好双方的协调工作，使之尽早达成一致。

2) 审查索赔要求的合理性、合法性

处理施工方提出的索赔，首先应审查索赔要求的合理性、合法性，项目管理团队应从以下几个方面进行审查，以反驳不合理的索赔要求或提出其中不合理的部分。

① 施工方是否按合同约定的期限提交了索赔意向报告和索赔报告。

② 发生索赔的干扰事件是否真实，索赔报告是否附了得力的证据，并审查这些干扰事件是否均是非施工方的原因造成的。

③ 干扰事件是否给施工方造成经济损失，干扰事件与施工方的经济损失之间是否是因果关系，发生干扰事件有没有施工方的责任，干扰事件是否属于合同约定施工方应承担的风险范围。

3) 审核索赔费用

处理索赔费用有两种方式：一．综合索赔：又称一揽子索赔，即施工单位在工程竣工前或工程移交前，将施工中未能及时解决的单项索赔集中起来，提出一份综合索赔报告要求一揽子解决；二．单项索赔：即干扰事件发生时或发生后，针对此干扰事件提出索赔要求，计算索赔费用。费用索赔的计算与处理通常采用单项法（又称分项法）。在审核索赔费用时，应注意下列事项。

① 以合同报价作为计算基础：除合同另有专门约定外，索赔费用必须以合同报价中的分部分项工程单价、人工费单价、机械台班费单价、各费率标准作为计算基础。而不是以实际的价格水平、工资水平等作为计算基础。

② 应符合合同约定的赔偿条件和范围：施工合同中有双方承担风险范围的约定，并且干扰事件发生后，往往也会由于施工方管理失误造成一些损失。故在审核索赔费用时，应扣除合同约定应由施工方承担的风险和施工方

自己失误造成的损失。

③ 索赔费用不应计入利润：若索赔报告中计算了利润，因索赔以保本为原则，故应扣除。

④ 应审核实际损失的证据：对所有干扰事件引起的实际损失，以及这些损失的计算，都应有详细的证明，作为索赔费用计算的证据，如相关费用支出的账单、现场实际用工、用料、用机的证明等。项目管理团队在收到施工方的索赔意向报告后，就应详细记录与干扰事件有关的各种信息，如投入的工、料、机数量与状态、完成的工程量与双方采取的措施等，否则将给审核索赔费用造成困难。

⑤ 审核与处理索赔应符合合同约定的时限要求，否则将可能被视为认可施工方的索赔要求。

4）提出索赔解决方案

项目管理团队在审查索赔的合理性、合法性，审核索赔费用后，提出审查意见和解决办法递交业主方，由业主方作出处理决定。

5）调解争执

如果业主方对施工单位的索赔要求不认可，或施工单位对业主方的解决方案不满意，产生了争执，项目管理团队应作为第一调解人，在其中斡旋，提出协调方案。但该调解不是终局性的，没有强制约束力，无论哪方不满意，均可以按合同约定的争议解决程序提出仲裁或诉讼要求。

6.3 施工阶段的质量控制

施工阶段是形成工程项目产品最终实体质量及其使用价值的阶段，也是工程项目质量控制的重点阶段。在施工阶段，项目管理团队要全面贯彻整个项目全过程的建设意图，使最终项目产品与原策划保持一致，乃至达到更佳的效果，使业主获得满意的项目产品。项目管理在施工阶段的工程质量控制不仅仅是施工质量的控制，应是整个工程质量的控制，包括要使项目产品达到或超越原策划效果而进行的质量、技术管理。项目管理人员，特别是项目经理应清醒地认识到，代表业主方的项目管理团队在保证工程质量方面起着主导作用。项目管理团队在施工阶段质量控制的主要任务有以下几个方面。

6.3.1 建立施工阶段工程质量的目标体系

项目管理团队应坚持以顾客（含业主方和使用方）为关注焦点的原则，在工程项目策划与实施阶段总的质量目标的指引下，建立施工阶段工程质量目标体系，该目标体系应包含下列主要方面。

（1）施工质量目标：其基本目标是合格，即符合设计与施工质量验收规范的要求。此外，还应满足业主对本项目的特殊要求，如果业主就是项目的使用方，或业主方为了满足使用方的要求，项目施工质量要达到或部分达到（应明确哪些部位）精品的标准，这就需确定特定的验收标准，或明确达到工程某奖项的质量标准。在对施工质量目标进行定义时，要考虑与施工阶段的进度、造价等目标协调一致。

（2）项目功能质量目标：

1）项目开工时，施工图应已基本完成，但有些项目，特别是大型公共建筑项目，尚有许多专业需深化设计，如建筑内部装饰装修、幕墙工程、空调、智能建筑等。在施工阶段，需对这些专业的功能目标进行细化与深化。

2）功能目标包含空间的使用、建筑功能（声、光、热、通风等）、生产与生活的使用功能、建筑物内外色彩与造型等，这些功能虽应在设计阶段基本确定，但在施工阶段还需通过材料、设备的选用、细部处理等环节来确保达到原策划的效果，这就需要对施工图中未解决和不满意的部分确定功能质量目标。

3）施工过程中甚至某些部位施工完毕后，业主方（特别业主方的高层领导）可能会对施工结果不满意，或业主方的建设意图发生变化，这将需对部分功能目标（如空间使用、建设标准、装修效果等）进行调整。

6.3.2 建立项目施工阶段工程质量管理体系

1. 建立项目施工阶段工程质量管理责任制

项目管理团队应依据法律法规的规定与相关合同的约定，明确各参建单位的责任。

（1）施工单位：施工单位是施工质量的直接实施者和责任者，应全面履行《建设工程质量管理条例》和施工合同规定的质量责任，应强调施工单位应在自检质量合格后报监理单位（或项目管理单位）查验。

（2）建筑材料、设备、构配件供应商：对所提供的材料、设备、构配件的质量负责，所提供的材料、设备和构配件必须符合产品标准和合同的约定。

（3）监理单位（采用监管合一模式时指总监及监理人员）：代表建设单位对施工质量实施监理，并对施工质量承担监理责任。应强调监理单位对施工质量的监理不能代替施工单位自身的质量检查与管理，监理人员的检查与验收是对施工单位作业活动质量的复核与确认，如施工单位的专职质检员没检查或检查不合格，监理人员应拒绝验收。监理单位应承担《建设工程质量管理条例》和监理合同规定的质量责任。

（4）项目管理单位：应具体履行《建设工程质量管理条例》规定的建设单位质量责任，履行项目管理委托合同约定的工程质量责任。应明确项目管理单位在工程质量控制方面起主导作用，其工作重点应放在工程全面质量控制的策划与检查，及为工程质量达到或超越原策划效果而进行的质量、技术管理。必要时（如对重点部位和工序、施工单位和监理单位对施工质量失控）对施工质量实施监控。

（5）建设单位：承担《建设工程质量管理条例》规定的建设单位责任及对工程质量管理的决策责任。

2. 建立健全施工阶段工程质量管理制度

(1) 项目管理团队建立的相关制度：项目管理团队应依据工程复杂程度与实施工程质量管理的需要，制定相关制度。如重大技术问题的论证制度、设计变更管理制度、工程质量状况汇报分析与协调制度、各参建单位高层领导协调制度、样板工程制度、材料选用与封样制度、质量问题和质量事故处理制度等。

(2) 督促各参建单位建立健全施工质量管理制度，特别当发现施工质量管理存在问题时，更应及时要求相关单位制定和完善相应质量管理制度。

6.3.3 施工质量控制

对施工质量的控制应主要由监理单位去实施，当采用监管合一模式时，应在项目管理团队内任命总监理工程师并组建监理组，由总监理工程师组织监理人员实施对施工质量的控制。项目经理与项目管理人员不应陷入具体的监理事务中，应调动监理人员积极性，切实做好对施工质量的控制。项目管理团队对施工质量的控制主要围绕两个方面：(1) 履行《建设工程质量管理条例》等法律法规赋予建设单位的责任；(2) 总体把控施工单位与监理单位对施工质量控制的情况，发现问题采取措施。着重做好下列工作。

1. 审查、确定施工质量控制的难点、重点，并抽查其控制效果

项目管理团队在审阅施工单位编制的施工组织设计和监理单位编制的监理规划时，应审查其对施工质量的控制是否有针对性，是否掌握了施工质量控制的难点和重点，质量控制点确定得是否合理、准确，所采取的控制措施是否有效。审阅监理月报时，应检查对质量控制点控制的措施及其效果，必要时去施工现场抽查其控制效果，发现问题要求施工单位和监理人员采取措施纠偏。

2. 选择符合要求的分包单位

《建设工程质量管理条例》规定："建设单位应当将工程发包给具有相应资质等级的单位。"当施工合同约定某些专业工程由建设单位直接发包时，应执行该规定，特别当某些设备、构配件由产品生产单位到施工现场安装施工时，应审查其是否具备施工资质，且资质等级是否符合要求。其他对分包单位的考察、分包工程的招标投标及合同谈判和签订等参阅本文第四章工程发包与物资采购管理相关内容。

3. 严把甲供材料、设备质量关

《建设工程质量管理条例》规定："按照合同约定，由建设单位采购建筑材料、建筑构配件和设备的，建设单位应当保证建筑材料、建筑构配件和设备符合设计文件和合同要求。"项目管理团队应支持监理人员对甲供材料、设备和构配件的检验，提供质量证明文件和进行进场各项试验和检验。这既有利于保证工程质量，也是对采购人员采购行为的约束。

4. 确定施工质量验收标准

当工程项目未超出施工质量验收规范（规程）的适用范围，或施工合同

(含补充协议)约定施工质量没有特殊要求,则可按国家标准或当地地方标准进行施工质量验收。如建设单位有特殊要求或工程项目超出验收标准的适用范围,则项目管理团队应组织建设单位、设计单位、施工单位和监理人员等制定施工质量验收标准,必要时应邀请相关专家和质量监督机构参加。如合同约定工程项目要获得工程某种奖项,则应按该奖项质量标准进行施工质量验收。施工质量验收标准确定后,应在施工合同或补充协议中约定,形成正式文件。

5. 检查、分析施工质量受控状态,必要时采取措施

虽然施工质量控制的大量工作由监理人员实施,但项目管理团队要关注施工质量的受控状态,应察看现场施工质量,当发现质量问题时,可检查监理人员签认的施工质量验收记录与工程实体质量是否相符,施工质量验收记录是否符合要求,是否具有可追溯性。当涉及施工质量的重大问题或监理效果不佳甚至可能失控的情况下,项目管理团队应采取措施督促各参建单位切实加强施工质量控制工作,必要时可召开相关参建单位的高层会议促进施工质量的控制工作。

6. 组织处理工程质量事故

(1) 工程质量事故的定义和等级划分:工程质量事故是指由于建设、勘察、设计、施工、监理等单位违反工程质量有关法律法规和工程建设标准,使工程产生结构安全、重要使用功能等方面的质量缺陷,造成人员死亡或重伤,或 100 万元以上直接经济损失就构成工程质量事故。工程质量事故等级的划分可见住房和城乡建设部《关于做好房屋建筑和市政基础设施工程质量事故报告和调查处理工作的通知》(建质【2010】111 号,以下简称通知)

(2) 事故报告:(通知)规定:"工程质量事故发生后,事故现场有关人员应当立即向工程建设单位负责人报告,工程建设单位负责人接到报告后,应于 1h 内向事故发生地县级以上人民政府住房和城乡建设主管部门及有关部门报告。"项目管理团队应按该规定协助建设单位报告事故。

(3) 项目管理团队应按规定,配合工程质量事故的调查和处理。

对于没有造成人员死亡或重伤,100 万元以下直接经济损失的工程质量问题,项目管理团队应组织或督促监理人员按《建设工程监理规范》的规定处理。

7. 关注建设行政主管部门发布的文件,履行法律法规和规范性文件规定建设单位履行的工程质量相关责任

近年来,建设行政主管部门发布了一系列文件,规定了建设单位的责任,随着深化改革的推进,将会调整和加强建设单位的责任。业主既然委托了项目管理,则项目管理团队就应按合同约定履行委托的责任。

6.3.4 施工阶段工程质量的技术管理

在施工阶段,施工单位只能依照设计文件施工,监理人员只能依据设计文件与质量验收标准进行质量控制,而施工成果要达到或超越原策划的效果,除控制施工质量以外,项目管理团队要将主要精力投入项目功能质量控制的技术管理中，这就是施工阶段工程质量控制中项目管理工作与监理工作的区别。项目管理团队在施工阶段有关工程质量控制的技术管理主要包括以下内容。

1. 施工图设计文件的管理

《建设工程质量管理条例》规定："建设单位应当将施工图设计文件报县级以上人民政府建设行政主管部门或其他有关部门审查。……施工图设计文件未经审查批准的，不得使用。"即提供给施工单位作为施工依据的施工图设计文件应当经施工图设计文件审查机构审查同意。施工图设计文件可依据施工需要分期分批提供，但绝不能将未经施工图设计文件审查机构审查批准的施工图提供给施工单位作为施工依据。现实中个别项目作为施工依据的施工图未经审查机构批准，甚至未经设计单位内部校审，这存在巨大风险，对项目管理而言，是严重失职。施工图设计文件的管理还应做好如下工作。

（1）编制施工图设计文件的有效文件与作废文件清单，防止误用，凡作废的施工图设计文件必须发出通知，停止使用。对同一部位有多套施工图的，项目管理团队应仔细校核，保持施工依据的唯一性。

（2）提供给施工单位作为施工依据的施工图设计文件应要求设计单位加盖"工程施工图设计出图"专用章。

（3）施工图设计文件的收发必须登录设计文件收发台账。

（4）确保专业深化设计施工图质量，并及时提供，满足施工需要。具体要求与办法参见本书"3.4 项目设计质量控制"。

（5）监督、检查施工单位、监理单位的图纸管理工作，特别着重检查作废图纸的管理，以防误用。

2. 设计变更的管理

对项目管理团队而言，设计变更分为被动性设计变更和主动性设计变更。被动性设计变更的原因主要是由于设计存在缺陷，设计人提出变更；或由于业主方和使用方提出变更要求。主动性设计变更是由于项目管理团队提出的设计变更要求。对主动性设计变更应持以下态度：（1）应谨慎：因设计变更往往造成合同变更，引起工期与造价的变化，所以应持谨慎态度。（2）不可一律排斥：对任何事物的认识是不断深化的，对工程项目的设计效果也不例外，特别是有些设计效果往往在前道工序完成后或本工序施工过程中才显现，如发现仍按原设计文件继续施工达不到原策划效果，或发现若作部分变更会超越原策划效果，大大提高使用功能、性价比，则应积极、主动提出，经多方（业主方、设计方、使用方等）多因素（工期、造价）论证后，实施设计变更，这样可提高项目功能质量，是对项目、业主负责，可使业主获得更加满意的效果。这种情况下，设计变更就是提高项目功能和价值的手段。当然，这种设计变更应在造价、工期允许的条件下，并尽量在这部位工程实体形成前，未造成损失的情况下提出。

有关设计变更的造价管理、程序等可见本书"6.2.3 中 5 条中审核、处理工程变更中与工程造价的相关事宜"的内容。

3. 技术方案的论证与确定

工程项目开工时，往往施工图设计尚未全部完成，有些问题需要在施工阶段继续解决与完善，特别是大型公共建筑的部分专业深化设计，如智能建筑、幕墙工程、装饰装修工程等，各专业的管线往往也需综合平衡，特别是公共建筑走道吊顶内的各类管线。地基基础与主体结构的施工往往需要一段时间才能完成，特别一些大型公共建筑，地基基础与主体结构的施工往往需要1~2年的时间，项目管理团队应走一步看三步，充分利用这段时间，将尚需解决、论证的问题按轻重缓急列出计划，逐一解决，并尽量提前解决。因为这些问题解决后，往往还需进行施工图设计或完善，进行材料、设备、构配件的订货与供货，施工合同的签订、施工队伍的进场等，否则，将给施工顺利进行造成障碍。重大技术方案的论证，项目管理团队应邀请相关专家参加。

4. 样板工程的制作与确定

工程项目的某些分部分项工程，如公共建筑的内装修与外装修的幕墙工程等，需要在施工阶段通过先制作样板，看其效果并征求各方意见（特别是业主方或使用方高层领导），必要时再优化、完善，最后确定。通过制作样板，还能确定所采用的材料、设备与构配件，确定建筑细部的做法，解决施工中的技术问题，必要时还需确定施工质量的验收标准。样板工程制作与确定的一个重要环节就是必须征求业主方和使用方有决策权高层领导的意见，得到其确认，并形成记录。样板工程的制作与确定应尽量提前，要考虑到有可能样板要修改、优化与完善，甚至返工，还因为样板确定后，还需进行材料、设备、构配件的订货、加工、运输等一系列工作，有的还涉及施工单位的招标投标和签订施工合同。

5. 部分材料、设备与构配件的选定与封样

从工程质量控制的角度，工程项目涉及装饰和装修效果（含材质、色彩、造型等）、使用性能等的材料、设备与构配件，项目管理团队要予以关注与控制，这其中有甲供的，也有乙方采购但需甲方审定的（审定材料与设备供应单位的资质和资格、材料设备的品牌、规格、型号、参数和标准等）。进行这项工作时应注意两个环节：（1）应依据项目管理合同的约定，这些材料、设备与构配件的选用应得到业主方相应层次人员或领导的认可，并形成记录；（2）材料、设备、构配件选定后，有条件封样的，应予以封样，不能封样的，应形成书面记录和影像资料。

这些材料、设备与构配件采购的其他内容可见本书第四章相关内容。

6. 工程质量的接口管理

工程实体是由多个参建单位经过众多过程形成的，项目管理团队应注重并实施对过程接口的管理，特别是不同参建单位之间接口的协调与接口质量管理。接口管理的主要内容如下。

（1）施工总承包单位与专业分包单位之间的接口管理：施工总承包单位依据施工合同的约定而分包的工程，其专业分包单位理所当然地纳入总承包

单位管理，对于业主方直接分包的工程，其专业分包单位原则上也应纳入施工总承包单位管理。如个别专业分包单位不能纳入施工总承包单位管理，则项目管理团队应做好之间的协调工作，并组织好之间的工程质量的交接检。

（2）设计单位与施工单位之间的接口管理：涉及设计单位与施工单位接口的很多，如设计交底、设计变更、地基验槽（还涉及勘察单位）、施工质量问题及事故处理、地基基础与主体结构分部工程验收、竣工验收等，项目管理团队要做好协调，尊重设计单位的意见，需得到设计单位确认的，必须得到设计单位的确认并形成记录。

（3）监理单位与施工单位之间的接口管理：如业主方另行委托监理单位，则项目管理团队要协调好之间的接口，要支持与指导监理单位按规定实施监理，应按照目标一致、各行其职，积极配合的原则处理监理单位与施工单位出现的分歧与矛盾。

（4）建设行政主管部门、质量监督机构与施工单位、监理单位之间的接口管理：应主动协调建设行政主管部门、质量监督机构与各参建单位之间（含项目管理团队）的关系，应要求各参建单位尊重并积极配合其管理，对其提出的整改要求要切实落实，按规定需其确认的事项应得到其确认。

（5）督促各参建单位实施对其自身各过程之间接口的管理：一个参建单位要完成若干个过程，对各过程之间的接口，项目管理团队要督促其进行接口管理，如施工单位上道工序与下道工序的接口，需督促施工单位在完成自检的基础上实施交接检；施工单位负责采购的材料、设备与构配件，在供货单位供货时，需督促施工单位先自行检查验收等。当业主另行委托监理单位时，上述有关施工质量之间的接口可要求监理单位督促施工单位进行接口管理。

6.3.5 本节主要依据性文件

（1）《建设工程质量管理条例》（国务院令第 279 号）

（2）《关于做好房屋建筑和市政基础设施施工质量事故报告和调查处理工作的通知》（建质【2010】111 号）

6.4 施工阶段的安全、文明管理

施工单位是安全、文明施工的直接责任人，理应做好安全、文明施工管理。业主方委托了项目管理，作为建设产品生产的组织者和各项管理集成的项目管理团队，有责任对施工单位的安全文明施工实施监管，并履行法律法规和行政主管部门规定及委托合同约定的安全文明施工的责任。

6.4.1 依据项目管理委托合同，履行法律法规和行政主管部门规定的责任

在项目管理委托合同中，业主方通常要求项目管理单位履行法律法规赋

予建设单位在安全文明施工中承担的责任,法律法规和部门规章赋予建设单位在安全文明施工方面的主要责任如下。

(1)《建设工程质量管理条例》(以下简称《质量条例》)第七条规定:"建设单位应当将工程发包给具有相应资质等级的单位。"施工总承包单位和专业承包单位均需具备有效期内的安全生产许可证。

(2)《建设工程安全生产管理条例》(以下简称《安全条例》)第六条规定:"建设单位应当向施工单位提供施工现场及毗邻区域内供水、排水、供电、供气、供热、通信、广播电视等地下管线资料,气象和水文观测资料,相邻建筑物和构筑物、地下工程的有关资料,并保证资料的真实、准确、完整。"

(3)《安全条例》第七条规定:"建设单位不得对勘察、设计、施工、工程监理等单位提出不符合建设工程安全生产法律、法规和强制性标准规定的要求,不得压缩合同约定的工期。"

(4)《安全条例》第八条规定:"建设单位在编制工程概算时,应当确定建设工程安全作业环境及安全施工措施所需费用。"并且,《建设工程工程量清单计价规范》GB 50500—2013 中 3.1.5 条还规定:"措施项目中的安全文明施工费必须按国家或省级、行业建设主管部门的规定计算,不得作为竞争性费用。"(为强制性条文)该规范 10.2.2 条还规定:"发包人应在工程开工后的 28d 内预付不低于当年施工进度计划的安全文明施工费总额的 60%,……"该规范 10.2.3 条并规定:"……发包人在付款期满后的 7d 内仍未支付的,若发生安全事故,发包人应承担相应责任。"

(5)《安全条例》第九条规定:"建设单位不得明示或者暗示施工单位购买、租赁、使用不符合安全施工要求的安全防护用具、机械设备、施工机具及配件、消防设施和器材。"

(6)《安全条例》第十条规定:"建设单位在申请领取施工许可证时,应当提供建设工程有关安全施工措施的资料。"

(7)《安全条例》第十一条规定:"建设单位应当将拆除工程发包给具有相应资质等级的施工单位。"并按该条规定将相关资料报送建设行政主管部门备案。

(8)《危险性较大的分部分项工程安全管理办法》(建质【2009】87 号)第四条规定:"建设单位在申请领取施工许可证或办理安全监督手续时,应当提供危险性较大的分部分项工程清单和安全管理措施。"

(9)《关于规范北京市房屋建筑深基坑支护工程设计、监测工作的通知》第三条规定:"建设单位应依法选择具备工程勘察综合资质或同时具备岩土工程物探测试检测监测和工程测量两方面资质的单位,对深基坑工程开展第三方监测。"

6.4.2 督促施工单位进行安全、文明施工管理

如果业主另行委托监理单位实施施工阶段监理工作,则该监理单位应履

行法律法规赋予其安全生产的管理责任；如业主采用监管合一的模式，则项目管理单位应承担上述监理单位的责任，项目管理团队内总监理工程师负责组织监理人员实施安全文明施工管理的监理工作。不论采取什么模式，安全文明施工管理的具体监理工作应由监理人员去实施，对施工单位和监理人员实施的安全、文明施工管理中，项目管理团队应着重关注下列事项。

1. 对安全施工管理应关注的事项

（1）施工单位资质与施工人员资格是否合法：施工单位向监理人员报送分包单位资格报审表时，监理人员应审查该分包单位是否具备相应的施工资质，是否在资质允许的范围内承接施工任务，是否持有安全生产许可证。特别对供货单位进入施工现场进行安装的单位要按上述要求进行审查。审查合格后方可进入施工现场安装。监理人员应审查施工单位项目经理、技术负责人、专职安全生产管理人员的执业资格、职称、安全生产考核合格证等是否符合相关文件的规定；审查特种作业人员是否持有特种作业操作资格证书等。

（2）督促监理人员认真审核施工单位报送的施工组织设计与施工方案：监理人员审核施工组织设计时，应审查施工组织设计是否有针对性，是否进行了危险源辨识和风险评估，是否编制了危险性较大分部分项工程清单，对高、中度风险的危险源和危险性较大的分部分项工程是否采取了相应措施或制定专项施工方案，对各种可能发生的安全事故是否编制了应急预案等。应督促监理人员对危险性较大的分部分项工程编制监理实施细则。

（3）督促监理人员认真执行有关安全施工管理的各项程序：监理人员应掌握并认真执行法律法规与规范性文件规定安全施工管理的各项程序，如基坑支护及坑边防护、脚手架等安全设施经验收合格后方可使用；高大模板支撑体系经验收，并由施工单位项目技术负责人和项目总监签字后，方可进入后续工序施工，并且拆除前也应经施工单位项目技术负责人和项目总监核查混凝土同条件养护试块强度报告并履行拆模审批签字程序；起重机械经拆装告知、告知确认、验收、检测等程序后，方可投入使用；超过一定规模的危险性较大分部分项工程的专项施工方案必须经专家论证通过等。

（4）监督监理人员掌握并执行有关安全施工的强制性标准：《安全条例》规定："工程监理单位应当审查施工组织设计中的安全技术措施或者专项施工方案是否符合工程建设强制性标准。"并规定："工程监理单位和监理工程师应当按照法律、法规和工程建设强制性标准实施监理，……"所以监理人员应掌握并执行有关安全施工的强制性标准。

（5）督促监理人员按经审批同意的专项施工方案实施监理，特别对超过一定规模的危险性较大分部分项工程，必须切实检查施工单位是否按照经专家论证通过的专项施工方案实施。

（6）督促监理人员发现存在安全事故隐患时，应要求施工单位整改；情况严重的，应要求施工单位暂停施工，并及时报告建设单位。施工单位如不整改或者不停止施工的，应当及时向有关主管部门报告。

（7）抽查监理人员实施施工安全管理监理工作形成的记录：监理人员在实施施工安全管理的监理工作中应及时形成完整、准确的记录，如安全设施的验收记录、检测报告，对技术文件的审查意见和结论，各项程序性核查的记录，发出的监理通知、会议纪要、工程暂停令等。通过检查这些记录，考核监理工作的质量，完善这些记录有利于提高监理工作质量和规避项目管理人员与监理人员的风险。

2. 对文明施工管理应关注的事项

（1）依照环保部门核发的《建设项目环境保护"三同时"审核通知单》中对环保设施的要求，关注并督促施工单位、监理人员组织好对环保设施的施工。

（2）依据环保部门审批的《环境影响报告书》或《环境影响报告表》，在施工过程中督促施工单位与监理人员落实防范和减少对周围地区地质、水文、气象、自然资源、自然保护区产生影响的措施。

（3）执行或督促施工单位、监理人员执行当地环保部门、建设行政主管部门发布的关于绿色施工管理的规定，如《绿色施工管理规程》等北京市地方标准，对涉及建设单位的有如下主要规定，项目管理团队应认真执行。

1）施工降水：《绿色施工管理规程》DB 11/513—2008 中 4.3.3 条规定："建设工程施工应采取地下水资源保护措施，新开的工程限制进行施工降水。因特殊情况需要进行降水的工程，必须组织专家论证审查。"该条为强制性条文。

2）渣土消纳：《建设工程施工现场安全防护、场容卫生及消防保卫标准》DB 11/945—2012 中 3.3.2 条规定："建设单位和承担建筑物、构筑物、城市道路、公路等拆除工程的单位应当在施工前，依法办理渣土消纳许可。"

3）防治扬尘：从 2009 年 3 月 1 日起，北京市所有工程应达到常态绿色施工的标准，《绿色施工管理规程》规定：必须做到：工地砂土 100% 覆盖、工地路面 100% 硬化、出工地车辆 100% 洗车轮、拆除房屋的工地 100% 洒水压尘、暂不开发空地 100% 绿化。

4）土方运输：从事土方、渣土和施工垃圾的运输，必须使用密闭式运输车辆。当建设单位将基坑土方开挖直接分包给专业承包单位时，应特别关注。

5）古树名木保护：《绿色施工管理规程》5.7.2 条规定："建设项目涉及古树名木保护的，工程开工前，应由建设单位提供政府主管部门批准的文件，未经批准，不得施工"。5.7.3 条规定："建设项目施工中涉及古树名木确需迁移，应按照古树名木移植的有关规定办理移植许可证和组织施工。"

6）文物保护：《绿色施工管理规程》5.7.5 条规定："施工单位在施工过程中一旦发现文物，应立即停止施工，保护现场并通报文物管理部门。"

7）夜间施工：因生产工艺要求必须连续作业或特殊需要，确需在 22 时至次日 6 时期间进行施工的，建设单位和施工单位应在施工前到工程所在地的区、县建设行政主管部门提出申请，经批准后方可进行夜间施工，建设单位应会同施工单位做好周边居民工作，并公布施工期限。在中、高考或重大政治活动期间，应遵守禁止夜间施工的规定。

6.4.3 主要依据性文件

（1）《建设工程质量管理条例》（国务院 279 号令）；
（2）《建设工程安全生产管理条例》（国务院 393 号令）；
（3）《危险性较大的分部分项工程安全管理办法》（建质【2009】87 号）；
（4）《建设项目环境保护管理条例》（1998 年 11 月 18 日国务院第 10 次常务会议通过）；
（5）《建设项目环境保护管理办法》（1986 年 3 月发布）；
（6）《绿色施工管理规程》DB 11/513—2008；
（7）《建设工程施工现场安全防护、场容卫生及消防保卫标准》DB 11/945—2012；
（8）《安全施工监理工作问答》（2012 年 11 月出版）。

6.5 施工阶段的沟通与组织协调

施工阶段参建单位众多，各参建单位均要实现各自的目标与利益，各参建单位处理事情的角度与习惯也不尽相同，并且不少工作成果往往是多个参建单位共同努力的结果，所以各参建单位之间的沟通、协调必不可少。项目管理团队是各参建单位工程管理工作的集成者，所谓集成，在很大程度上就是指为了实现项目总目标，积极主动实施沟通、协调，调动各参建单位积极性，将各参建单位形成目标一致、步调协调的整体，排除各项干扰，协调各项矛盾，使施工顺利进行。一个成功的项目管理人员，特别是项目经理，最主要的任务之一就是充分发挥自己的沟通能力，开展沟通和组织协调工作，使项目管理团队更加合理和高效地工作，使各参建单位为实现项目总目标努力奋斗。沟通是组织协调的信息保证和手段，没有良好的沟通就不会有效的协调；组织协调是沟通的目的之一，也是沟通过程的基本内容，没有协调的需求，沟通则失去方向。所以沟通和组织协调是有机的整体，不可分割。

6.5.1 充分发挥沟通的作用

沟通是人们带着一定的动机、目的、态度，通过各种途径传递信息、情感、态度、思想、观点等，好的沟通对项目的发展和人际关系的改善都有促进作用。项目管理团队应充分发挥沟通的下列主要作用❶。

(1) 为项目决策和计划提供依据：来自项目内、外部准确、完整、及时的信息，并对这些信息进行有效的沟通，有利于项目管理团队作出正确的决策和周密的计划。

(2) 为组织和管控过程提供依据和手段：项目管理团队只有在掌握和沟通了各方面信息后，才能有效地组织实施和管控项目建设的各过程。

(3) 有利于建立和改善人际关系：信息沟通、意见交流，将许多独立的个人、团队、组织贯通起来，形成一个整体。信息沟通还是人的一种重要心理需要，是人们用以表达思想感情与态度，寻求同情与友谊的重要手段。畅通的信息沟通，可以减少人与人的冲突，改善人与人之间的关系。

(4) 为项目经理的成功领导提供重要手段：项目经理依赖于各种途径将意图传递给下级人员和相关参建单位，并使其理解和执行。没有畅通的信息交流和良好的沟通，下级人员和相关参建单位就不能正确、及时地理解和执行，项目就不能按项目经理的意图进行，最终导致项目各项工作混乱甚至项目失败。

6.5.2 掌握良好沟通的要点

对不同的沟通对象，要掌握下列沟通的要点：

1. 与业主方的沟通

业主方是工程项目的所有者，行使项目的最高权力，项目管理机构是为业主提供管理服务，必须服从业主的决策、指令。做好沟通的要点如下：

(1) 加强双方的理解：一方面，首先项目经理要对项目的总目标和业主的意图有准确的理解，要反复阅读合同或项目任务文件；其次在日常工作中要采取换位思考的方式，站在业主的立场上考虑其需求，明确业主到底需要什么样的服务。另一方面，项目经理对项目管理团队所做的工作、采取的措施和决策建议，应充分说明其根据和理由，取得业主的理解和认可。

(2) 尊重业主，注重向业主请示、报告：定期和不定期地向业主报告项目进展情况，所做的工作及其效果，让业主了解项目的全貌和项目的实施状况；在请示业主作工作决策时，应向其提供充分的信息、方案的利弊得失、方案的依据及对目标的影响。

(3) 经常向业主解释项目的过程和项目的管理方法，使其理解项目管理方法，减少其非程序干预和越级指挥。

2. 与参建单位的沟通

施工阶段参建单位主要是指设计单位、施工单位、材料供应单位等，如业主另行委托监理，则还包括监理单位。他们与项目管理单位没有直接的合同关系，但根据他们与业主合同的约定，必须接受项目管理团队的领导、组

---

❶ 中国建筑业协会工程项目管理委员会. 中国工程项目管理知识体系（第二版）. 北京：中国建筑工业出版社，2011 年 1 月第二版：390

织、协调和监督。与他们做好沟通的要点如下：

（1）应让各参建单位理解项目的总目标、阶段性目标及各自的目标、项目的各项实施方案、各自的工作任务和职责等，增加项目的透明度，这不仅体现在技术交底中，而且应贯穿在整个项目的实施过程中。

（2）向他们解释清楚，并用工作实际真诚地向他们表明，项目管理团队是项目各项管理工作的集成者，所开展的各项工作都是为了施工能顺利进行，既是为业主服务，也是为他们服务，都是为实现项目的总目标。并用工作实践表明，项目没有集成管理，各参建单位各自为阵，项目不可能顺利进行，以提高各参建单位互相沟通和主动与项目管理团队沟通的自觉性。

（3）应尊重各参建单位：项目管理团队应认识到没有各参建单位的努力，项目的目标就不可能实现，应使各参建单位共赢。项目管理团队特别是项目经理应鼓励参建单位将项目实施状况的信息、实施结果和遇到的困难，心中的不平和意见与其交流和沟通，这样可及时寻找和发现对计划、对管理的误解或对立情绪可能产生的干扰。不能随便对参建单位动用处罚权或经常以处罚相威胁，更不可违背合同约定实施处罚。

3. 与政府等相关部门的沟通

施工阶段建设行政主管部门及其委托的质量安全监督机构，环保、环卫、消防、街道等部门和机构将对项目实施监督、检查甚至执法，项目管理团队应做好与这些部门、机构的沟通，并要求各参建单位与其做好沟通工作。

（1）应以满足法律法规要求开展各项工作来迎接这些部门、机构的监督、检查，否则将始终处于被动地位，失去了主动与这些部门沟通的机会。

（2）主动向他们请示、汇报，与他们联络，不可平时"老死不相往来"，有事"临死抱佛脚"。

4. 项目管理团队内部的沟通

在项目管理团队内部沟通中，项目经理起着核心作用，如何协调各成员工作，激励他们努力、高效工作是项目经理的重要课题。

（1）建立完善的项目管理系统，明确划分各自的工作职责，设计比较完善的工作流程，明确规定项目的正式沟通方式、渠道和时间，使大家按程序、按规则办事。

（2）尽量推行民主的工作作风，不独断专行，关心各个成员，建立和谐的工作氛围，礼貌待人，多倾听他们的意见、建议，公开、公正、公平处理事务，合理分配资源，公平地进行奖励。

（3）对上层的指令、决策应清楚、及时地通知项目相关职能部门和成员。

（4）经常召开项目管理团队工作会议，让大家了解项目进展情况、遇到的问题和危机，鼓励大家同舟共济。❶

---

❶ 李明安、邓铁军、杨卫东．工程项目管理理论与实务．长沙：湖南大学出版社，2012：282

5. 项目管理团队与项目管理单位的沟通

项目管理团队的成员在提供项目管理服务过程中，工作头绪多，压力大，工作繁忙、辛苦，但必须（特别是项目经理）与公司保持密切的沟通，除按规定向公司上报工作计划、工作月报等外，项目经理应以述职方式面对面向公司领导与相关部门报告工作，使公司了解项目管理团队的工作及其成效、项目进展情况。项目经理也应如实反映工作中存在的问题和遇到的困难，以取得公司领导、相关职能部门的理解与支持，必要时可召开专题会议研究解决遇到的问题。

6.5.3 选择适宜的沟通方式

项目经理与成员应根据沟通信息的性质、沟通的目的、信息接受者的特点，选择不同的沟通方式。沟通有如下方式。

1. 正式沟通与非正式沟通

（1）正式沟通：是组织的规章制度规定的沟通方式，如按组织系统公布的命令、指示、文件，组织召开的正式会议，组织内部成员之间因工作需要而进行的正式接触等。正式沟通的优点是沟通效果好，比较严肃且约束力强，具有权威性；缺点是沟通速度慢。

（2）非正式沟通：是一种以社会关系为基础，与组织规章制度无关的沟通方式。如员工之间的私下交谈等。其优点是沟通方便、速度快，而且能提供一些正式沟通中难以获得的信息；缺点是容易失真。

2. 上行沟通、下行沟通和平行沟通

（1）上行沟通：指自下而上的沟通。项目经理应采取一些措施以鼓励上行沟通，只有上行沟通渠道畅通，项目经理才能掌握全面情况，作出符合实际的决策。

（2）下行沟通：指自上而下的沟通，一般是领导者向被领导者颁布命令和指示的过程。

（3）平行沟通：是指组织中各平行部门或组织之间的信息交流。只要在沟通前得到领导的许可，并在沟通后把任何值得肯定的结果及时向直接领导汇报，这种沟通方式效果较好，值得提倡。

3. 单向沟通与双向沟通❶

（1）单向沟通：是指信息发送者和接受者两者之间的地位不变，一方只发送信息，另一方只接收信息，且不需要反馈信息。如工作报告、发布指令等。这种沟通方式速度快，信息发送者压力小。但接收者没有反馈意见的机会，不能产生平等和参与感，不利于增强接收者的自信心和责任心，不利于建立双方的感情。

（2）双向沟通：是指发送者与接收者两者之间的位置不断交换，且发送

---

❶ 中国建筑业协会工程项目管理委员会. 中国工程项目管理知识体系（第二版）. 北京：中国建筑工业出版社，2011年1月第二版：391

者是以协商和讨论的形式面对接收者,信息发出后还需及时听取反馈意见,必要时双方可进行多次商谈,直到双方共同明确和满意为止,如交谈、谈判等。双向沟通的优点是信息准确性较高,接受者有反馈意见的机会,产生平等感和参与感,增加自信和责任心,有助于建立双方的感情。其缺点是速度较慢。项目经理应注重这种沟通方式。

6.5.4 召开成功的项目会议

在本书"3.8.2 有效设计沟通应遵循的原则(沟通技巧)"中阐述了设计阶段沟通的技巧,这些沟通技巧在施工阶段同样适用。但施工阶段参建单位众多,各参建单位均有各自的目标与利益,涉及的问题更多、更复杂,为了达到沟通、组织协调的目的,项目会议往往成为沟通的主要方式,项目经理也往往将大部分精力投入到会议准备、召开会议中,故项目会议是否成功就至关重要。项目会议成功的要点如下。

(1) 有明确的目标,或仅当会议可能达到期望的结果时才举行会议。项目经理在会前应明确本次会议需解决哪些问题,甚至应基本明确这些问题如何解决较为理想,这点对专题会议容易掌握,但对例会也应同样掌握。对一些专题会议,应选择召开会议的时机,当对会议议题分歧较大或时机不成熟,预计不能达到期望结果时,宜先进行非正式沟通或召开预备会,待条件成熟时再召开正式会议。

(2) 开会前应做好充分准备。会前的准备工作通常是会议成功的关键,会前应将会议议程告诉参会各方,并宜达成共识,要求参会者做好准备。对一些重要问题的解决方案,项目管理成员与项目经理、项目经理与业主方应基本达成共识。会前准备还包括准备会议的资料并分发给与会人员。

(3) 控制好会议。项目经理往往主持会议,作为会议的主持人应控制与会者紧扣会议主题讨论。当达到会议某一议题目标时,就适时小结讨论结果转入下一议程,当未达到目标时,就引导与会者继续讨论。应控制会议尽量不要超时。

(4) 保持活跃的会议气氛。项目经理并要求项目管理团队成员能互相倾听别人的意见,虚心听取不同意见,让与会者可以自由地表达自己的观点;会议主持人适时总结会议的进展,或指出没有进展而需讨论的内容,鼓励与会者活跃地参与讨论。

(5) 会议应形成决议。会议主持人应引导会议形成决议,不可有议无决,并且决议应明确,并确保与会者对所有决议有清楚地理解,避免产生误解。会后尽快整理会议记录,编写会议纪要,并分发给所有被邀请参加会议的人,不管他们是否参加了会议,会议纪要还应分发给与执行会议决议相关的单位。

6.5.5 施工阶段组织协调的任务

综上所述,组织协调是沟通的目的之一,沟通是组织协调的手段,沟通的过程往往就是组织协调的过程。作为建设项目管理的集成者，项目管理团队组织协调的任务很多，除与业主方的沟通外，施工阶段组织协调的任务分下列几类，项目管理团队应主动协调好。

（1）完善建设管理模式：工程建设管理模式的策划一般应从项目前期策划阶段即开始进行，涉及较为具体的工程发包和物资采购在施工准备阶段也基本确定，这在本书"2.3 项目实施组织策划"和"4.1 工程发包与物资采购的总体策划"中已有阐述。但在施工阶段，由于具体情况和条件与初始策划时可能发生变化，并且随着各参建单位逐步进场，也需对管理模式进行检视，发现不利于工程建设顺利进行和各项目标实现的问题，及时进行协调，完善建设管理模式，包括组织机构、管理（指令）关系、管理界面、相关制度流程的策划、调整和完善。

（2）对各参建单位之间的组织协调：工程项目建设过程中，往往一项任务需多个参建单位协同配合才能完成，这就需要项目管理团队组织协调。对这方面的组织协调，项目管理团队应将工作重点放在未建立合同关系的参建单位之间，特别是业主方直接发包的专业承包单位和业主方直接采购的供应商与总承包之间的协调工作。总承包范围内和总承包单位负责发包的专业承包单位、采购的供应商应由总承包单位主要负责组织协调。对各参建单位的协调还包括界面协调，如施工作业面的提供、督促进行交接检、材料与设备的供订货、成品保护、部分施工机械的使用、施工总平面的管理，建立各参建单位的沟通机制，组织或参与处理现场纠纷等。

（3）与政府相关部门的协调：在设计与施工准备阶段，大部分审批与征询事项已完成，但在施工阶段，还会有一些事项需向政府相关部门征询或取得其批准；另外政府相关部门在施工阶段还要进行监管与执法检查。现在特别强调建设单位是建设项目的第一责任人，项目管理团队应依据委托合同的约定，完成与政府相关部门的协调。

（4）协调与施工现场周边群体的关系：在施工过程中，由于噪音、光污染等原因会产生扰民现象，也可能存在施工前与周边群体未完全解决的遗留问题，项目管理团队应主动协调与这些群体的关系，不要将矛盾激化，使施工顺利进行。

7 竣工验收及收尾阶段的项目管理

竣工验收是建设项目实施过程的最后阶段，竣工验收对保证工程质量，促进建设项目及时投入使用或投产，发挥投资效益有着重要作用；竣工结算、决算是建设项目投资控制的最后阶段。项目管理团队在竣工验收阶段对项目管理工作的策划和实施，对项目质量、进度和投资总目标的实现有着重要作用。建设项目收尾阶段的移交和保修管理是向业主提供整个项目管理必不可少的一项服务内容。项目管理工作结束时向业主方提交项目管理工作总结，是项目管理团队向业主方做的最终交代，也是日后业主方及其上级相关部门作项目后评估所需要的资料。并且，项目管理团队通过项目管理工作总结，全面回顾项目管理工作，认真总结经验教训，对提高团队自身与企业项目管理服务水平有着极其重要的作用。本章将阐述房屋建筑与市政基础设施工程竣工验收及收尾阶段的主要项目管理工作。

7.1 项目竣工验收前的准备工作

为了使竣工验收顺利进行并达到预想效果，项目管理团队应依据法律法规及规范性文件、项目管理委托合同、施工合同及相关技术标准，精心策划，作好竣工验收的各项准备工作。

7.1.1 督促各参建方认真进行各系统联动调试

房屋建筑与市政基础设施工程竣工验收与交付使用的重要条件之一是各设备系统的运行符合技术标准和设计要求，各系统的联动调试是实现和检验其是否符合要求的手段，也是检验施工过程中质量控制效果的最终程序之一。

1. 督促安装施工总承包单位编制联动调试方案并审查

安装施工总承包单位应依据项目特点及施工进展情况编制联动调试方案，该方案应包括联动调试各系统名称、系统调试的顺序与时间、联动调试前应具备的条件、调试应达到的效果、调试人员及其培训、测试的仪器和仪表、检测调试效果的人员等。特别应强调的是进行联动调试的前提是各个系统的设备和附属设施必须进行各单体的试运转，并达到施工验收规范的规定和产品的技术标准。民用建筑工程联动调试一般应主要包含给水排水及采暖系统、强电系统、消防系统、通风空调系统、智能建筑系统等。项目管理团队收到安装施工总承包单位编制的联动调试方案后，应组织设计单位、监理单位（为另行委托监理单位）审核该方案，审核的重点是调试的内容与顺序是否符合工程实际，调试的顺序与时间对竣工验收的影响，调试应达到的效果是否符合设计要求，调试前应具备的条件等。

联动调试过程中往往会因为调试人员误操作或疏漏，而发生意外事故，如接错电源引起毁坏设备甚至局部火灾、跑水漏水损坏装修等，故联动调试方案中还应包含检查机制与应急预案，以免发生意外事故影响竣工验收和造成损失。

2. 督促、检查安装施工总承包实施联动调试

对联动调试的管理属于施工阶段质量管理的范畴，项目管理团队应依据施工阶段质量管理的原则和方法对联动调试实施管理，如业主另行委托监理，则应督促监理单位对联动调试的具体事务实施控制。项目管理团队在联动调试实施中应把握以下要点。

（1）各系统联动调试前的准备工作及实施是否按审核的联动调试方案进行，若未按方案实施，应组织查明原因，采取补救措施。

（2）应检查督促安装施工总承包单位及相关单位，根据联动调试情况，将相关技术参数及调试结论记载在各系统试运转及调试记录中，并经相关责任人签认。

（3）若联动调试合格，应要求施工单位及时提交联动调试报告及相关文件，并组织各参建单位对调试结果进行评估。

（4）若联动调试不符合规范及设计要求，应督促相关单位查明原因，整改后再次调试，直到符合要求。

（5）督促相关单位，在联动调试过程中，实施责任制，加强检查，必要时启动应急机制，防止发生和处置意外事件，以免或减少损失。

7.1.2 检查工程项目是否具备竣工验收的条件

北京市住房和城乡建设委员会于2015年2月13日发布了《北京市房屋建筑和市政基础设施工程竣工验收管理办法》（京建法【2015】2号），项目管理团队应根据该文件规定，对照检查项目是否具备竣工验收的条件，并对尚不完全满足该规定的作出安排。

该文件规定工程竣工验收应当具备下列条件：

（1）完成工程设计和合同约定的各项内容；

（2）有完整的技术档案和施工管理资料，其中应包括工程使用的主要建筑材料、建筑构配件和设备的进场试验报告、工程质量检测和功能性试验报告、采购信息备案资料，并取得城建档案馆预验收文件；

（3）单位工程质量竣工验收合格；

（4）建设单位已按合同约定支付工程款；

（5）有施工单位签署的工程质量保修书；

（6）取得法律、行政法规规定应当由规划行政部门出具的认可文件或者准许使用文件；

（7）工程无障碍设施专项验收合格；

(8) 对于住宅工程，建设单位组织施工和监理单位进行的质量分户验收合格；

(9) 对于民用建筑工程，建设单位已组织设计、施工、监理单位对节能工程进行专项验收，并已在市或区县建设行政主管部门进行民用建筑节能专项备案；

(10) 对于商品住宅小区和保障性住房工程，建设单位已按分期建设方案要求，组织勘察、设计、施工、监理等有关单位对市政公用基础设施和公共服务设施验收合格；

(11) 规划许可中注明规划绿地情况的建设工程，建设单位组织设计、施工、监理等有关单位对附属绿化工程是否符合设计方案验收合格；

(12) 建设单位已按照国家和本市有关规定，在工程明显位置设置了载明工程名称和建设、勘察、设计、施工、监理等单位名称及项目负责人姓名等内容的永久性标识；

(13) 建设主管部门及工程质量监督机构责令整改的问题全部整改完毕；

(14) 法律、法规规定的其他条件。

项目管理团队在检查工程项目是否具备竣工验收条件时，原则上上述条件均应满足，但在实践中，有时也会遇到一些特殊情况，由于不可抗力当时不能完成，且这些未完成工程（工作）不影响当前的主要使用功能，也不存在质量、安全风险。比如冬季竣工验收的工程项目，绿化工程未按设计方案施工（但绿化场地已按设计预留）；又如冬季竣工验收的公共建筑，通风空调工程未进行联动调试等。遇到这些类似情况时，项目管理团队应从实际出发，主动与建设主管部门或工程质量监督机构沟通，说明情况，并与总承包单位及相关参建单位协调，达成甩项验收的共识，并约定完成时间，请示建设主管部门和工程质量监督机构先进行工程竣工验收。

7.1.3 组织编制项目竣工验收计划和方案

项目管理团队对竣工验收策划的结果即为竣工验收的计划和方案，应包括竣工验收的内容和程序、时间安排、参加的单位和人员等。

(1) 竣工验收的法定程序：《北京市房屋建筑和市政基础设施工程竣工验收管理办法》（京建法【2015】2号）对竣工验收的程序作了下述规定。见图7-1。

说明：因《北京市房屋建筑和市政基础设施工程竣工验收管理办法》未将消防、人民防空、环境卫生设施、防雷装置、通信、有线广播电视传输覆盖网、环境保护设施、特种设备等验收作为工程竣工验收条件，故在上述程序图内未包含这些专项验收，但这些专项验收也应按照有关规定联系相关部门办理，否则不得交付使用，并且有些专项验收（如消防）在竣工验收备案时必须提供验收合格的文件。

(2) 编制竣工验收计划和方案：该计划和方案编制的要点如下：

1) 明确各项验收和工作的时间：依据上述法定程序，对涉及的事项，

7 竣工验收及收尾阶段的项目管理

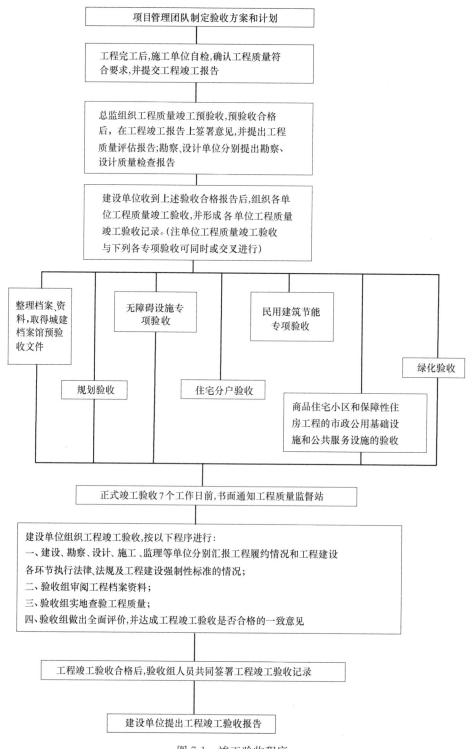

图 7-1 竣工验收程序

结合工程进展情况和验收工作的需要，排出各项验收和工作的时间表。

2）根据各项验收应具备的条件，分析完成验收存在的问题，落实解决问题的时间与责任人,并跟踪实施情况。

3) 明确各项验收和工作的责任人和参加人员。

(3) 本条主要依据性文件:

《北京市房屋建筑和市政基础设施工程竣工验收管理办法》(京建法【2015】2号)。

7.1.4 实施工程竣工验收前必须进行的各项专项验收

《北京市房屋建筑和市政基础设施工程竣工验收管理办法》将通过规划、无障碍设施、住宅分户、民用建筑节能、住宅小区的市政公用基础和公共服务设施、绿化等验收作为工程竣工验收的条件,故在工程竣工验收前应按竣工验收计划进行这些专项验收。

1. 规划验收

(1) 规划行政主管部门对建设工程实施规划验收的内容:

1) 主体建筑的总平面位置、层数、高度、立面、建筑规模和使用性质等与建设工程规划许可证批准的是否一致;

2) 用地范围内和代征地范围内应当拆除的建筑物、构筑物及其他设施的拆除情况;

3) 代征地、绿化用地的腾退情况;

4) 单独设立的配套设施的建设情况。

(2) 规划竣工验收的程序:

1) 建设工程竣工后,建设单位向规划行政主管部门申请规划验收,并填写、报送下列材料:

①《建设工程规划验收申请表》;

② 建设工程竣工图中的设计图纸目录、总平面图、各层平面图、各向立面图、各主要部位剖面层、基础平剖面图各一份;

③ 由具有相应测绘资质等级的测绘单位编制的《建设工程竣工测量成果报告书》、《房屋土地测绘技术报告书》(均为原件);

④《城市建设工程竣工档案登记表》原件;

⑤ 建设单位所持的建设工程规划许可证附件。

2) 规划行政主管部门对建设单位报送的申请规划验收材料审核无误后,发给《建设工程规划验收申请回复单》。

3) 对具备规划验收条件的建设工程,规划行政主管部门在收到申请之日起,在7个工作日内组织规划验收。

4) 规划验收合格的,由市或区、县规划行政主管部门按分工规定实施签章。

5) 建设单位持《建设工程规划验收申请回复单》,到规划行政主管部门领取已签章的建设工程规划许可证附件。

注:居住区的配套设施和环境建设应与住宅建设同步进行,建设工程规划许可证所核准建筑的周边环境及配套设施应同时验收;约占住宅总规模20%的住宅建筑与居住区

最后完成的环境配套设施一并验收。

(3) 规划验收的依据性文件：

1)《北京市建设工程规划监督若干规定》实施细则；

2) 规划核验【城镇建筑工程（验收）】（北京市）。

2. 无障碍设施专项验收

(1) 无障碍设施专项验收的内容

《无障碍设施施工验收及维护规范》GB 50642—2011 将无障碍设施划分为缘石坡道、盲道等 17 个分项工程，并规定了每个分项工程的验收内容，每个分项工程的验收内容详见该规范。

(2) 无障碍设施专项验收的程序

《无障碍设施施工验收及维护规范》GB 50642—2011 规定："无障碍设施的施工和交付应与建设工程的施工和交付相结合，同步进行。无障碍设施施工应进行专项的施工策划和验收；……"并规定："无障碍设施的施工及质量验收应符合国家现行标准《城镇道路工程施工与质量验收规范》CJJ 1 和《建筑工程施工质量验收统一标准》GB 50300 的有关规定"。依据这些规定，无障碍设施专项验收的程序如下：

1) 可根据施工、质量控制和专业验收的需要，将分项工程划分为若干个检验批。当每个检验批完工时，由专业监理工程师组织施工单位项目专业质量检查员、专业工长等进行验收，形成《检验批质量验收记录》。

2) 当一个分项工程中所有检验批完成，且每个检验批质量验收均合格，要求将所有检验批质量验收记录汇总，专业监理工程师组织施工单位项目专业技术负责人等进行验收，形成《分项工程质量验收记录》。

3) 无障碍设施的所有分项工程完成，且每个分项工程质量验收均合格，监理工程师组织施工单位项目质量负责人进行无障碍设施专项验收，形成《无障碍设施专项验收报告》，该报告应包括：无障碍设施所含分项工程名称、分项工程验收情况和结论，应附无障碍设施所有分项工程的质量验收记录。

4) 工程竣工验收时，施工单位提交《无障碍设施专项验收报告》，验收组抽查无障碍设施施工质量。

(3) 无障碍设施专项验收依据性文件

1)《无障碍设施施工验收及维护规范》GB 50642—2011。

2)《北京市无障碍设施建设和管理条例》。

3. 住宅分户验收

(1) 住宅分户验收的内容：北京市住房和城乡建设委员会 2009 年 5 月 26 日发布的《关于加强住宅工程质量分户验收管理工作的通知》（京建质【2009】383 号）规定住宅分户验收分两个阶段进行：第一阶段是在主体结构分部工程验收前，对住宅工程的每一套住宅及公共部位的主体结构工程观感质量、结构尺寸和使用功能质量进行专门验收。第二阶段是在单位工程质量竣工验收前，对每一套住宅及公共部位的工程观感质量、主要部位净尺寸和使用功能质量进行专门验收。在本章中主要针对第二阶段的住宅分户验收。分户验收过程中，应将工程观感质量和使用功能质量作为主要检查验收项目。包括：建筑结构外观及尺寸偏差；地面、墙面和顶棚面层质量；防水工程质量；采暖、制冷、通风系统安装质量；给水、排水系统安装质量；室内电气工程安装质量；其他规定、标准中要求分户检查的内容。

（2）住宅分户验收的组织：对于业主方已委托项目管理的工程项目，项目管理团队应负责分户验收工作，分户验收的具体组织工作应由项目管理团队项目经理承担。项目经理应组织成立分户验收工作组，工作组成员应包括以下人员。

1）项目管理团队各专业技术负责人；

2）监理单位（如业主另行委托监理）项目各专业监理工程师；

3）施工单位项目技术、质量负责人，项目技术、质量专业人员；

4）分包单位项目负责人、专业技术质量负责人；

5）已选定物业公司的，物业公司项目负责人、专业技术人员等。

（3）住宅分户验收工作的要点：

1）分户验收前编制《分户验收工作方案》：分户验收前，项目管理团队应组织施工单位、物业管理单位编制《分户验收工作方案》，该方案应包括：工作组成员和人员职责；分户验收的程序；检查验收项目、内容和数量，并绘制抽查点分布图；验收标准，特别施工合同中有高于国家验收标准的验收项目；应形成的检查、验收记录。应通过编制该方案，统一思想，形成共识，实践证明这对于顺利进行分户验收，提高实效有重要作用。

2）分户验收的时间：分户验收应在施工单位提交工程竣工报告后，单位工程质量竣工验收前进行，要求施工单位在分户验收前提交工程竣工报告，可提高施工单位质量意识，施工单位应通过自检，确认具备分户验收的条件，争取分户验收基本能一次通过，否则将加大分户验收的工作量。各单位工程可分期分批进行，应编制各单位工程分户验收的计划。

3）分户验收可实施样板先行的方法：分户验收前，项目管理团队组织施工单位制作一批分户验收样板间（也可结合施工前制作的样板间），确定装饰装修和设备安装各分户验收项目的验收标准，应包括工程外观质量和使用功能质量两方面；并确定分户验收的程序和方法。样板间完成后，组织分户验收工作组成员模拟分户验收，掌握验收标准、程序和方法，并要求施工单位在分户验收前按该标准对整个工程进行分户验收自检，这样可大大提高分户验收的效率。

4）按规定做好分户验收检查记录：《关于加强住宅工程质量分户验收管理工作的通知》规定应形成下列记录。

① 在《住宅工程质量分户验收检查记录表》中填写分户验收内容所对应的《检验批质量验收记录》表格的编号。

② 对于实测实量检查、使用功能检查及观感质量检查，将检查结果形成检查标识，按该通知要求设立在检查部位或户内显著位置。应注意留存一

份检查标识备用,或留存影像资料。

③ 对分户验收中不符合要求的项目,分户验收工作组应向责任单位发《住宅工程质量问题整改处置记录》,责成其整改,整改符合要求后,分户验收工作组填写整改结论。

④ 分户验收合格的,形成《住宅工程质量分户验收表》,相关单位签章,该表一式两份,一份作为《住宅质量保证书》的附件交业主(或物业单位),一份由建设单位保存。

5) 抓整改落实:对分户验收过程中发现的质量问题,项目管理团队要狠抓整改落实,应要求责任单位制定整改措施,限期整改,整改后复查至符合要求。对分户验收过程中发现的质量问题应采用逐一消项的办法,不留死角。

6) 制定激励措施:分户验收工作量大,对住宅工程最终施工质量有决定性的作用,且直接影响工程交付。项目管理团队可制定奖惩办法,根据分户验收过程中发现工程质量问题的多寡程度和整改效果实施奖惩。

(4) 住宅分户验收依据性文件

1) 住房和城乡建设部《关于做好住宅工程质量分户验收工作的通知》建质【2009】291号。

2) 北京市住房和城乡建设委员会《关于加强住宅工程质量分户验收管理工作的通知》京建质【2009】383号。

4. 民用建筑节能专项验收

(1) 民用建筑节能工程验收的内容

《建筑工程施工质量验收统一标准》GB 50300—2013已正式将建筑节能工程列为建筑工程的一个分部工程,其中围护系统节能、供暖空调设备及管网节能、电气动力节能、监控系统节能这4个子分部中的所有分项工程在《建筑节能工程施工质量验收规范》中已包含。在《建筑工程施工质量验收统一验收标准》GB 50300—2013中又增加了可再生能源子分部工程,其包含了地源热泵系统节能、太阳能光热系统节能、太阳能光伏节能三个分项工程。

(2) 民用建筑节能专项验收的程序

1) 督促施工单位收集、整理施工过程中形成的节能工程验收记录:施工单位应按照《建筑工程施工质量验收统一标准》GB 50300—2013和《建筑节能工程施工质量验收规范》GB 50411—2007的规定在施工过程中完成检验批、分项工程和子分部工程的验收,并形成相应的施工质量验收记录。节能专项验收前,项目管理团队应要求施工单位收集、整理该记录,提供整套记录。项目管理团队核查其完整性,特别应重点核查主控项目中应提供的试验记录。

2) 委托有资质检测机构并见证建筑节能工程现场检验:《建筑节能工程施工质量验收规范》GB 50411—2007规定:"建筑节能分部工程的质量验收,应在检验批、分项工程全部验收合格后的基础上,进行外墙节能构造实体检验,严寒、寒冷和夏热冬冷地区的外窗气密性现场检测,以及系统节能性能检测和系统联合试运行与调试,确认建筑节能工程质量达到验收条件后方可进行。"项目管理团队应在建筑节能专项验收前,委托有资质的检测机构完成上述现场检验并实施见证。对于采暖、通风空调系统,如由于节能分部验收时不具备检测的气候条件,宜在工程竣工1年内完成相应检测。而照明系统节能性能检测应在节能分部工程验收前完成。

3) 建筑节能分部工程验收:建筑节能分部工程验收应由总监理工程师或项目经理主持,施工单位的项目经理、项目技术负责人和相关专业的质量检查员、施工员参加;施工单位的质量或技术负责人参加;设计单位节能设计人员应参加。

建筑节能分部工程质量验收合格,应符合下列规定:

① 分项工程应全部合格;

② 质量控制资料应完整;

③ 现场实体检验结果(含外墙节能构造、外窗气密性、建筑设备工程系统节能性能等)符合设计要求和合格。

节能分部工程验收应形成《建筑节能分部工程质量验收表》,表式详见《建筑节能工程施工质量验收规范》GB 50411—2007的附录B。

4) 撰写《节能工程专项验收报告》:该报告应包括下列内容:工程概况;墙体、幕墙、门窗、屋面、地面、采暖、通风与空调、空调与采暖系统冷热源及管网、配电与照明、监测与控制节能工程情况;建筑节能工程现场检验情况与结论;采用新能源、新材料、新技术情况;其他需要说明的问题。

5) 到住房和城乡建设部门建筑节能管理机构办理建筑节能专项验收备案:属于区、县工程质量监督站监督的建设工程到区、县住房和城乡建设委员会建筑节能管理机构办理建筑节能专项验收备案;属于市工程质量监督总站监督的建设工程到市住房和城乡建设委员会建筑节能管理机构办理建筑节能专项验收备案。备案时需提供下列材料:

①《北京市民用建筑节能专项验收备案登记表》原件一式两份;

②《节能工程专项验收报告》原件一份;

③《北京市建筑节能设计审查备案登记表》复印件一份(加盖建设单位公章,下同);

④《建设节能分部工程质量验收表》复印件一份;

⑤《外墙节能构造钻芯检验报告》复印件一份;

⑥《外窗气密性、水密性现场实体检测报告》复印件一份;

⑦《系统节能性能检测报告》复印件一份;

⑧ 施工过程中,市、区县两级质量安全监督和执法部门对节能专项工程作出行政处罚或行政处理的,提供处罚或处理决定及整改合格的相关资料。

注:上述⑦《系统节能性能检测报告》因检测受竣工季节限制,实施先备案后补资料的办法。

(3) 民用建筑节能专项验收主要依据性文件：

1)《民用建筑节能条例》国务院令第 530 号；

2)《关于加强民用建筑节能专项验收备案工作的通知》京建材【2007】972 号；

3)《建筑节能工程施工质量验收规范》GB 50411—2007；

4)《民用建筑节能工程现场检验标准》GB11/T 555—2015；

5)《建筑工程施工质量验收统一标准》GB 50300—2013。

5. 附属绿化工程验收

(1) 附属绿化工程验收的内容

《北京市房屋建筑和市政基础设施工程竣工验收管理办法》（京建法【2015】2 号）规定工程竣工验收应当具备的条件之一是"规划许可中注明绿地情况的建设工程，建设单位组织设计、施工、监理等有关单位对附属绿化工程是否符合设计方案验收合格"。根据这一规定，组织建设工程竣工验收前附属绿化工程验收应包括下列内容：

1) 规划行政主管部门对附属绿化用地的面积和位置是否符合规划许可予以核实；

2) 建设单位组织绿化工程的设计、施工、监理等有关单位对绿化工程是否符合设计方案进行验收。

(2) 附属绿化工程验收的程序

1) 建设单位申请配套绿化的竣工验收，申办材料包括：

① 规划部门统一验收通知；

② 绿化面积测绘成果；

③ 绿化竣工图；

④ 园林绿化工程质量监督站的绿化工程监督证明。

2) 建设单位组织绿化管理部门、设计、施工、监理等有关单位对照施工图进行验收，验收通过后，绿化管理部门核发绿化工程验收证明书。

(3) 主要依据性文件

1)《北京市房屋建筑和市政基础设施工程竣工验收管理办法》（京建法【2015】2 号）；

2)《北京市绿化条例》（2009 年 11 月 20 日北京市第十三届人大常委会第 14 次会议通过）。

(4) 注意事项

本条附属绿化工程验收所阐述的内容是针对建设项目竣工验收前必须进行的专项验收，主要是检查绿化工程是否符合经审查的设计方案，以满足建设项目竣工验收的法定条件，而绿化工程的施工质量验收应按照绿化工程施工合同和施工质量验收标准进行。

6. 商品住宅小区和保障性住房工程的市政公用基础设施和公共服务设施的验收

(1) 商品住宅小区和保障性住房项目专业配套设施的概念

专业配套是为了保障居民基本生活的需要，依据"谁开发、谁配套"的原则，新建住宅与专业配套设施必须同步建设、验收、配套交付使用。专业配套包括市政公用基础设施和公共服务设施两大类。

1) 市政公用基础设施：主要包括城乡道路、公共交通、供水、排水、供电、燃气、通信、环卫、污水处理、防汛等设施。应依据居民生活配套需要和规划许可具体确定需验收的市政公用基础设施项目。

2) 公共服务设施：主要包括行政管理、社区教育、医疗卫生、文化体育、商业、邮政、养老、环卫、物业管理服务等设施，应依据规划许可具体确定需验收的公共服务设施项目。

(2) 专业配套设施验收总体要求

1) 对于供水、排水、供电、燃气等生活必需的市政公用基础设施，必须与住宅同步建设、验收、配套交付使用。

2) 对于社区综合管理服务类、教育类、医疗卫生类公共服务设施应在住宅总规模完成50%前，其他公共服务设施应在住宅总规模完成80%前完成建设，并同步验收、同步交付使用。建设单位建设住宅项目，特别是分期、分区域建设的，要合理安排建设时序，确保建设项目级居住公共服务设施在住宅总规模完成80%前完成建设，并同步验收。新建改扩建居住建设项目，未按照时序建设、验收、交付居住公共服务设施的，规划部门可对竣工的住宅建设工程不予规划核验，并对该建设项目其他建设工程暂缓核发规划许可；住房城乡建设部门不予办理竣工验收备案手续，暂停商品房预售和现房合同网上签约。

(3) 住宅建设竣工配套计划

为了使住宅专业配套设施验收符合要求和顺利进行，专业配套设施按计划建设至关重要，可参照上海市编制和审批住宅建设竣工配套计划的方法。

1) 编制住宅建设竣工配套计划的依据：总平面布置施工图；规划许可文件；各类专业配套设施的征询报告、批复文件或相关合同；各类专业配套设施的施工图；项目施工总进度控制计划；项目资金使用计划等。

2) 住宅建设竣工配套计划的审批：项目管理团队编制完成后报建设单位审核，如有条件报建设行政主管部门会同配套单位平衡审定。

3) 住宅建设竣工配套计划的作用：

① 该配套计划是对住宅各类专业配套设施建设、验收策划的输出，对组织各类专业配套设施的建设、验收具有指导、控制作用。

②《北京市居住公共服务设施配置指标实施意见》要求："住宅项目建设单位要严格按照建设项目级指标规定，配置相关居住公共服务设施，并向所在区县政府及时报告配建情况。"该配套计划可作为报告配建情况的内容之一。

③ 该配套计划经建设行政主管部门会同相关部门平衡审定后，将有利于项目管理团队与这些部门的沟通、协调，对各类配套设施的顺利建设和验

收有利。

(4) 专业配套设施验收的控制要点

1) 严格掌握验收的依据：验收的主要依据有规划许可文件（含总平面布置图、规划设计条件、规划许可证等）；各类专业配套设施的征询报告、批复文件或相关合同；各类专业配套设施的施工图；各类专业配套设施相关的验收标准；各配套设施的施工合同等。

2) 组织各专业配套设施验收时，应按规定邀请该专业主管部门及相关单位参加。

3) 验收合格后应形成规范的验收记录。

(5) 主要依据性文件

1)《北京市居住公共服务设施配置指标实施意见》（京建发【2015】7号）；

2)《北京市房屋建筑和市政基础设施工程竣工验收管理办法》（京建法【2015】2号）。

7.1.5 组织编制竣工档案资料，请城建档案馆对其预验收

工程竣工验收应具备的条件之一是"有完整的技术档案和施工管理资料"，故项目管理团队在工程项目竣工验收前应组织施工单位、设计单位、勘察单位、监理单位（为另行委托监理）分别编制各自的档案资料。

(1) 竣工档案资料的内容

以建筑工程为例，北京市地方标准《建筑工程资料管理规程》DB11/T 695—2009 规定了建设单位、施工单位、监理单位、城建档案馆应归档保存的档案资料，项目管理团队应按该规程要求，督促施工单位、设计单位、勘察单位、监理单位整理、编制竣工档案。项目管理团队也应按表 7-1 要求，整理、编制下列在项目管理过程中形成的资料，交建设单位和城建档案馆。

资料移交　　　　　　　　　　　　　　　表 7-1

编号	工程资料名称	表格编号	交建设单位	交档案馆
决策立项文件 A1	项目立项文件(项目建议书、可行性研究报告或项目申请书、备案登记表及其上述报告的批复文件)		√	√
	关于立项的会议纪要、领导批示		√	√
	专家对项目的有关建议文件		√	√
	项目评估研究资料		√	√
建设用地文件 A2	规划意见书及附图		√	√
	建设用地规划许可证、许可证附件及附图		√	√
	国有土地使用证		√	√
	北京市城镇用地批准书		√	√

7.1 项目竣工验收前的准备工作

续表

编号	工程资料名称	表格编号	交建设单位	交档案馆
勘察设计文件 A3	工程地质勘察报告		√	√
	建设用地钉桩通知单		√	√
	验线合格文件		√	√
	设计方案审查意见		√	√
	初步设计图及说明		√	
	设计计算书		√	
	消防设计审查意见		√	√
	施工图审查通知书		√	√
招标投标合同文件 A4	勘察招标投标文件		√	
	设计招标投标文件		√	
	施工招标投标文件		√	
	项目管理招标投标文件		√	
	监理招标投标文件		√	
	勘察合同		√	
	设计合同		√	
	施工合同		√	
	项目管理合同		√	
	监理合同		√	
	中标通知书		√	
开工文件 A5	建设工程规划许可证、附件及附图		√	√
	建筑工程施工许可证		√	√
商务文件 A6	工程投资估算文件		√	
	工程初步设计概算		√	
	施工图预算		√	
	施工预算		√	
	工程结算		√	√
竣工验收及备案文件 A7	建设工程竣工验收备案表		√	√
	工程竣工验收报告		√	√
	建设工程档案预验收意见		√	√
	《房屋建筑工程质量保修书》		√	
	《住宅质量保证书》、《住宅使用说明书》		√	
	建设工程规划、消防等部门的验收合格文件		√	√
其他文件 A8	工程未开工前的原貌、竣工新貌照片		√	√
	工程开工、施工、竣工的音像资料		√	√
	工程竣工测量资料		√	√
	建设工程概况	表 A8-1	√	√
	工程项目质量管理人员名册	表 A8-2	√	√

(2) 组织编制建设项目的竣工图

1) 竣工图的编制方法和要求

《建筑工程资料管理规程》JGJ/T 185—2009 和北京市地方标准《建筑工程资料管理规程》DB11/T 695—2009 对竣工图的编制均做了规定。竣工图编制的方法主要有两种：一利用施工蓝图改绘竣工图；二利用电子版施工图改绘竣工图。竣工图应满足下列要求。

① 各项新建、改建、扩建的工程均应编制竣工图。

② 竣工图应包括：建筑、结构、钢结构、幕墙、给水排水与采暖、建筑电气、智能建筑、通风空调、燃气、工艺布置、规划红线以内的室外工程。

③ 竣工图应完整、准确、清晰、规范修改到位，真实反映项目竣工验收时的实际情况。

④ 按施工图施工没有变动的，由竣工图编制单位在施工图上加盖并签署竣工图章（竣工图章式样详见北京市《建筑工程资料管理规程》中图 8.0.9）。

⑤ 一般性图纸变更及符合杠改或划改要求的变更，可在原图上更改，并在改绘部位注明修改依据，加盖并签署竣工图章。

⑥ 涉及结构形式、工艺、平面布置等的重大改变及图面变更面积超过 35% 的，应重新绘制竣工图，重绘图按原图编号、末尾加注"竣"字，加盖并签署竣工图章。

⑦ 竣工图纸必须是蓝图或绘图仪绘制的白图，不得使用复印的图纸。

⑧ 绘制竣工图应使用绘图笔或签字笔及绘图工具，不得使用圆珠笔或其他易褪色的笔墨。

⑨ 利用电子版施工图改绘的竣工图还应符合下列要求：

a. 改绘的部分用云线圈出，并注明修改依据；

b. 图签中应有原设计单位人员签字，没有原设计人员签字时，须附有原施工图，原图和竣工图均加盖竣工图章。

⑩ 竣工图应有图纸目录，目录所列的图纸数量、图号、图名应与竣工图内容相符，并应编制竣工图说明，叙述竣工图编制原则及编制情况。

⑪ 竣工图一般为两套，由建设单位向业主和使用单位移交，如城建档案馆和上级部门需要接收的，应另增加套数。

2) 编制竣工图的费用❶

① 编制竣工图的费用应在项目建设投资中解决，由建设单位在与承包单位签订合同时约定。

② 施工单位应向建设单位提交两套属于职责范围内形成的竣工文件（含竣工图），其费用由施工单位负责。

---

❶ 张毅．工程项目建设程序．北京：中国建筑工业出版社，2011 年：778

③ 建设单位要求增加套数或要求由设计单位负责编制竣工图的，费用由建设单位负责。

④ 因修改需重新绘制竣工图的，除合同约定外，应由设计单位负责绘制新图的费用。

(3) 核查各参建单位编制的竣工文件（交建设单位和城建档案馆归档的资料）

1) 核查竣工文件的职责分工：各参建单位应自查竣工文件，施工总承包单位应核查所有施工资料，包括专业分包单位编制的竣工资料；项目管理团队负责复核各参建单位编制的竣工资料，该工作可由负责监理工作的监理组完成。

2) 核查竣工资料的要点：

① 检查竣工资料是否齐全：如建筑工程项目应对照《建筑工程资料管理规程》检查各项资料是否齐全，份数是否符合要求。

② 检查各项资料的真实性、准确性和有效性。

③ 检查各项资料的签章是否符合规定。

④ 工程资料应为原件。当为复印件时，应加盖复印件提供单位的公章，注明复印日期，并有经手人的签字。凡为易褪色材料形成的并需要永久和长期保存的文件，应附一份复印件。

⑤ 核查可采用全数检查与抽查相结合的方式，对影响主体结构安全和重要使用功能的检测资料、结论性的意见、验收记录、事故处理记录及城建档案馆归档的资料应全数检查，对其他资料可抽查。

(4) 提请城建档案馆对竣工资料进行预验收

建设单位在组织工程竣工验收前，应提请城建档案馆对工程档案进行预验收，建设单位未取得城建档案馆出具的《建设工程档案预验收意见书》，不得组织工程竣工验收。

城建档案馆在进行工程档案预验收时，重点验收的内容：

1) 工程项目档案分类是否齐全、系统、完整。

2) 工程项目档案是否内容真实，准确地反映了工程建设活动和工程实际状况。

3) 工程项目档案是否已整理立卷，并符合《建设工程文件归档规范》GB/T 50328—2014 的规定。

4) 竣工图绘制方法、图式及规格等是否符合专业技术要求，图面整洁，盖有竣工图章。

5) 文件的形成、来源是否符合要求，要求单位或个人签章的文件，签章手续是否完备。

6) 文件的材质、幅面、书写、绘图、用墨等是否符合要求。

(5) 有关竣工资料的依据性文件

1)《建筑工程资料管理规程》JGJ/T 185—2009；

2) 北京市地方标准《建筑工程资料管理规程》DB11/T 695—2009；

3)《北京市市政基础设施工程资料管理规程》DB11/T 808—2011；
4)《建设工程文件归档规范》GB/T 50328—2014；
5)《城市建设档案管理规定》。

7.1.6 组织工程质量竣工预验收，督促整改预验收中发现的问题

在工程质量竣工验收前应先组织工程质量竣工预验收。
(1) 工程质量竣工预验收应具备的条件

工程完工后，施工单位进行了自检，确认工程质量符合有关法律、法规、设计文件、技术标准及合同的要求，并提出工程竣工报告。

(2) 工程质量竣工预验收的内容

1) 检查施工单位是否完成了施工合同和设计文件规定的全部工程内容。

2) 检查施工质量验收记录与施工现场质量是否相符，由于是竣工预验收，所以此时主要检查内外装饰装修及水、电、暖等各专业安装质量和使用功能是否符合设计文件及技术标准的要求。

3) 检查工程资料的完整性和准确性，详见本书7.1.5条。

(3) 工程质量竣工预验收的输出

1) 对工程质量竣工预验收过程中发现的问题形成整改记录，并经参加预验收的各方签认。

2) 对竣工预验收合格，或对发现问题已整改完毕并经项目管理团队确认合格后，签署《单位工程竣工预验收报验单》，项目管理团队提出《工程质量评估报告》，确认可组织工程质量竣工验收。

(4) 组织工程质量竣工预验收应注意的问题

1) 应充分发挥施工单位竣工自检的作用：工程质量竣工预验收工作量大，特别是群体工程的工程质量预验收，涉及众多单位工程和多专业，并且验收工作细致才能达到预验收的目的。为了使工程质量竣工预验收顺利进行，必须强调预验收前施工单位应认真自检，自检合格后再申报竣工预验收。可采取样板引路的方法，即在群体工程中确定一个单位工程（或单位工程中确定某一层或几层）先进行预验收，确定预验收的内容、方法、标准等，样板预验收合格后，要求施工单位按该样板的验收内容、方法、标准对其他工程进行自检，自检合格后再进行工程质量竣工预验收，这样可大大提高工程质量竣工预验收的效率。对于住宅工程，分户验收的过程已达到大部分质量预验收的目的。

2) 制定奖惩措施：为了充分发挥施工单位竣工自检的作用，项目管理团队可以与施工单位签订奖惩办法，对自检认真，顺利通过工程质量竣工预验收的实施奖励；对自检不认真造成竣工预验收时发现问题多，增大预验收难度的，实施惩罚。这样可增强施工单位竣工自检的积极性，使竣工预验收顺利进行。

3) 对工程质量竣工预验收过程中发现的问题，狠抓整改、复验：对工程项目而言，工程质量竣工预验收不可能不发现问题，竣工预验收的

目的就是检查施工内容、施工质量是否符合要求,发现问题整改,使竣工验收顺利进行。对预验收过程中发现的问题,应要求施工单位制定整改计划,确定整改责任人、完成时间等,确保按期完成,不影响竣工计划。项目管理团队应确定责任人跟踪整改计划的实施和复验,逐一消项。

4)工程质量竣工预验收可以单位工程为最小验收单元,特别对单位工程较多的群体工程,应随工程项目进展情况,分期分批地进行单位工程质量竣工预验收,免得一次验收量太大,这样做也有利于保证预验收的工作质量。

(5)工程质量竣工预验收的主要依据性文件

1)《北京市房屋建筑和市政基础设施工程竣工验收管理办法》(京建法[2015]2号);

2)北京市地方标准《建设工程监理规程》DBJ01-41—2002。

7.1.7 组织工程质量竣工验收

单位工程质量竣工验收合格是工程项目竣工验收应具备的条件之一,所以项目管理团队应在工程质量竣工预验收合格后,组织工程质量竣工验收(也可以单位工程为验收单元)。

对于原从事监理行业的工程技术人员,单位工程质量竣工验收是相当熟悉的业务范围,在此不再赘述,总的来说按《建筑工程施工质量验收统一标准》GB 50300—2013 实施。需注意下列事项。

(1)单位工程质量预验收合格后,除项目管理团队监理组提交《工程质量评估报告》外,勘察、设计单位应分别提交勘察、设计文件的《质量检查报告》,施工单位在工程质量竣工预验收前已提交《工程竣工报告》。

(2)单位工程质量竣工验收由建设单位组织项目管理、施工、设计、勘察等单位项目负责人进行,应邀请工程质量监督机构参加,但由于单位工程太多,工程质量监督机构不一定参加,因其后的工程项目竣工验收必定参加。

(3)对于只包含一个或两、三个单位工程的工程项目,有时也将工程质量竣工验收与工程竣工验收合并,但这样做必须确保工程质量竣工预验收的工作质量,确保工程质量合格,并事先与工程质量监督机构沟通、协调。

(4)工程质量竣工验收合格后,一定要按验收规范要求形成单位工程质量竣工验收记录。

(5)工程质量竣工验收主要依据性文件:

1)《北京市房屋建筑和市政基础设施工程竣工验收管理办法》(京建法[2015]2号);

2)《建筑工程施工质量验收统一标准》GB 50300—2013。

7.2 工程竣工验收和竣工验收备案

7.2.1 工程竣工验收的概念

《北京市房屋建筑和市政基础设施工程竣工验收管理办法》和本章的工程竣工验收是指对工程项目的总体验收，它不同于单位工程质量竣工验收。后者是工程项目内各单位工程验收，并只局限于施工质量，单位工程质量竣工验收合格只是工程项目竣工验收的一个内容和必备条件，而工程项目竣工验收的内容不只是工程质量竣工验收，并包含法定的其他验收，如规划、无障碍设施等专项验收；工程项目竣工验收的范围还包括项目内所有单位工程和配套设施，如绿化、市政公用基础设施和公共服务设施等。所以工程项目竣工验收必须在完成项目的设计和合同约定的全部内容后才能进行。

本书所指的房屋建筑工程竣工验收是民用建筑工程，若工业生产性项目的竣工验收尚须试生产（投料试车）合格，形成生产能力，能正常生产出合格产品后，才能进行竣工验收。且本文所指的竣工验收是建设单位和施工单位之间的验收，若国家和建设单位之间的验收，通常是在建设单位接受竣工项目并投入使用一年后，由国家或地方有关部委组成验收工作小组在全面检查项目的质量和使用情况之后进行验收。

7.2.2 工程竣工验收的程序

（1）项目管理团队组织建设、勘察、设计、施工、监理等单位组成验收组，对于重大和技术复杂的工程，可邀请有关专家参加验收组。建设、项目管理、勘察、设计、施工、监理等单位参加验收的人员应当是持有本单位授权委托书的项目负责人或本单位法定代表人。

（2）项目管理团队（或建设单位）应在工程竣工验收7个工作日前将验收的时间、地点、验收组名单及验收方案书面通知负责该工程的工程质量监督机构。

（3）建设单位主持工程竣工验收，按以下程序进行：

1）建设、项目管理、勘察、设计、施工、监理等单位分别汇报工程合同履约情况和工程建设各环节执行法律、法规及工程建设强制性标准的情况。

2）验收组审阅建设、项目管理、勘察、设计、施工、监理单位的工程档案资料。

3）验收组实地查验工程质量。

4）验收组对工程勘察、设计、施工、设备安装质量和各管理环节等方面作出全面评价，并达成工程竣工验收是否合格的一致意见。如不能形成一致意见，应当协商提出解决的方法，意见一致后重新组织工程竣工验收。当不能协商解决时，由建设行政主管部门或者工程质量监督机构裁决。

5）工程竣工验收合格后，及时形成验收组人员共同签署意见并加盖单位公章的工程竣工验收记录，作为工程竣工验收合格的证明文件。工程竣工验收记录中最迟签署意见的日期为工程竣工时间。

7.2.3 项目管理团队编写《工程竣工验收报告》

工程竣工验收合格后，项目管理团队应及时编写《工程竣工验收报告》，《工程竣工验收报告》是工程竣工验收备案时必须提交的文件。《工程竣工验收报告》内容主要包括工程概况，建设单位和项目管理单位执行基本建设程序情况，对工程勘察、设计、施工、监理等方面的评价（含施工图设计文件审查意见），工程竣工验收的时间、程序、内容和组织形式，工程竣工验收意见等内容。《工程竣工验收报告》还应附下列文件：

(1) 规划许可文件；
(2) 施工许可文件；
(3) 单位工程质量竣工验收记录；
(4) 工程竣工验收记录；
(5) 备案机关认为需要提供的其他有关资料。

7.2.4 办理工程竣工验收备案

《北京市房屋建筑和市政基础设施工程竣工验收管理办法》规定："建设单位应当自工程竣工验收合格之日起 15d 内，按照有关规定向建设主管部门备案。"

办理工程竣工验收备案需提供的文件：
(1) 工程竣工验收备案表一式两份；
(2) 工程竣工验收报告；
(3) 法律、行政法规规定应当由规划部门出具的认可文件或者准许使用文件；
(4) 法律规定应当由公安消防部门出具的对大型的人员密集场所和其他特殊建设工程验收合格的证明文件；（凡进行消防设计审核的建设工程，在工程竣工验收后、竣工验收备案前应向公安消防部门申请消防验收，由公安消防部门出具验收合格文件的工程范围详见《建设工程消防监督管理规定》公安部令第 119 号中第 13、14 条。）
(5) 施工单位签署的工程质量保修书；
(6) 住宅工程提交《住宅质量保证书》和《住宅使用说明书》；
(7) 法规、规章规定必须提交的其他文件：建设工程档案预验收意见书；
(8) 法人委托书。

备案部门审查《工程竣工验收备案表》及所附的文件合格后，由备案部门在《工程竣工验收备案表》中签署文件收讫并盖章，备案工作完成。该备案表一份由建设单位保存，一份由备案部门存档。

7.2.5 主要依据性文件

(1)《北京市房屋建筑和市政基础设施工程竣工验收管理办法》(市建法[2015] 2 号);

(2)《房屋建筑和市政基础设施工程竣工验收备案管理办法》(住建部令第 2 号);

(3)《建设工程消防监督管理规定》(公安部令第 119 号)。

7.3 工程项目交付使用前的专项验收和各项配套

《北京市房屋建筑和市政基础设施工程竣工验收管理办法》对建设行政主管部门管辖范围内的专项工程验收作了规定,将其作为工程竣工验收的条件,这些专项工程的验收在本书"7.1 节项目竣工验收前的准备工作"中已阐述。该管理办法不可能对其他行政主管部门管辖范围内的专项工程验收作规定,但也应进行专项验收,所以该管理办法规定:"工程竣工验收合格,且消防、人民防空、环境卫生设施、防雷装置等应当按照规定验收合格后,建设工程方可交付使用。"另外还有一些配套工程经验收合格后,才可准许使用,所以该管理办法规定:对于商品住宅小区和保障性住房工程,建设单位已按分期建设方案要求,组织勘察、设计、施工、监理等有关单位对市政公用基础设施和公共服务设施验收合格;通信工程、有线广播电视传输覆盖网、环境保护设施、特种设备等交付使用前应当按照规定验收。本节主要阐述项目交付使用前还应进行的各项专项验收和各项配套。

7.3.1 消防验收

1. 消防验收的方式

(1) 由公安机关消防机构组织消防验收

由公安消防机构组织消防验收的工程范围:凡由公安消防机构审核消防设计的新建、扩建、改建(含室内装修、建筑保温、用途变更)的项目均需向公安消防机构申请进行消防验收。具体范围如下:

1) 设有人员密集场所的建设工程,详见《建设工程消防监督管理规定》(公安部令第 119 号)第十三条。

2) 特殊建设工程,详见《建设工程消防监督管理规定》(公安部令第 119 号)第十四条。

(2) 由建设单位组织工程竣工验收合格后 7d 内向公安机关消防机构办理竣工验收消防备案,公安消防机构在备案的工程中随机抽取确定检查对象,20d 内公安消防机构进行检查,抽查不合格的,书面通知建设单位,工程项目停止使用,进行整改,整改后向公安消防机构申请复查,直至复查合格。

除上述由公安消防机构组织消防验收的,需领取施工许可证的工程项目均需进行竣工验收消防备案。

2. 公安消防机构进行消防验收的程序

（1）委托市消防监督机构认可的检测单位对消防设施（主要对固定消防灭火系统、自动报警系统、防排烟系统）进行检测（对只有室内消火栓系统的单位工程不作要求），检测合格后领取检测合格证明文件。该项工作宜安排在工程竣工验收前。

（2）工程竣工验收合格后，建设单位（项目管理团队）应尽快向公安消防机构申请消防验收（因工程竣工验收备案时，须提供消防验收合格的证明文件），领取并填写《建设工程消防验收申报表》。

（3）申请消防验收应提供下列材料：

1）建设工程消防验收申报表；

2）工程竣工验收报告和有关消防设施的工程竣工图纸；

3）消防产品质量合格证明文件；

4）具有防火性能要求的建筑构件、建筑材料、装修材料符合国家标准或者行业标准的证明文件、出厂合格证；

5）消防设施检测合格证明文件；

6）施工、工程监理、检测单位的合法身份证明和资质等级证明文件；

7）建设单位的工商营业执照等合法身份证明文件；

8）法律、行政法规规定的其他材料。

（4）公安机关消防机构在受理消防验收申请之日起 20 日内组织消防验收，并出具消防验收意见。

3. 消防验收的注意事项

（1）工程竣工验收消防备案提供的材料与申请消防验收所提供的材料基本相同，只是"建设工程消防验收申报表"换成"建设工程竣工验收消防备案申报表"。

（2）建设工程竣工验收未依法报公安消防机构进行消防备案，公安消防机构将依法处罚，责令建设单位 5 日内备案，并确定为抽查对象，逾期还不备案的，公安消防机构将通知建设单位停止使用。

（3）应由公安消防机构组织消防验收的，如建设单位未申报消防验收，则不能办理工程竣工验收备案，也不得交付使用。

（4）把握好工程竣工验收、备案与消防验收的时间交叉：北京市住房和城乡建设委员会发布的《北京市房屋建筑和市政基础设施工程竣工验收管理办法》规定：工程竣工验收合格之日起 15d 内，应进行工程竣工备案，并规定备案时应提供公安消防部门出具的人员密集场所和其他特殊建设工程消防验收合格的证明文件。（住房和城乡建设部的文件同）而公安部发布的《建设工程消防监督管理规定》却规定：申报消防验收应提供工程竣工验收报告（工程竣工验收合格后才能编制工程竣工验收报告）；并规定公安消防机构在受理消防验收申请后 20d 内组织消防验收。这样可能会出现取得消防验收合格证明文件时已超过了工程竣工验收备案的法定时限。解决办法：①尽量将消检和消防验收早日完成；②工程竣工验收记录中建设单位签署的验收时间和工程竣工验收报告签署的时间后移（因工程竣工验收记录中最迟签署意见的日期为工程竣工时间），使工程竣工验收记录、工程竣工验收报告、消防设施检测、消防验收的所有日期匹配。

4. 消防验收的主要依据性文件

（1）《北京市房屋建筑和市政基础设施工程竣工验收管理办法》（京建法【2015】2号）；

（2）《建设工程消防监督管理规定》（2012年7月6日公安部令第119号）。

7.3.2 环境保护验收

1. 环境保护验收的概述

（1）环境保护验收的概念：环境保护行政主管部门根据《建设项目竣工环境保护验收管理办法》（国家环保总局令第13号），依据环境保护验收检测或调查结果，并通过现场检查等手段，考核该建设项目是否达到环境保护要求的活动。

（2）有关"三同时"的相关规定：依据配套的环境保护设施与主体工程同时设计、同时施工、同时投产使用的原则，有关环境保护验收有下列规定：

1）建设项目的主体工程完工后，其配套建设的环境保护设施必须与主体工程同时投入生产或者运行。需要进行试生产的，其配套建设的环境保护设施必须与主体工程同时投入试运行。（《建设项目竣工环境保护验收管理办法》第6条）

2）建设项目试生产前，建设单位应向有审批权的环境保护行政部门提出试生产申请。（《建设项目竣工环境保护验收管理办法》第七条）

3）进行试生产的建设项目，建设单位应当自试生产之日起3个月内，向有审批权的环境保护行政主管部门申请该建设项目竣工环境保护验收。（《建设项目竣工环境保护验收管理办法》第10条）

4）建设项目竣工后，建设单位应当向有审批权（同环境影响报告书（表）或环境影响登记表的审批权限）的环境保护行政主管部门，申请该建设项目竣工环境保护验收。（《建设项目竣工环境保护验收管理办法》第9条）

5）分期建设、分期投入生产或使用的建设项目，按照《建设项目竣工环境保护验收管理办法》规定的程序分期进行环境保护验收。（《建设项目竣工环境保护验收管理办法》第18条）

2. 建设项目竣工环境保护验收应具备的条件

（1）建设前期环境保护审查、审批手续完备，技术资料与环境保护档案资料齐全；

（2）环境保护设施及其他措施等已按批准的环境影响报告书（表）或环

境影响登记表和设计文件的要求建成或者落实,环境保护设施经负荷试车检测合格,其防治污染能力适应主体工程的需要;

(3) 环境保护设施安装质量符合国家和有关部门颁发的专业工程验收规范、规程和检验评定标准;

(4) 具备环境保护设施正常运转的条件,包括人员、规章制度、原料、动力等;

(5) 污染物排放符合环境影响报告书(表)或环境影响登记表和设计文件中提出的标准及核定的污染物排放总量控制指标的要求;

(6) 各项生态保护措施按环境影响报告书(表)规定的要求落实,建设项目建设过程中受到破坏并可恢复的环境已按规定采取了恢复措施;

(7) 环境监测项目、点位、机构设置及人员配备,符合环境影响报告书(表)和有关规定的要求;

(8) 环境影响报告书(表)提出需对环境保护敏感点进行环境影响验证,对清洁生产进行指标考核,对施工期环境保护措施落实情况进行工程环境监理的,已按规定要求完成;

(9) 环境影响报告书(表)要求建设单位采取措施削减其他设施污染物排放,或要求建设项目所在地方政府或有关部门采取"区域削减"措施满足污染物排放总量控制要求的,其相应措施得到落实。

3. 建设项目竣工环境保护验收的范围

(1) 与建设项目有关的各项环境保护设施,包括为防治污染和保护环境所建成或配备的工程、设备、装置和检测手段,各项生态保护设施;

(2) 环境影响报告书(表)或环境影响登记表和有关项目设计文件规定应采取的其他各项环境保护措施。

4. 建设项目竣工环境保护验收的程序

(1) 建设项目竣工后(需试生产的,试生产3个月内),委托有相应资质的环境监测站进行环境保护验收监测或调查,提交环境保护验收监测报告表(对主要因排放污染物对环境产生污染和危害的建设项目)或环境保护验收调查报告表(对主要对生态环境产生影响的建设项目);

(2) 建设项目竣工后(需试生产的,试生产3个月内)向有审批权的环境保护行政主管部门申请该建设项目竣工环境保护验收,并提交下列材料:

1) 对编制环境影响报告书的建设项目,提交建设项目竣工环境保护验收申请报告,并附环境保护验收监测报告或调查报告;

2) 对编制环境影响报告表的建设项目,提交建设项目竣工环境保护验收申请表,并附环境保护验收监测表或调查表;

3) 对填报环境影响登记表的建设项目,为建设项目竣工环境保护验收登记卡。

(3) 环境保护行政主管部门自收到建设项目竣工环境保护验收申请30d内,完成验收。验收时,建设单位(项目管理单位)、设计单位、施工单位、环境影响报告书(表)编制单位、环境保护验收监测(调查)报告(表)编制单位均应参加。

（4）验收组（由建设项目所在地的环境保护行政主管部门和行业主管部门组成）对环境保护设施及其他环境保护措施进行现场检查和审议，提出验收意见。

5. 建设项目竣工环境保护验收的注意事项

（1）民用建筑的工程项目也存在环境保护验收的问题：建设项目竣工环境保护验收主要针对经审批的环境影响报告书（表）或环境影响登记表所确定的环境保护设施和环境保护措施。生产性的工业建筑项目大多数均要编制环境影响报告书（表），而民用建筑项目也有部分需编制环境影响报告书（表），如餐饮、医院、学校、展馆、博物馆、影剧院等；其他需填报环境影响登记表。凡是环境影响报告书（表）或环境影响登记表中所确定的环境保护设施和措施均是建设项目竣工环境保护验收的内容。项目管理团队应关注每个建设项目环境影响报告书（表）或环境影响登记表中环境保护设施和措施是否落实。

（2）对试生产3个月却不具备环境保护验收条件的建设项目，建设单位应当在试生产的3个月内，申请延期验收，说明延期验收的理由及拟进行验收的时间，但试生产的期限最长不得超过一年。

6. 建设项目竣工环境保护验收的依据性文件

（1）《建设项目环境保护管理条例》；

（2）《建设项目竣工环境保护验收管理办法》（国家环保总局令第13号）；

（3）《建设项目环境保护分类管理名录》（国家环保总局令第14号）。

7.3.3 人防工程的竣工验收备案

1. 人防工程竣工验收备案的程序

（1）人防工程竣工验收前，建设单位应取得区、县人防主管部门出具的人防工程认可文件；

（2）建设单位在人防工程竣工验收前7个工作日内，通知人防工程监督站（市人防办委托人防工程监督站负责人防工程的竣工验收备案工作）；

（3）在人防工程竣工验收5日前，建设单位去人防工程监督站领取《人民防空工程竣工验收备案表》；

（4）建设单位组织人防工程的竣工验收，人防工程监督站监督人防工程的竣工验收工作；

（5）人防工程竣工验收合格后15d内，建设单位去人防工程监督站办理人防工程竣工验收备案；

（6）人防工程监督站收到建设单位报送的人防工程竣工验收备案文件，验证文件齐全后，在《人民防空工程竣工验收备案表》上签署文件收讫，并加盖"北京市人防办人民防空工程备案专用章"，《人民防空工程竣工验收备案表》一式三份，一份由建设单位保存，一份由备案机关存档、一份交当地

区、县人防部门归档;

(7) 建设单位持《人民防空工程竣工验收备案表》,向当地区、县人防办办理人防工程登记、编号、建档手续或使用证。

2. 办理人防工程竣工验收备案应提交的文件

(1) 人防工程竣工验收备案表;

(2) 人防工程竣工验收报告。该报告内容应包括:人防工程报建日期,人防工程施工图设计文件审查意见,勘察、设计、施工、工程监理等单位签署的竣工验收原始文件,有关质量检测和功能性试验资料,以及备案机关认为需要提供的有关资料;

(3) 区、县人防主管部门出具的《北京市人防工程认可文件》;

(4) 施工单位签署的人防工程质量保修书;

(5) 法规、规章规定必须提供的其他文件。

3. 人防工程竣工验收备案的依据性文件

(1)《北京市人民防空工程竣工验收备案管理暂行规定》;

(2)《人民防空工程施工及验收规范》GB 50134—2004。

7.3.4 防雷装置竣工验收

国家规定:建设工程的防雷装置与主体工程必须同时设计、同时施工、同时投入使用。《国务院关于优化建设工程防雷许可的决定》(国发【2016】39号)规定房屋建筑和市政基础设施工程防雷装置的竣工验收许可纳入这些工程项目的竣工验收备案(防雷接地是建筑工程的一个子分部工程)。该决定还规定了一部分建设项目应向当地气象主管部门申请防雷装置的竣工验收。需向气象主管部门申请防雷装置竣工验收的工程项目范围详见《国务院关于优化建设工程防雷许可的决定》,也可详见本书"3.3.3.9 工程项目的防雷审查"。

1. 气象主管部门防雷装置竣工验收的程序

(1) 防雷装置完工后,项目管理团队委托具有防雷装置检测资质的检测机构对防雷装置进行检测,检测合格后取得《防雷装置检测报告》。

(2) 向气象主管部门提出防雷装置竣工验收申请,填写《防雷装置竣工验收申请书》,并提交以下材料:

1)《防雷装置竣工验收申请书》;

2)《防雷装置设计核准意见书》;

3) 施工单位的资质证书和施工人员资格证书的复印件;

4) 具有防雷装置检测资质的单位出具的《防雷装置检测报告》;

5) 防雷装置竣工图纸等技术资料;

6) 防雷产品出厂合格证、安装记录和符合国务院气象主管机构规定使用要求的证明文件。

(3) 气象主管部门在收到全部申请后5个工作日内,作出受理或不予受理的书面决定,符合受理条件的,出具《防雷装置竣工验收受理回执》,对不予受理的，书面说明理由。

（4）气象主管部门在受理之日起 10 个工作日内作出竣工验收结论，验收符合要求的，出具《防雷装置验收意见书》。防雷装置的竣工验收也可在工程项目竣工验收时同时进行，但应通知气象主管部门参加工程项目的竣工验收。

2. 气象主管部门防雷装置竣工验收的内容

（1）申请材料的合法性；

（2）安装的防雷装置是否符合国家有关标准和国务院气象主管部门规定的使用要求；

（3）安装的防雷装置是否按照核准的施工图施工完成。

3. 防雷装置竣工验收依据性文件

（1）《国务院关于优化建设工程防雷许可的决定》（国发【2016】39号）；

（2）《防雷装置设计审核和竣工验收规定》（中国气象局第 21 号令）；

（3）《建筑物防雷工程施工与质量验收规范》GB 50601—2010。

7.3.5 环境卫生设施竣工验收

配套建设的环境卫生设施（如公共厕所、垃圾站、化粪池等）应当与建设项目主体工程同时设计、同时施工、同时验收、同时投入使用。环境卫生设施的建设应严格按照规划批准的内容进行，保证工程质量。新建、改建、扩建的建设工程竣工后，其配套的环境卫生设施应当由市政管理行政部门验收，验收合格后方可投入使用。

1. 环境卫生设施竣工验收需提供的材料

（1）环境卫生设施竣工验收申请表；

（2）申请人的营业执照或法人机构代码证书（留存复印件）；

（3）中标通知或建设合同（留存复印件）；

（4）建设工程规划许可证、建设用地规划许可证、施工许可证和规划平面图（1∶500 蓝图）；

（5）配套环境卫生设施工程质量验收的合格文件（留存复印件）；

（6）配套环境卫生设施的平、立、剖图（1∶100 蓝图）；

（7）配套环境卫生设施的照片：

1）公共厕所：外立面、残疾人厕位、洗手池、大便器、小便器等照片；

2）垃圾站：外立面、收集设备等照片；

3）道路配套环境卫生设施：洒水车的供水器照片等。

2. 环境卫生设施竣工验收的程序

1）向区、县市政市容委领取并填写《建设工程配套环境卫生设施竣工验收申请表》，提交全部申请材料；

2）市政市容委审核建设单位提交的申办材料，申办材料符合标准的，决定受理，自受理之日起 20 个工作日内完成环境卫生设施竣工验收审核，发放行政许可决定书。

3. 环境卫生设施竣工验收主要依据性文件

(1)《北京市市容环境卫生条例》；

(2)《北京市海淀区市政市容委关于办理环境卫生设施竣工验收的指南》。

7.3.6 卫生防疫竣工验收

为了贯彻"安全第一、预防为主"的方针，建设项目中的劳动安全卫生设施必须符合国家规定的标准，必须与主体工程同时设计、同时施工、同时投入生产和使用。

1. 民用建筑工程项目的卫生防疫竣工验收

卫生防疫竣工验收前，应根据卫生防疫部门的有关规定，委托有资质的检测单位对水、室内空气质量等进行检测（具体检测项目应根据项目特点，咨询卫生防疫部门确定，如医院尚需检测放射性等），取得检测报告。

建设项目交付使用前，应向卫生部门申请卫生防疫竣工验收，需提供下列材料：

(1) 卫生防疫竣工验收申请书；

(2) 施工图设计卫生审核决定；

(3) 卫生监测单位的检测报告；

(4) 要求的其他文件。

卫生防疫部门审理完毕后，核发竣工项目卫生防疫审核意见书。

2. 生产性工业建设项目职业安全卫生设施的竣工验收

生产性的工业建设项目投产后，往往会产生尘、毒、噪声、高温和放射性等，危害劳动者的安全和健康，在预防性卫生设计审查中，已确定了同时设计、同时施工、同时投入生产的职业安全卫生设施。在这些项目投产前，需根据项目行业主管部门的规定，对这些职业安全卫生设施进行竣工验收，可参见原劳动部发布的《建设项目（工程）职业安全卫生设施和技术措施验收办法》，不再赘述。

7.3.7 电梯等特种设备的验收与使用许可

为了保障人民群众生命和财产安全，防止和减少事故，国家实施对电梯等特种设备的安全监察管理。国家质量监督检验检疫总局负责全国的特种设备安全监察工作，省、市、区县的质量技术监督局负责本区域的电梯等特种设备的安全监督管理工作。

1. 电梯验收和使用许可的程序

根据《特种设备安全监察条例》、《建筑工程施工质量验收统一标准》等法律法规的规定，电梯的验收和使用许可应执行下列程序。

(1) 请质量技术监督局来现场检查电梯安装情况：质量技术监督局负责电梯安装的安全监督管理，电梯安装前，安装单位向区（县）质量技术监督局书面告知电梯的安装事项，安装完毕自检合格后，应请质量技术监督局来现场检查电梯的安装情况，以便为电梯检验检测和验收创造条件。对现场检查出的问题，项目管理团队应督促安装单位整改。

（2）申请电梯安装的监督检验：未经监督检验合格的电梯，电梯使用单位不得投入使用。电梯安装符合竣工监督检验标准后，项目管理团队应督促电梯安装单位申请电梯安装的监督检验。电梯检验检测机构在接到检验检测申请之日起 5 个工作日内安排检验检测；检测完毕 10 个工作日出具电梯检验检测报告，检验检测合格的，一并发放《安全检验合格》标志。

（3）完善电梯分部工程验收记录：电梯监督检验合格后，项目管理团队总监理工程师可以签认电梯分部工程质量验收记录，并要求安装单位整理电梯分部工程的工程资料。

（4）进行单位工程质量竣工验收和工程项目竣工验收、备案：由于电梯是单位工程中的一个分部工程，故电梯分部工程验收后才应进行单位工程质量竣工验收、工程项目竣工验收和备案，虽然《北京市房屋建筑和市政基础设施工程竣工验收管理办法》未明确规定将电梯等特种设备的竣工验收作为项目竣工验收和备案的前置条件，但项目竣工验收和备案时，工程质量监督站和竣工验收备案部门往往还要求提交电梯安装监督检验合格的证明文件，这是因为：①电梯是单位工程的一个分部工程，电梯分部工程合格才能进行单位工程验收，而单位工程合格才能进行工程项目竣工验收；②工程竣工验收备案时，对大型的人员密集场所和其他特殊建设工程，需提交公安消防部门出具的消防工程验收合格的证明文件，而消防工程验收合格的重要条件之一是消防电梯必须能够使用运行。

（5）办理电梯使用登记手续：电梯投入使用前或者投入使用后 30 日内，电梯使用单位应当向电梯所在地的区、县质量技术监督局办理使用登记，并将登记标志置于电梯轿厢内。

锅炉、压力容器等特种设备的验收和使用许可也应参照上述程序进行。

2. 申请电梯安装监督检验需提交的材料

（1）特种设备监督检验申请表；

（2）出示特种设备安装告知书原件，并提交其复印件；

（3）出示施工合同原件，并提交其复印件；

（4）出示施工计划原件，并提交复印件。

3. 电梯等特种设备验收和使用许可主要依据性文件

（1）《特种设备安全监察条例》（国务院令第 373 号）；

（2）《北京市电梯安全监督管理办法》（北京市人民政府令第 205 号）；

（3）《建筑工程施工质量验收统一标准》GB 50300—2013；

（4）《电梯工程施工质量验收规范》GB 50310—2002。

7.3.8 办理供电配套

受电工程设计文件经供电企业（电力公司，下同）审核同意后，一般委托供电企业完成受电工程的施工，在该受电工程竣工后，应经供电企业检验，检验合格方可投入使用。项目管理团队在工程竣工期间办理供电的事项主要包括受电工程报验，签订供电合同和接电。

1. 申请受电工程竣工检验

受电工程完工并经试验后，应向供电企业提出工程竣工报告，竣工报告应包括下列内容：

（1）工程竣工图及说明；

（2）电气试验及保护整定调试记录；

（3）安全用具的试验报告；

（4）隐蔽工程的施工及试验记录；

（5）运行管理的有关规定和制度；

（6）值班人员名单及资格；

（7）供电企业认为必要的其他资料或记录。

项目管理团队向供电企业提交上述竣工报告和检验申请后，供电企业在5个工作日内组织受电工程的竣工检验。

2. 签订供用电合同

供电企业和用户应在正式供电前，根据用户用电需求和供电企业的供电能力以及办理用电申请时双方已认可或协商一致的下列文件，签订供用电合同。

（1）用户的用电申请报告或用电申请书；

（2）新建项目立项前双方签订的供电意向性协议；

（3）供电企业批复的供电方案；

（4）用户受电装置施工竣工检验报告；

（5）用电计量装置安装完工报告；

（6）供电设施运行维护管理协议；

（7）其他双方事先约定的有关文件。

供用电合同一般采用标准文本，适用于供电方式简单、一般性用电需求的用户；对于供电方式特殊的用户可采用非标准文本。

3. 装表接电

竣工检验合格，供用电双方签订《供用电合同》及相关协议后，供电企业将在5个工作日内派员来现场装表接电。

4. 办理供电的主要依据性文件

（1）《电力供应与使用条例》（国务院令第196号）；

（2）《供电营业规则》（原电力工业部令第8号）；

（3）北京市电力公司《用电业务办理告知书（高压）》。

7.3.9 办理供水配套

工程项目竣工验收期间办理供水的事项主要包括供水设施的竣工验收、节水设施的竣工验收和签订供用水合同。

1. 供水设施的竣工验收

《北京市城市公共供水管理办法》规定："用户供水设施工程未经验收或验收不合格的,供水企业不予供水。"由于在供水工程施工前,已向自来水公司办理了供水工程的施工图审核和接水申请,并提交了相关图纸和资料,故供水工程竣工后,主要是请自来水公司来现场进行竣工验收。验收合格后,由自来水公司办理用户立户手续,安装计费水表,并经测试水压、水质等合格,方可正式供水。

2. 节水设施的竣工验收

城市供水工作实行开发水源和计划用水、节约用水相结合的原则。《北京市节约用水办法》规定："节水设施竣工后,建设单位应当向节水管理部门(水务局)申报验收。未经验收或者验收不合格的,建设单位不得使用,节水管理部门不予核定用水指标,供水单位不得正式供水。"

节水设施包括用水器具、工艺、设备、计量设施、再生水回用系统和雨水收集利用系统。这些节水设施的设计方案在项目初步设计阶段,已经水务局审核同意,故请水务局节水管理部门来现场进行竣工验收,主要是审查项目节水设施是否按审核同意的设计方案施工及验收是否合格。验收合格后,节水管理部门核定用水指标。

3. 签订供用水合同

供、节水设施竣工验收合格,取得节水管理部门核定的用水指标后,去自来水公司签订《供用水合同》,明确双方的权利、义务以及违约责任。

4. 办理供水的主要依据性文件

(1)《城市供水条例》(国务院令第158号);

(2)《北京市城市公共供水管理办法》(修正);

(3)《北京市节约用水办法》(北京市人民政府令第155号)。

7.3.10 办理排水配套

建设项目的排水与再生水设施应与主体工程同时设计、同时施工、同时验收投入使用。在设计阶段,建设项目的排水与再生水设施的施工图已经排水行政主管部门(水务局)审核,并确定了排水接口的位置与标高。排水与再生水设施工程竣工后,建设单位应按规定组织竣工验收,并去水务局办理城市排水许可证书,然后到公共排水管网运营单位办理接入手续。

1. 办理城市排水许可证书应具备的条件

(1) 污水排放口的设置符合城市排水规划的要求;

(2) 排放的污水符合《污水排入城镇下水道水质标准》CJ 343—2010等有关标准和规定,其中经由城市排水管网及其附属设施后不进入污水处理厂,直接排入水体的污水,还应当符合《污水综合排放标准》GB 8978—1996或者有关行业标准的规定;

(3) 已按规定建设相应的污水处理设施;

(4) 已在排放口设置专用检测井;

（5）排放污水易对城市排水管网及其附属设施正常运行造成危害的重点排污工业企业，已在排放口中安装能够对水量、pH、CODCR（或 TOC）进行检测的在线检测装置；其他重点排污工业企业和重点排水户，具备对水量、pH、CODCR、ss 和氨氮等进行检测的能力和相应的水量、水质检测制度；

（6）对各类施工作业临时排水中有沉淀物，足以造成排水管网及其附属设施堵塞或损坏的，排水户已修建预沉设施，且排放污水符合上述（2）规定的标准。

注：重点排污工业企业和重点排水户，由排水管理部门会同有关部门确定并向社会公布。

2. 办理城市排水许可证书应提交的材料

（1）城市排水许可申请表；

（2）有关专用检测井、污水排放口位置和口径的图纸及说明材料；

（3）按规定建设污水处理设施的有关材料；

（4）排水许可申请受理之日前一个月内由具有计量认证资格的排水监测机构出具的排水水质、水量检测报告；

（5）排放污水易对城市排水管网及其附属设施正常运行造成危害的重点排污工业企业，应当提供已在排放口安装能够对水量、pH、CODCR（或TOC）进行检测的在线检测装置的有关材料；其他重点排污工业企业和重点排水户，应当提供具备检测水量、pH、CODCR、ss 和氨氮能力及检测制度的材料。

3. 办理排水配套的主要依据性文件

（1）《城市排水许可管理办法》（建设部令第 152 号）；

（2）《北京市排水和再生水管理办法》（北京市人民政府令第 215 号）。

7.3.11 办理电信配套

电信配套申请获准后，建设单位与电信部门签订合同，一般由电信部门实施电信配套工程的设计、施工和验收工作。电信配套工程竣工验收合格后，方可接入公用电信网。

1. 通信设施竣工验收备案

有些配套通信设施竣工验收后，电信管理部门要求进行竣工验收备案，如北京市通信管理局就要求新建住宅建筑的光纤到户配套通信设施进行竣工验收备案。

（1）备案流程：建设单位应自通信设施工程竣工验收合格之日起 15d 内，将备案所需材料送至北京市通信管理局，备案管理部门在 5 个工作日内办理通信设施工程竣工验收备案。

（2）备案材料：

1）北京市新建住宅建筑光纤到户配套通信基础设施竣工验收备案表一式三份（一份用于备案机关留存；一份建设单位作为档案留存；一份为建设

项目竣工验收备案的备用文件)。

2) 建设项目的工程规划许可证复印件及施工许可证复印件（加盖建设单位公章）。

3) 通信基础设施工程竣工验收证书原件（管道专业和线路专业）。

4) 施工图审查合格证书。

5) 施工单位签署的工程质量保修书。

2. 办理电信配套的主要依据性文件

(1)《中华人民共和国电信条例》（国务院令第291号）；

(2)《电信建设管理办法》；

(3)《关于落实光纤到户国家标准的工作方案》（京建发〔2013〕433号）；

(4)《关于北京市新建住宅建筑光纤到户配套通信设施竣工验收备案有关问题的通知》（京信发展发〔2013〕539号）。

7.3.12 住宅工程的交接查验和办理交接手续

1. 交接查验的概念

(1)《北京市房屋建筑和市政基础设施工程竣工验收管理办法》规定："对于商品住宅和保障性住房工程，工程交付使用前，建设单位和前期物业管理单位应当按照《新建物业项目交接查验标准》DB11/T 774进行项目交接查验，并办理交接手续；"并规定："建设单位和前期物业管理单位未按照《新建物业项目交接查验标准》DB11/T 774进行交接查验或者未办理交接手续就交付使用的，由市（区）建设主管部门和房屋行政管理部门分别予以责令改正并进行记分处理。"

(2) 交接查验的定义：为了完成物业共用部分的交接，建设单位、业主或受业主委托的物业服务企业以及物业服务评估监理机构，对物业共用部位、共用设备、共用设施的建造质量、管理资料、使用功能等进行的综合性查验。共用部位、共用设备、共用设施的具体内容可查阅《新建物业项目交接查验标准》（下称《查验标准》）中2术语的相关内容。

(3) 交接查验与分户验收的区别和联系：分户验收时，对住宅的共用部位、共用设备的施工质量也需检查，而交接查验是针对共用部位、共用设备和共用设施进行综合性查验，所以分户验收与交接查验既有区别，又有联系。

1) 分户验收与交接查验的区别

① 分户验收是在项目竣工验收前进行，目的是检查施工质量是否符合要求，是项目竣工验收的条件。而交接查验是在项目竣工验收后进行，目的是检查项目能否交付，并为交付后的管理创造条件，是项目交接的条件。

② 分户验收对共用部分的检查验收范围是住宅楼内的共用部位、共用设备。而交接查验的范围除住宅楼内的共用部位、共用设备外，还包括共用设施，如道路、绿化、路灯、污水处理设施等。

③ 分户验收主要是建设单位（含监理单位）与施工单位之间的事务，是建设单位检查施工质量是否符合要求，物业管理单位可不参加（对已经预选物业公司的项目，物业公司应派人参加）。而交接查验主要是建设单位与业主或其委托的物业服务企业之间的事务，物业服务企业必须参加，此时施工单位参加是为了说清情况和了解存在的问题，以便整改。

④ 交接查验尚需查验项目的文件与资料，如建设用地规划许可证、建设工程规划许可证、各种设备的出厂随机资料等今后物业管理所需的文件和资料，而分户验收基本不涉及。

2) 分户验收与交接查验的联系

虽然分户验收与交接查验有上述的区别，但不可否认，对共用部位和共用设备，分户验收与交接查验有不少重复交叉，特别是施工质量是否符合要求的检查内容和方法。可以说分户验收对公共部位的检查验收是竣工验收后交接查验的基础，如在分户验收时，按《查验标准》对共用部位、共用设备进行验收，应该说能满足对公共部位分户验收的要求（分户验收的标准不高于现行规范、标准时），并且《查验标准》更具体、更具有可操作性。所以，如分户验收时已选定物业服务企业，若按《查验标准》对共用部位、共用设备进行验收，并按《查验标准》的要求形成记录，这样可避免分户验收与交接查验重复的工作，提高分户验收与交接查验的工作效率。对于分户验收时不符合《查验标准》存在的质量问题及《查验标准》中未查验的内容，在竣工验收后再进行交接查验。

2. 交接查验应具备的条件

（1）建设工程竣工验收合格，取得规划、消防、环保等主管部门出具的认可或者准许使用的文件，并经建设行政主管部门备案。

（2）供水、排水、供电、供气、供热、通信、公共照明、有线电视等市政公用设施设备按规划设计要求建成，供水、供电、供气、供热已安装独立计量用具。

（3）教育、邮政、医疗卫生、文化体育、环卫、社区服务等公共服务设施已按规划设计要求建成。

（4）道路、绿化和物业服务用房等公共配套设施按规划设计要求建成，并满足使用功能要求。

（5）电梯、二次供水、高压供电、消防设施、压力容器、电子监控系统等共用设施设备取得使用合格证书。

（6）项目范围内的安全警示、引导指示、服务标志等符合国家法律法规及标准的要求。

（7）物业使用、维护和管理的相关技术资料完整齐全。

（8）房屋幢、户编号经有关部门确认。

（9）法律、法规规定的其他条件。

3. 办好交接查验的要点

（1）安排好交接查验的人员：项目管理团队在安排交接查验人员时，应注意两点：①交接查验是技术性较强的工作，应安排各专业技术人员参加，尽量安排在本项目建设过程中（设计和施工）负责该专业的专业技术人员负责本专业的交接查验；②应要求接受方也是相应的专业技术人员参加，并能对交接查验中的结果承担责任。

（2）交接查验人员应熟悉项目的设计要求和交接查验的标准：交接查验中的标准一般应执行《新建物业项目交接查验标准》DB11/T 774 和各专业的施工质量验收标准，当合同约定另有更高标准时，应明确适用的交接查验标准。参加交接查验的人员应熟悉本项目的设计要求，因交接查验的内容和要求是根据设计要求确定的，必要时还要核定施工图设计是否完全符合规划设计要求，应以规划设计要求为准。

（3）编制交接查验计划：计划中应包含下列内容：

1）交接查验的项目：应根据项目特点列明交接查验的项目，如房屋结构、装饰装修、电气设备、道路、绿化等。

2）交接查验的日程安排：应根据各项交接查验所具备的条件和安排人员的方便等因素确定。

3）参加的人员。

4）交接查验应完成的准备工作及其分工：准备工作包含检查各项交接查验是否具备了规定的条件（含现场和资料），交接查验所需的仪器仪表、交接查验的记录表式等。

5）交接查验标准和方法：除执行《查验标准》中的标准和方法外，如有更严的标准和方法应明确。

（4）制定各项交接查验的记录表式：记录表式中应包含：交接查验的项目、时间、参加人员、交接查验的内容、是否符合要求和存在的问题，交付方和接受方负责人的签字等。

（5）注重样板引路的方法：在交接查验过程中，也可采用样板引路的方法，特别对住宅项目的群体工程，可先将一个单位工程的共用部位、共用设备作为交接查验的试点，明确交接查验的方法和标准，取得共识后再进行推广，并对试点中发现的问题举一反三，完善交接查验应具备的条件，这样可提高交接查验的效率。

（6）抓整改落实：在交接查验过程中肯定会发现存在的一些问题，应根据交接查验的记录，逐项明确整改的责任人和完成时间，整改完毕后复查消项，为建设项目的顺利交接和日后管理创造条件。

4. 交接查验的主要依据性文件

《新建物业项目交接查验标准》DB11/T 774—2010。

7.3.13　办好交付使用前专项验收和各项配套的措施

交付使用是工程项目建设的目的，也是项目管理必须履行的最后一个职责。能否顺利交付使用是对工程项目管理成果的检验，也影响建设项目总目标的实现，要使工程项目顺利交付，除了在建设过程中加强各方面管理外，还应采取如下措施：

（1）充分掌握办理专项验收和各项配套的法律法规要求：笔者在编写本节专项验收和各项配套的过程中，查阅大量文件和资料，力求获得全面而最新的文件规定，而有些专项验收和配套所获得的文件却不尽人意，如燃气、道路交通等配套的规定就未查阅到有价值的文件。项目管理人员在办理专项验收和各项配套前应去相关部门或企业的营业大厅咨询，了解办事的程序和应提交的材料。这样做还有下面原因，当前对工程项目的交付使用，也是条条分割、层层把关，要经过众多主管部门和单位的验收和许可，现在政府也在精简审批事项，如北京市就将规划和国土部门合并，并成立城市管理委员会，预计今后审批、验收、许可的职能、程序会有变化，所以从这一角度考虑，在办理各项专项验收和配套前应去相关部门和单位咨询，充分掌握相关的法律法规要求。

（2）编制交付使用前办理各项专项验收和配套的计划：为了使建设项目如期交付使用，应编制交付使用前各项专项验收和配套的总体计划，该计划应包括专项验收或配套的名称、时间、责任人、参加单位等；再由责任人编制该项验收或配套的实施细则，该实施细则应包括办理验收（或配套）应具备的条件、办理的程序、应提交的材料等。为了使建设项目如期交付，在编制总体计划时，应将程序较复杂、工作量大、耗时长的验收（或配套）项目放在前面，尽早安排。

（3）强化责任制，加强组织协调：在项目管理团队内部，项目经理应强化责任制，明确各项验收和配套的责任人，规定各项验收（或配套）完成应具备的条件和提交材料的时间、责任人和协同人员，并督促检查完成情况。有些专项验收或配套需要施工总承包单位、专业分包单位、设计等单位配合的，应加强组织协调，解决办理中和办理前需解决的问题。

（4）加强与承办部门（或单位）的沟通：除了在办理专项验收（或配套）前，去承办部门（或单位）咨询外，在完成验收（或配套）条件和提交材料过程中，遇到问题应及时与承办部门（或单位）沟通，请示汇报，商讨解决问题的办法，不要"老死不相往来，临死抱佛脚"。

7.4 竣工结算的审查

工程项目的竣工结算是承包人按照合同约定的内容完成全部工作，经发包人和有关机构验收合格后，发承包双方依据约定的合同价款的确定和调整以及索赔等事项，最终计算和确定竣工项目工程价款的文件。经发承包双方确认的竣工结算文件是发包方最终支付工程款的依据，也是核定新增固定资产和工程项目办理交付使用验收的依据；竣工结算还是发包人竣工验收报告和竣工决算的重要组成部分，是发包人向主管部门汇报建设项目竣工文件的内容之一。竣工结算审查是项目管理团队在施工阶段投资控制中严守的最后一关，一经审定，即是本项目工程竣工结算款支付的依据，故项目管理团队应严谨地组织和实施好竣工结算的审查。竣工结算一般由承包人或其委托的工程造价咨询企业编制,由发包人委托的工程造价咨询企业审查,项目管理单位审核,竣工结算审定结果文件应由结算编制人(承包人)、结算审查委托人(发包人)、结算审查受托人共同签署。政府投资的项目需经审计机关进行结算审计,经最终审计的竣工结算书才能作为正式结算文件,成为建设单位付款的依据。

7.4.1 竣工结算审查的依据

工程造价咨询机构审查竣工结算和项目管理单位审核经造价咨询机构审查的竣工结算,其依据如下:

(1) 施工合同、专业分包合同及补充合同,有关材料、设备采购合同:必须遵照施工承包合同要求完成全部工程,并验收合格后才能列入竣工结算。应特别关注承包合同中的合同价及其应承担的风险,合同价调整的范围和方法等约定。若发现结算方法等与合同条款有不一致之处,或有漏洞,应予指出并更正,若涉及面较大、差错较多,则应请施工单位重新更正后再提交;如造价咨询机构审查结果有类似问题,应请造价咨询机构重新审查。

(2) 工程造价咨询合同:项目管理单位在审核经造价咨询机构审查的竣工结算时,应审核造价咨询机构是否按照造价咨询合同的要求审查施工单位编制的竣工结算,其审查的范围、方法、精度等是否符合造价咨询合同的约定。

(3)《建设工程工程量清单计价规范》GB 50500—2013:当前大部分工程均采用工程量清单方式计价,工程竣工结算也按《建设工程工程量清单计价规范》的要求编制和审核,该规范对工程计量、合同价款调整、竣工结算等都有明确规定。造价咨询机构对竣工结算的审查及项目管理单位对其审查成果的审核均应符合该规范的规定。本书在"6.2.3 施工阶段投资控制的任务"中已有部分阐述。

(4) 投标文件:投标文件已包含承包方对各类价格的承诺,特别是已标价的工程量清单对招标工程量清单中的各项目已标明了价格,竣工结算的价款应依据该价格或在该价格的基础上根据规定和约定调整。

(5) 建设期内影响合同价款的法律法规和规范性文件,与工程结算编制相关的建设行政主管部门或工程造价管理机构发布的计价定额、造价信息和相关规定等。

(6) 工程竣工图、设计变更、工程洽商、经批准的施工组织设计和施工方案、相关会议纪要:当竣工结算中出现分部分项工程和措施项目及其工程量、价款调整时,应依据这些文件和资料进行审查。

(7) 发承包双方实施过程中已确认的工程量及其结算的合同价款:在期中结算(含进度款、跨年度工程的年度结算)和专业分包结算中,对部分工程已进行了计量、计价,在竣工结算审查时,应审查竣工结算与这些已双方确认的工程量及其结算的合同价款是否相符。如发现以前的计量、计价有误,可在竣工结算时予以协商纠正。

(8) 发承包双方实施过程中已确认调整后追加(减)的合同价款:如因设计变更、工程洽商引起清单项目和工程量调整,双方确认的工程变更;工程材料、设备数量和单价的认可单;换算或新增综合单价审批表等,在竣工结算审查时,应审查竣工结算与这些双方已确认调整后追加(减)的合同价款是否相符。按发承包双方合同的约定,对需进一步调整的,进行完整、准确地调整。

(9) 索赔与现场签证以及相关会议纪要:在审查竣工结算中索赔与现场签证费用时,应依据施工合同中关于索赔与现场签证的约定办理。

7.4.2 造价咨询机构审查竣工结算的程序和内容

审查竣工结算的具体工作应由受托的造价咨询机构完成,并对其审查结果负责。项目管理团队为了把控竣工结算的审查,也应了解造价咨询机构审查竣工结算的程序和方法,并且在审核其审查结果时,也应参照其审查的程序和内容。造价咨询机构审查竣工结算的程序和内容如下:

(1) 审查准备阶段的主要工作内容

受托的造价咨询机构承担了项目设计阶段和施工阶段全过程造价咨询的业务,起码承担了施工阶段全过程的造价咨询业务,对项目施工阶段造价管理过程比较了解,这对竣工结算的审查很有利。为了主动、全面审查竣工结算,审查准备阶段应做好如下工作。

1) 进一步熟悉施工合同、招标投标文件、主要设备采购合同及相关文件。

2) 进一步熟悉竣工图纸、施工组织设计、施工方案、设计变更和工程洽商、工程索赔等文件和资料。

3) 审查竣工结算资料的合规性和有效性:办理竣工结算的条件之一是竣工结算资料必须满足合同约定和有关文件的要求,确保竣工结算资料完整、合规、真实有效。竣工结算资料是竣工结算的依据,所以审查竣工结算前必须审查竣工结算资料的合规性和有效性。如:结算资料原则上应为原件,如为复印件应加盖施工单位、监理单位及发包人合法公章;涉及工程实体变化的图纸会审纪录须转化成设计变更后才能作为竣工结算的依据;凡合同中未明确单价的主要材料、设备,列入竣工结算应有材料设备单价审批表,并附使用该材料设备的专题会议纪要、购买合同、发票等有效凭证;换算或新增的综合单价审批表手续必须完备,要有项目管理人员和发包人相关人员签字和单位盖章确认,并有上述单位的造价工程师对综合单价进行审核的签字和盖章;合同及预算外的工程,施工前必须由项目管理师、业主审批签证,并应有工程数量的计算过程和施工简图;用软件抽料的钢筋用量表应提供相应的拷贝磁盘等。

4) 审查竣工结算资料的完整性:往往竣工结算时,涉及调增合同价款的竣工结算资料,施工单位均会列入,应防止将调减合同价款的资料未列入,造价咨询机构和项目管理人员应仔细回顾施工过程,对照日常各项记录,防止这类情况发生,该增的增,更应关注该减的要减。

5) 审查竣工结算手续的完备性:竣工结算的编制必须实行编制人、审核人和审定人分别签字并加盖执业或从业印章,竣工结算封面必须由编制单位盖合法公章。

(2) 审查阶段的主要工作内容

1) 审查工程竣工结算的项目范围、内容与合同约定的项目范围、内容的一致性:这项审查包含两方面内容:①竣工结算中所列的项目应是合同约定(含施工过程中的补充协议、工程变更等)应予计量、计价的项目及其所包含的工作内容,双方约定不予计量、计价的项目及其所含的工作内容在竣工结算审查过程中应予以扣除;②竣工结算所列的项目及其工作内容应完成,并经验收合格后才可列入结算,竣工结算审查时,应审查所列项目及其工作内容是否完成,并应有验收记录。

2) 审查分部分项工程项目、措施项目或其他项目工程量计算的准确性,工程量计算规则与计价规范是否一致:竣工结算所列的工程量应为发承包双方确认的工程量,应依据竣工图、设计变更和现场签证等逐项进行核查,并按国家统一规定的工程量计算规则计算,不得遗漏。对于隐蔽工程应验证是否有经项目管理师(监理工程师)签认的隐蔽工程验收记录,如钢筋安装的隐蔽工程验收记录涉及钢筋含量;防水工程隐蔽工程验收记录涉及防水工程的材料和做法;地基处理记录涉及地基处理的做法和工程量等。

3) 审查分部分项工程项目综合单价:应严格执行合同约定或现行的计价原则、方法,竣工结算中综合单价应与发承包双方确认的已标价工程量清单中的综合单价一致,发生调整的,应以发承包双方确认调整的综合单价计算。对不一致或发生换算或新增综合单价,应审查其变化原因是否在承包方应承担的风险范围内,是否允许调整,调整的方法是否符合合同约定和计价规范关于合同价款调整的规定,并根据施工过程中的合理消耗和市场价格,审查承包人编制的综合单价分析表。还应审查发生变化项目的审批表,且每份审批表应有项目管理团队和发包人相关人员的签字和单位盖章确认,并且有上述单位的造价工程师对综合单价进行审核的签字和盖章。当综合单价的调整是由于物价变化引起的,应审查承包人采购的材料和工程设备价格变化的幅度和范围,是否超过合同约定承包人应承担的风险范围和幅度,如超过该范围和幅度,应按合同约定或计价规范规定的调整方法进行调整,并应审查这类调整的材料、设备认价单,只有承包人在采购这类材料、设备前将采购的数量和新的单价报送发包人核对,发包人确认用于本合同工程,并确认其数量和单价,才可在结算时允许调整。如承包人未报经发包人核对、确认即自行采购,发包人不同意调整合同价款,则不作调整。

4) 审查措施项目费:应严格执行合同约定或现行的计价原则、方法,如竣工结算中的措施项目费与已报价工程量清单不一致,首先应审查合同约定是否允许调整;第二,如允许调整还应审查措施项目费调增的原因,如不是因工程变更或现场客观条件造成施工方案必须变更，则措施项目费不应调整；第三，如是非承包方原因造成施工方案变更而增加措施项目费，还应审查施工方案改变引起措施项目费发生变化时，承包人是否事先提出调整措施项目费的申请，并将拟实施的施工方案提交发包人确认。如承包人未事先将拟实施方案提交给发包人确认，则应视为施工方案的变更不引起措施项目费的调整或承包人放弃调整措施项目费的权利。措施费用调整的方法应符合合同约定或下列现行规范的规定。

① 与分部分项工程实体消耗相关的措施项目，应随该分部分项工程的实体工程量变化，依据双方确定的工程量、合同约定的综合单价进行结算；

② 独立性的措施项目应按合同价中相应的措施项目费进行结算；

③ 与整个建设项目相关的综合取定的措施项目费应参照投标报价的取费基数及费率进行结算。

5) 审查其他项目费：其他项目费的调整也应严格执行合同约定或现行计价原则、方法。

① 暂估价：在招标工程量清单中给定暂估价的材料、工程设备、专业工程，属于依法招标的，应以招标方式选择供应商或专业分包人，确定价格，并以此取代暂估价，调整合同价款；不属于依法招标的，应由承包人按照合同约定采购材料和设备，或取得有合法依据的市场价格提出专业工程价款，但均需事先获得发包人的确认，将确认的单价或价款取代暂估价，调整合同价款。

② 计日工：计日工的金额往往在中间结算时已予以确认，审查竣工结算时，应复核每项计日工经发包人签认现场签认的数量和单价，签认手续及相关报表、凭证是否齐全。

③ 暂列金额：应按合同约定计算实际发生的费用，并分别列入相应的分部分项工程费、措施费中，合同价款调整、支付后的暂列金额余额归发包人所有。

④ 总承包服务费：应依据已标价工程量清单计算；发生调整的，应以发承包双方确认调整的金额计算。以总价形式固定的总承包服务费不予调整；以费率形式确定的总承包服务费，应按专业分包中标价或发包人、承包人与分包人最终确认的分包工程价为基数和总承包的投标费率计算总承包服务费。

6) 审查工程变更的真实性、有效性，核准变更工程费用：

① 审查工程变更的真实性、有效性：工程变更必须有项目管理团队和业主方相关人员的签字和单位盖章，设计变更还必须有原设计单位出具的设计变更通知单和修改的图纸，并有设计人员签字并加盖公章。工程变更（含设计变更）是否实施应有项目管理人员（监理工程师）的验证资料，如隐蔽工程验收记录、质量验收记录、工程量报审表、经项目管理团队（监理人员）和业主盖章确认的竣工图等。

② 核准变更工程费用：应严格执行合同约定或现行计价原则、方法，

应执行《建设工程工程量清单计价规范》的下列规定：

a. 已标价工程量清单中有适用变更工程项目的，应采用该项目单价；当工程变更导致该清单项目工程量增加 15% 以上时，增加部分的工程量的综合单价应予以调低；当工程量减少 15% 以上时，减少后剩余部分的工程量的综合单价应予调高。

b. 已标价工程量清单中没有适用但有类似于变更项目的，可在合理范围内参照类似项目的单价。

c. 已标价工程清单中没有适用也没有类似于变更工程项目的，应由承包人根据变更工程资料、计量规则和计价方法、工程造价管理机构发布的价格信息和承包人报价浮动率提出变更工程项目的单价，并报发包人确认后调整。

d. 已标价工程量清单中没有适用也没有类似于变更工程项目的，且工程造价管理机构发布的信息价格缺项的，应由承包人根据变更工程资料、计量规则、计价办法和通过市场调查等取得合法依据的市场价格提出变更工程项目的单价，并报发包人确认后调整。

e. 当工程量变化超过 15%，且该变化引起相关措施项目发生变化时，按系数或单一总价方式计价的，工程量增加的措施项目费调增，工程量减少的措施项目费调减。

f. 工程变更引起施工方案改变并使措施项目发生变化时，承包人提出调整措施项目费的，采用单价计算的措施项目费，其单价可参照上述 a～d 确定；按总价（或系数）计算的措施费用，按实际发生变化的措施项目调整，但应考虑承包人报价的浮动因素。

7) 审查现场签证的真实性、有效性，核准现场签证费用：在施工过程不可避免地会发生一些合同外的零星工程、非承包人责任事件等工作，当竣工结算列入这部分费用时应审查下列内容：承包人在收到指令后，应及时向发包人提出现场签证报告，报告中应列明完成该类项目所需的人工、材料、工程设备和施工机械的数量及单价，并得到发包人的确认。现场签证工作完成后的 7d 内，承包人应按照现场签证内容计算价款，报送发包人确认后，才可作为增加合同价款，列入结算。如果未经发包人签证确认，承包人擅自施工，除非得到发包人书面同意，否则发生的费用由承包人承担。

8) 审查索赔是否依据合同约定的索赔处理原则、程序和计算方法，审查索赔的真实性、合法性、准确性：处理索赔费用有两种方式：①单项索赔，即干扰事件发生时或发生后，针对此事件提出索赔要求，计算索赔费用。这类索赔已在施工过程中处理，审查竣工结算时，应审核列入竣工结算的各项索赔费用与发包人确认的结果是否一致。单项索赔费用审查的内容在本书"6.2.3 中 8 条预测和防止可能发生的索赔，审批、处理施工费用索赔事宜"中阐述。②综合索赔，又称一揽子索赔，即施工单位在工程竣工之前或工程移交前，将施工中未能及时解决的单项索赔集中起来，提出一份综合索赔报告要求一揽子解决，在竣工结算过程中往往会遇到这种处理方式的索赔。处理这类索赔时应注意以下几点：

① 防止重复计算：凡是在项目实施过程中已处理过的单项索赔不应再纳入一揽子索赔的处理范围，故在审查一揽子索赔报告时，应仔细审查，防止重复计算。

② 严格按合同约定的索赔处理原则、程序和计算方法：特别关注应扣除索赔费用中由于合同约定承包方应承担的风险及其工程管理中的失误造成的损失，另外索赔值的计算基础是合同价，而不是承包方实际的工程量、生产效率、工资水平、价格水平。

③ 寻找抵消索赔费用的因素：在处理一揽子索赔时，承包方综合了非自身原因造成的损失，通常在项目实施过程中也会不可避免地因承包人的原因造成发包人的损失，如工期延误、质量缺陷、工作不能满足要求等，项目管理团队可综合这类因素提出向承包方的索赔，以抵消或部分抵消承包方提出的索赔费用，这就需要项目管理团队在日常工作中注意收集这些资料和依据。

9) 核实全部计算过程，防止计算错误造成多算和少算：工程竣工结算的子目多，篇幅大，时间间隔长，往往会有在运算过程中产生的计算错误，故审查人员应认真核算，纠正其中的错误。

10) 提交工程竣工结算审查初步成果文件，包括编制与工程竣工结算相对应的竣工结算审查对比表，待核对、复核和审定。

(3) 审定阶段的主要工作

1) 竣工结算审查初稿编制完成后，造价咨询机构应召开由工程竣工结算编制人、竣工结算审查委托人、竣工结算审查人及项目管理人员共同参加的会议，听取竣工结算审查汇报，听取意见并进行合理的调整。

2) 工程结算审查人的部门负责人（项目造价咨询机构负责人）对竣工结算审查的初步成果文件进行检查校对。

3) 项目管理团队造价管理组对竣工结算审查的初步成果文件进行复核，如有不同意见，应再次召集竣工结算编制人、竣工结算审查委托人及竣工结算审查人研究处理意见并作合理调整。

4) 由工程竣工结算审查人的审定人审核批准。

5) 发承包双方代表人或其授权委托人和工程竣工结算审查单位（造价咨询单位）的法定代表人或其授权委托人分别在"工程竣工结算审定签署表"上签认并加盖公章。

6) 对竣工结算审查结论有分歧意见的，项目管理团队应在出具工程竣工结算审查报告前至少组织两协调会；凡不能共同签认的，竣工结算审查人可适时结束审查工作，并作出必要说明。

7) 在造价咨询委托合同约定的期限内，造价咨询机构（竣工结算审查人）向委托人提交正式竣工结算审查报告，审查报告应含概述、审查范围、审查原则、审查依据、审查方法、审查程序、审查结果、主要问题、有关建议等内容。审查报告和最终确定的建设工程造价，一要符合工程造价咨询合同的要求；二要依据国家有关法律、法规和标准的规定；三要依据发承包双方合同的有关约定。该报告应经竣工结算审查编制人、审核人、审定人签署并加盖执业或从业印章，并由竣工结算审查单位（造价咨询单位）盖公章确认。

7.4.3 竣工结算审查的方法

（1）造价咨询机构审查的方法：造价咨询机构审查竣工结算应采用全面审查法，即按照清单编制顺序或施工先后顺序，逐一的全部进行审查。造价管理协会发布的行业标准《建设项目全过程造价咨询规程》CECA/GC4—2009 也规定："工程竣工结算的审查应采用全面审查法，严禁采用重点审查法、抽样审查法或类比审查法等其他方法。"此方法的优点是全面、细致，能全面、准确地反映建设项目的最终工程造价，避免发生法律纠纷。

（2）项目管理团队审核竣工结算的方法：竣工结算的审查由受托的造价咨询机构实施，造价咨询机构对审查成果的质量和出具的报告承担相应的法律责任。项目管理单位受业主委托，承担建设项目实施阶段全方位、全过程的管理，竣工结算的审查是施工阶段造价控制中应严守的最后一关，审查结果的合理性、准确性直接涉及业主方的利益和项目总目标的实现。项目管理单位对竣工结算的审查不能失控，应承担竣工结算审查的监控责任，具体体现在过程控制和对审查成果的审核两方面。

1）过程控制

① 审查人员配备的控制：审查人员的资历、敬业精神和业务水平直接关系到竣工结算审查的质量，所以控制审查人员的配备是过程控制的首要任务。应要求造价咨询单位按合同约定配备与工程项目复杂程度及竣工结算审查的难易程度相适应的具体审查人、审核人和审定人，审查人员的技术职称与执业资格应符合合同要求。在竣工结算审查过程中，若发现人员数量、业务水平等不能满足实际工作需要时，应与造价咨询单位协调解决。

② 审查程序的控制：《建设项目工程结算编审规程》CECA/GC3—2010 中规定了结算审查的程序，本书也阐述了竣工结算审查的程序，按规定和约定的程序审查竣工结算是保证审查质量的重要措施。应要求造价咨询单位严格按程序审查，项目管理人员也应检查结算审查人员是否严格执行审查程序，如抽查下列程序的执行情况。

a. 抽查被竣工结算审查人员认可的竣工结算资料：由于竣工结算资料是竣工结算审查的依据，所以应检查竣工结算资料是否完整、合规、真实有效，特别是合同价款应调减的项目，有没有相应的竣工结算资料。

b. 对竣工结算审查结论有分歧的，项目管理相关人员应参加审查人员组织召开的协调会，这样做不仅仅是有利于争议问题的解决，还可考察审查人员协调解决问题的能力和审查结果的合理性。

c. 竣工结算审查成果文件是否认真履行了编制、审核、审定程序；编制人、审核人、审定人的职务和执业资格是否符合规定，是否履行了各自的职责。

③ 沟通、协调：竣工结算审查过程中遇到问题，需要项目管理团队协调的，应积极与发包人、承包人等进行协调，并主动与审查人员沟通，了解审查工件的进展和面临的困难，必要时应与造价咨询单位上层领导协调，促使竣工结算审查工作顺利进行并符合要求。

④ 制定奖惩办法，充分调动审查人员的积极性：由于本文所指的造价咨询是造价咨询单位接受了项目实施阶段全过程（起码是施工阶段）的造价咨询业务，所以不便就竣工结算审查双方单项约定酬金的方式。可采取下列奖惩办法，调动审查人员的积极性：可双方约定若业主或项目管理团队发现并经双方确认竣工结算审查成果有错误，则从造价咨询酬金中扣除一定额度的罚金（或扣除错项金额某一比例的罚金）；如双方约定竣工结算审查后，还需经过审计，还可约定如审计结果超出造价咨询合同约定的审查误差范围，或发现审查成果有错误，对造价咨询单位也处以罚金。当然，在造价咨询合同中约定罚则时，也应有奖励条款，如造价咨询单位提出降低工程造价的建议，且被业主方采纳时，应予以奖励。

2）审核竣工结算审查的成果

项目管理单位对竣工结算审查成果的审核宜采用重点审核的方法，即对造价咨询单位的审查成果进行抽查，抽查的重点可有下列几个方面。

① 合同价款有较大调整的项目：应查清调整的因素，并审核调整的因素及计算方法是否符合合同约定或相关规定，审核相关的竣工结算资料是否真实、合规。

② 预计可能会发生差错的项目：项目管理人员根据工程变更、施工情况，结合自己的经验，对预计易发生差错的项目进行抽查，特别是应核减的项目，审核是否按合同约定和相关规定予以核减。这不仅能纠正差错，还从中可判断竣工结算审查的质量。

③ 与设计概算相比，变化较大的项目：按规定竣工结算不应超出经批准的设计概算，若超出设计概算还需经原审批部门批准。所以对超出设计概算的项目，应查明原因，并审核调整结果是否准确、合规，这不仅是为了确保竣工结算的准确性，还为审核竣工结算审查报告和编制竣工决算作准备，因为竣工结算与设计概算的比较是竣工结算审查报告和竣工决算不可缺少的内容。

④ 对工程量清单中有疑义的项目：竣工结算的编制往往是以已标价的工程量清单为基础，对施工中没有变化的项目，则投标时发承包双方确认的已标价工程量清单中该项目的价款就是结算价。对于已标价工程量清单中有疑义的项目，特别是价高量大对工程造价起举足轻重作用的项目，可再次审核，以确保这类项目价款准确。

7.4.4 建设项目的审计

(1) 审计的概念与程序

1) 审计的概念：我国实行审计监督制度，国务院和县级以上地方人民政府设立审计机关。审计机关对国务院各部门和地方各级人民政府及其各部门的财政收支、国有的金融机构和企业事业组织的财务收支，依照《中华人民共和国审计法》进行审计监督。

2) 审计依据图 7-2 所示程序进行。

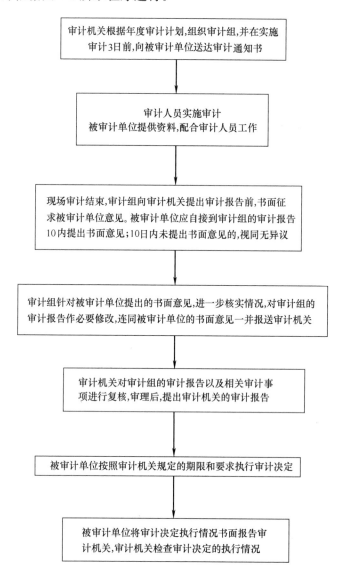

图 7-2 审计程序

(2) 接受审计的建设项目范围

审计法规定审计机关对政府投资和以政府投资为主的建设项目，进行审计监督。包括：

1) 全部使用财政预算内投资资金、专项建设资金、政府举借债务筹措的资金等财政资金的建设项目；

2) 未全部使用财政资金，财政资金占项目总投资的比例超过50%（含），或者占项目总投资的比例在50%以下（不含），但政府拥有项目建设、运营实际控制权的建设项目；

3) 国际组织和外国政府援助、贷款的建设项目。

以上建设项目是基本建设项目和技术改造项目的总称。

(3) 审计的内容

与上述范围建设项目直接有关的建设、勘察、设计、施工、监理、采购、供货等单位的财务收支，均是接受审计单位审计监督的范围。国家建设项目的建设程序、资金来源、资金管理和使用情况、招标投标和工程承发包、设备和材料的采购、工程结算和决算等均为审计监督的内容，主要是审查这些活动的程序合法性、资金收支的真实性和合法性，资金管理和控制的有效性。

与工程结算相关的审计主要为下列内容：

1) 审计机关对工程结算审计时，检查工程价款结算与实际完成投资的真实性、合法性及工程造价控制的有效性；

2) 检查建设项目勘察、设计、施工、监理、采购、供货等单位与国家建设项目直接有关的收费和其他财务收支事项的真实性和合法性。

(4) 审计的结果

审计结果具有强制性，被审计单位应严格执行审计机关出具的审计报告。如被审计单位对审计机关作出的审计决定不服的，可以依法申请行政复议或提起行政诉讼。

从上述规定出发，应接受审计监督的建设项目，其竣工结算应经过审计机关的审计监督后再结清工程款，在施工承包合同中应约定合同项目需经过审计，工程结算以审计机关同意的为准；其他勘察、设计、监理、采购等合同及价款结清也应作类似约定。为提高工程管理的有效性和及时性，对财政性资金投入较大或者关系国计民生的国家建设项目，可申请审计机关对项目的前期准备、建设实施、竣工投产的全过程实施跟踪审计。

7.4.5 与竣工结算审查相关的其他规定

项目管理团队除了掌握、执行上述有关竣工结算审查的依据、方法、程序等的规定外，还应掌握以下的规定。

(1) 全部使用国有资金投资或以国有资金投资为主的建筑工程（以下简称为国有资金投资的建筑工程）的发包方，应当委托具有相应资质的工程造价咨询企业对竣工结算文件进行审核。（《建筑工程施工发包与承包计价管理办法》住建部令第16号中第18条）

(2) 非国有资金投资的建筑工程发包方对承包方的竣工结算文件有异

议，经协商未能与承包方达成协议的，应委托工程造价咨询企业进行竣工结算审核。(《建筑工程施工发包与承包计价管理办法》住建部令第 16 号中第 18 条)

（3）对发包人或发包人委托的工程造价咨询人指派的专业人员与承包人指派的专业人员经核对后无异议并签署确认的结算文件，除非发承包人能提出具体、详细的不同意见，发承包人都应在竣工结算文件上签名确认，如其中一方拒不签认的，按下列规定办理：

1）若发包人拒不签认的，承包人可不提供竣工验收备案资料，并有权拒绝与发包人或其上级部门委托的工程造价咨询人重新核对竣工结算文件。

2）若承包人拒不签认的，发包人要求办理竣工验收备案的，承包人不得拒绝提供竣工验收资料，否则，由此造成的损失，承包人承担相应责任。(《建设工程工程量清单计价规范》GB 50500—2013 中 11.3.7 条)

（4）合同工程竣工结算核对完成，发承包双方签字确认后，发包人不得要求承包人与另一个或多个工程造价咨询人重复核对竣工结算。(《建设工程工程量清单计价规范》GB 50500—2013 中 11.3.8 条)

（5）发包人对工程质量有异议，拒绝办理竣工结算的，已竣工验收或已竣工未验收但实际投入使用的工程，其质量争议应按该工程保修合同执行，竣工结算应按合同约定办理；已竣工未验收且未实际投入使用的工程以及停工、停建工程的质量争议，双方应就有争议的部分委托有资质的检测鉴定机构进行检测，并应根据检测结果确定解决方案，或按工程质量监督机构的处理决定执行后办理竣工结算，无争议部分的竣工结算按合同约定办理。(《建设工程工程量清单计价规范》GB 50500—2013 中 11.3.9 条)

（6）承包方应当在工程完工后的约定期限内提交竣工结算文件，发包方应在约定的期限内审核完成；若一方有异议，应在约定的期限内提出核实意见。如超出约定的期限，不核对或未提出核对意见的，视为认可对方的意见。如未约定期限，应执行《建设工程工程量清单计价规范》GB 50500—2013 中 11.3 竣工结算中相关规定。

（7）如对竣工结算发生争议，发承包双方可就工程计价依据的争议以书面形式提请工程造价管理机构对争议以书面文件进行解释或认定。发承包双方或一方在收到工程造价管理机构书面解释或认定后仍可按照合同约定的争议解决方式提请仲裁和诉讼。除工程造价管理机构的上级管理部门作出不同的解释或认定，或在仲裁裁决或法院判决中不予采信的外，工程造价管理机构作出的书面解释或认定应为最终结果，并应对发承包双方均有约束力。(《建设工程工程量清单计价规范》GB 50500—2013 中 13.2 节)

（8）竣工结算办理完毕，发包人应将竣工结算文件报送工程所在地或有该工程管辖权的行业管理部门的工程造价管理机构备案，竣工结算文件应作为工程竣工验收备案、交付使用的必备文件。(《建设工程工程量清单计价规范》GB 50500—2013 中 11.1.5 条)

（9）发包人与中标的承包人不按照招标文件和中标承包人的投标文件订

立合同的，或者发包人、中标的承包人背离合同实质性内容另行订立协议，造成工程价款结算纠纷的，另行订立的协议无效。

7.4.6 竣工结算款的支付

(1) 竣工结算款支付的程序（见图7-3）

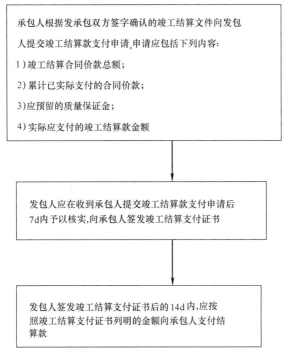

图7-3 竣工结算款支付程序

(2) 竣工结算款支付的相关规定

《建设工程工程量清单计价规范》有下列规定：

1) 发包人在收到承包人提交的竣工结算款支付申请后7d内不予以核实，不向承包人签发竣工结算支付证书的，视为承包人的竣工结算款支付申请已被发包人认可；发包人应在收到承包人提交的竣工结算款支付申请7d后的14d内，按照承包人提交的竣工结算款支付申请列明的金额向承包人支付结算款。

2) 发包人未按照规定支付竣工结算款的，承包人可催告发包人支付，并有权获得延迟支付的利息。发包人在竣工结算支付证书签发后或在收到承包人提交的竣工结算款支付申请7d后的56d内仍未支付的，除法律另有规定外，承包人可与发包人协商将工程折价，也可直接向人民法院申请将该工程依法拍卖，承包人应就该工程折价或拍卖的价款优先受偿。

3) 承包人未按照合同约定履行属于自身责任的工程缺陷修复义务的，发包人有权从质量保证金中扣除用于缺陷修复的各项支出。在合同约定的缺陷责任期终止后，发包人应按规定将剩余的质量保证金返还给承包人。

4）缺陷责任期终止后，承包人应按合同约定向发包人提交最终结清支付申请。发包人应在收到最终结清支付申请后的14d内予以核实，并应向承包人签发最终结清支付证书。发包人应在签发最终结清支付证书后的14d内，按照最终结清支付证书列明的金额向承包人支付最终结清款。

5）最终结清时，承包人被预留的质量保证金不足以抵减发包人工程缺陷修复费用的，承包人应承担不足部分的补偿责任。

7.4.7 竣工结算相关的依据性文件

（1）《建筑工程施工发包与承包计价管理办法》（住建部令第16号）；

（2）《中华人民共和国审计法》（2006年2月28日第十届人大常务会第20次会议修正）；

（3）《中华人民共和国审计法实施条例》（国务院令第571号）；

（4）《审计机关国家建设项目审计准则》（中华人民共和国审计署令第3号）；

（5）《建设项目工程结算编审规程》CECA/GC3—2010；

（6）《建设项目全过程造价咨询规程》CECA/GC4—2009；

（7）《建设工程工程量清单计价规范》GB50500—2013；

（8）《建设工程施工合同（示范文本）》GF-2013—0201。

7.5 竣工移交

工程项目竣工验收合格后，应按合同约定进行竣工移交。对项目管理而言，竣工移交有下列两层含意：一是协助业主方按施工承包合同的约定，组织工程竣工移交；二是将工程档案移交城建档案馆，并按项目管理合同的约定，将应由业主方归档和保存的项目文件和资料移交给业主方。

7.5.1 工程竣工移交

（1）相关规定

工程项目竣工验收、竣工结算、竣工结算款支付、竣工移交的顺序和各自时限应在施工承包合同中约定，若在合同专用条款中未约定，《建设工程施工合同（示范文本）》的通用合同条款中有下列约定。

1）竣工验收合格的，发包人应在验收合格后14d内向承包人签发工程接收证书。发包人无正当理由逾期不颁发工程接收证书的，自验收合格后第15d起视为已颁发工程接收证书。［《建设工程施工合同（示范文本）》（以下简称施工合同示范文本）13.2.2条（3）］

2）工程未经验收或验收不合格，发包人擅自使用的，应在转移占有工程后7d内向承包人颁发工程移交证书；发包人无正当理由逾期不颁发工程接收证书的，自转移占有后第15d起视为已颁发工程接收证书。［施工合同示范文本13.2.2条（5）］

3) 除专用合同条款另有约定外,合同当事人应当在颁发工程接收证书后 7d 内完成工程的移交。发包人无正当理由不接收工程的,发包人自应当接收工程之日起,承担工程照管、成品保护、保管等与工程有关的各项费用,合同当事人可以在专用合同条款中另行约定发包人逾期接收工程的违约责任。承包人无正当理由不移交工程的,承包人应承担工程监管、成品保护、保管等与工程有关的各项费用,合同当事人可在专用合同条款中另行约定承包人无正当理由不移交工程的违约责任。(施工合同示范文本 13.2.5 条)

(2) 工程竣工移交中,项目管理的主要工作内容

工程项目竣工验收合格说明合同工程具备了竣工移交的条件,在移交前和移交过程中,项目管理团队还应做好如下工作。

1) 组织签订工程质量保修书:工程项目竣工验收合格后,项目管理团队应及时组织业主方(或使用单位)与施工单位签订《工程质量保修书》,工程质量保修书应包括保修范围和内容、质量保修期、质量保修责任、保修费等内容。《工程质量保修书》有示范文本,该示范文本是《建设工程施工合同(示范文本)》的附件 3。保修范围、保修期、保修金等应执行《建设工程质量管理条例》(国务院令第 279 号)、《建设工程质量保修金管理暂行办法》(建设部、财政部建质〔2005〕7 号),《房屋建筑工程质量保修办法》(建设部令第 80 号)等文件的规定。

2) 督促施工单位做好场地清理工作:颁发工程接收证书后,承包人应按以下要求对施工现场进行清理:

① 施工现场内残留的垃圾已全部清除出场;

② 临时工程已拆除,场地已进行清理、平整或复原;

③ 按合同约定应搬离的人员、承包人的施工设备和剩余材料(包括废弃的施工设备和材料),已按计划撤离施工现场;

④ 施工现场周边及其附近道路、河道的施工堆积物已全部清理;

⑤ 施工现场其他场地清理工作已全部完成。

上述清理工作的费用由承包人承担。

3) 审核施工单位编写的使用维护手册:在工程移交前,施工单位应编写使用维护手册,其主要内容应包括各系统设备的工作原理、常见问题、保养方法和周期。项目管理团队应组织审核该手册是否与工程实际情况相匹配。

4) 选定物业管理单位,并组织物业单位人员的培训交底:在工程竣工移交前,应通过招标或评议选定物业管理单位,并组织施工单位的质量、技术人员就使用维护手册相关内容向物业管理人员进行培训交底。

5) 组织工程档案资料移交:组织施工单位将工程档案资料向业主方或使用单位移交,移交的范围执行北京市地方标准《建筑工程资料管理规程》、《市政基础设施工程资料管理规程》的规定,凡是规程中规定由建设单位归档保存的资料,均应移交给业主方或使用单位;过程控制资料移交的范围,

可根据需要双方商定。移交完成后相关方应签认移交证书。

6）组织工程实物移交：督促施工单位编制主要设备移交清单，清单中应包括各类设备的设备名称、型号、数量、安装地点、生产厂家及联系人等信息资料。组织施工单位将工程实物向业主方或使用单位进行移交，施工单位、业主方、使用单位、物业管理单位和项目管理单位等相关方签认移交证书，工程正式移交后，督促各参建单位有序地撤离人员和设备。

7）协助业主方到房地产管理部门申请权属调查，办理不动产初始登记，领取不动产产权证书。

7.5.2 向城建档案馆移交工程档案，向建设单位移交项目管理资料

（1）向城建档案馆移交工程档案：项目竣工验收前，项目管理团队已督促、核查各参建单位整理、编制竣工档案，并请城建档案馆预验收归档文件（详见本书 7.1.5 条）。项目竣工验收合格后，项目管理团队应做好下列工作。

1）组织各参建单位按照城建档案馆预验收意见，完善各自的归档文件，直至完全符合城建档案馆的意见。

2）收集各参建单位（含施工总承包、勘察、设计、监理、项目管理团队）向城建档案馆归档的文件、资料（《建筑工程资料管理规程》中 B、C、D 类归档资料），在竣工验收后 6 个月内，将工程档案移交城建档案馆，取得移交证书。

（2）向建设单位移交项目管理资料：项目竣工验收前，项目管理团队已按本书 7.1.5 条的要求整理、编制了向建设单位归档的文件，竣工验收后 3 个月内应将这些文件移交给建设单位，双方签认移交证书。除移交这些归档文件外，还应与业主方商定需移交的项目管理过程中形成的文件、资料，办理移交，并签认移交证书。

商定移交文件、资料范围的原则：项目管理过程中，结论性的文件、资料应移交给建设单位；过程性的文件、资料留存在项目管理单位；建设项目在交付后，使用或维修过程中需要的文件、资料应移交给建设单位或使用单位。

勘察、设计、施工、招标代理、造价咨询等单位除了按《建筑工程资料管理规程》的规定移交归档资料外，对于建设单位和使用单位需要留存的过程性文件、资料，也可参照上述原则商定，办理移交。

7.5.3 有关竣工移交的主要依据性文件

（1）《建设工程施工合同（示范文本）》（GF-2013—0201）；
（2）《建设工程质量管理条例》（国务院令第 279 号）；
（3）《建设工程质量保修金管理暂行办法》（建质[2005]7 号）；
（4）《房屋建筑工程质量保修办法》（建设部令第 80 号）；
（5）《建设工程文件归档规范》GB/T 50328—2014；

(6)《建筑工程资料管理规程》DB11/T 695—2009。

7.6 组织编制竣工决算

工程竣工决算是以实物数量和货币指标为计量单位，综合反映竣工建设项目全部建设费用［包括建筑工程费、安装工程费、设备购置费、待摊投资及其他费用（含建设工程前期费）］、建设成果和财务状况的总结性文件。竣工决算也是考核基本建设项目投资效益，并是建设单位向生产、使用或管理单位移交财产的依据。《基本建设项目竣工决算编制办法》规定：所有新建、改建和扩建项目竣工以后，都应按照该办法编制竣工决算。该办法还规定："在没有编报竣工决算、清理结束以前，机构不得撤销，有关人员不得调离。"所以项目管理单位应按项目管理委托合同约定，在竣工验收后组织编制竣工决算。工程竣工决算一般委托负责提供该项目的造价咨询单位进行编制，其编制的成果文件应得到业主方的认可。项目管理团队应从项目管理工作开始就明确专人负责，做好编制竣工决算有关资料的收集、整理、积累、分析工作，项目竣工时，组织工程技术、计划、财务、投资、统计等有关人员配合造价咨询单位完成工程竣工决算的编制工作。

7.6.1 竣工决算编制的依据

中国建设工程造价管理协会标准《建设项目工程竣工决算编制规程》CECA/GC9—2013规定竣工决算的编制依据如下：

（1）财政部《基本建设财务管理规定》（财建【2002】394号）、《财政部关于解释＜基本建设财务管理规定＞执行中有关问题的通知》（财建【2003】724号）、《财政部关于进一步加强中央基本建设项目竣工财务决算工作的通知》（财办建【2008】91号）等相关法律法规及制度；

（2）经批准的可行性研究报告、初步设计、概算及其调整文件，相关部门的批复文件；

（3）主管部门下达的年度投资计划、各年度基本建设支出预算；

（4）经批复的年度财务决算；

（5）会计核算及财务管理资料；

（6）相关合同（协议）、工程结算等有关资料；

（7）建设单位管理费支出明细表，购置固定资产明细表；

（8）尾工工程方案及工程数量、预留费用、预计完成时间等（附费用清单）；

（9）政府有关土地、青苗补偿及安置补偿标准或文件；

（10）征地批复（国有土地使用证）、建设用地规划许可证、建设工程规划许可证、建筑工程施工许可证、竣工验收单或验收报告、质量鉴定检验等有关文件；

（11）其他有关资料等。

7.6.2 竣工决算文件的组成和内容

工程竣工决算编制成果文件宜根据建设项目的实际情况，以单项工程或建设项目为对象进行编制，竣工决算成果文件组成、内容如下。

(1) 基本建设项目竣工决算报表，内容如下：
1) 封面；
2) 基本建设项目概况表；
3) 基本建设项目竣工财务决算表；
4) 基本建设项目交付使用资产总表；
5) 基本建设项目交付使用资产明细表；
6) 应付款明细表；
7) 基本建设工程决算审核情况汇总表；
8) 待摊投资明细表；
9) 待摊投资分配明细表；
10) 转出投资明细表；
11) 待核销基建支出明细表。

注：上述表式可见《建设项目工程竣工决算编制规程》的附录 A。

(2) 工程竣工财务决算说明书，主要包括以下内容：
1) 基本建设项目概况；
2) 会计账务处理、财产物资清理及债权债务的偿还情况；
3) 基本建设支出预算、投资计划和资金到位情况；
4) 基建结余资金形成及分配情况；
5) 概算、项目预算执行情况及分析；
6) 尾工及预留费用情况；
7) 历次审查、核查、稽查及整改情况；
8) 主要技术经济指标的分析、计算情况；
9) 基本建设项目管理经验、问题和建议，预备费动用情况；
10) 招标投标情况、政府采购情况、合同（协议）履行情况；
11) 征地拆迁补偿情况，移民安置情况；
12) 需说明的其他事项；
13) 编表说明。

(3) 相关附件：
1) 建设项目立项、可行性研究报告及初步设计的批复文件（复印件）；
2) 建设项目历年投资计划及中央财政预算文件（复印件）；
3) 决（结）算审计或审查报告、其他与项目决算相关的资料。

(4) 对有特殊要求的行业，除编制上述报告内容外，还应按照相应行业工程竣工决算报告格式编制工程竣工决算报告。

(5) 受托的造价咨询单位编制工程竣工决算时，应编写竣工决算编制咨询报告，其包括以下主要内容：

1) 报告名称；
2) 引言段；
3) 基本情况；
4) 编制范围；
5) 编制原则及方法；
6) 建设资金情况；
7) 项目投资支出情况；
8) 交付使用资产及结余资金情况；
9) 尾工情况；
10) 存在问题与建议；
11) 重大事项说明；
12) 报告声明；
13) 签署页。

注：上述各项的具体内容可参见《建设项目工程竣工决算编制规程》中4.5.1条。

总说明：工程造价咨询企业代建设单位编制工程竣工决算，不负有会计和审计责任，只负代编责任，故工程造价咨询企业只在咨询报告中签章；上述其他报表均由建设单位签章。

7.6.3 项目管理团队在编制竣工决算过程中的主要工作

（1）协助业主方与工程造价咨询企业签订书面委托合同，如造价咨询委托合同中已包含编制工程竣工决算，则应检查原合同中有关编制工程竣工决算的约定是否完善。竣工决算委托合同宜明确标的、时限、内容、范围、双方权利义务、责任、成果文件表现形式、违约责任、相关费用承担方式等条款要求。

（2）检查并完善编制工程竣工决算应具备的条件。应具备的条件如下：
1) 经批准的初步设计所确定内容已完成；
2) 工程结算已完成；
3) 尾工工程不超过规定的比例（总概算的5%）；
4) 涉及法律诉讼、工程质量、移民安置的事项已处理完毕；
5) 其他影响工程竣工决算编制的重大问题已解决。

（3）协助业主方提供编制工程竣工决算的资料：由于项目管理团队提供了工程项目实施阶段的项目管理服务，故编制工程竣工决算的原始资料大部分将出自项目管理团队，项目管理团队应根据造价咨询机构编制竣工决算的要求，整理相关资料报送业主方，并对其真实性、完整性、合法性负责。并协助业主方整理、完善有关编制工程竣工决算的资料，提供给工程造价咨询机构，业主方对其提供资料的真实性、完整性、合法性负总责。

（4）检查、督促工程造价咨询机构根据建设项目规模、复杂程度及竣工决算编制时间要求，制定具体实施计划，安排具有专业胜任能力的编制人员。

(5) 依据编制工程竣工决算的要求，配合、协助业主方、工程造价咨询机构做好各项财务、物资、财产、债权债务、投资资金到位情况和报废工程的清理工作。

(6) 对编制工程竣工决算过程中发现的问题，配合业主方与工程造价咨询机构充分沟通。

(7) 在工程竣工决算编制完成阶段，参与工程造价咨询机构与业主方对竣工决算所有事项的沟通协调会议。

(8) 检查工程造价咨询机构编制工程竣工决算的程序是够符合规范性文件和《建设项目工程竣工决算编制规程》的要求。

(9) 协助业主方对工程竣工决算成果文件进行审核。

7.6.4 编制工程竣工决算的主要相关文件

(1)《基本建设项目竣工决算编制办法》；

(2)《财政部关于进一步加强中央基本建设项目竣工财务决算工作的通知》（财办建【2008】91号）；

(3) 中国建设工程造价管理协会标准《建设项目工程竣工决算编制规程》CECA/GC9—2013；

(4) 财政部《基本建设财务管理规定》（财建【2002】394号）；

(5)《财政部关于解释＜基本建设财务管理规定＞执行中有关问题的通知》（财建【2003】24号）。

7.7 项目管理工作总结和资料归档

项目管理委托合同约定的项目管理工作完成后，项目管理团队应编制项目管理工作总结。项目管理团队因高度重视这一工作，因其一，项目管理工作结束后，作为受托者应向委托者系统地、完整的报告工作，善始善终，这是受托者的责任，并取得委托者的认可；其二，项目管理工作总结的内容将成为业主方向上级有关部门汇报或项目后评估的部分内容；其三，对项目管理过程中因种种原因未实施或未得到业主方认可的意见而存在的问题，可在该总结中作为建议提出，这是对业主方负责，也有利于项目管理单位防范风险；其四，通过项目管理工作总结，总结经验教训，项目管理团队的素质和业务能力能得到提升，总结的内容对项目管理单位从事其他项目的项目管理具有指导和借鉴作用，是项目管理单位的宝贵财富。

7.7.1 项目管理工作总结的内容

项目管理工作总结应包含下列内容：

(1) 项目的工程概况：如工程项目名称、业主及其他主要参建单位名称、工程规模、工程投资（概算、竣工决算）、开竣工时间、工程地址等。

(2) 项目管理范围：应描述项目管理委托合同（含补充协议）约定的工

程范围和项目管理工作的范围。

（3）项目管理团队组织结构、职责分工与管理程序：在项目管理规划中已策划了组织结构、职责分工与管理程序，在项目实施过程中，根据项目特点与工作需要，会做出调整，应将调整情况在项目管理工作总结中反映，特别是成功的调整和完善。并对今后其他项目管理团队的组织结构、职责分工与管理程序提出建议。

（4）项目管理工程大事记：如写明项目管理委托合同签订日期；取得规划设计条件、建设用地规划许可证、建设工程规划许可证、施工许可证的时间；开工、完成地基基础、主体结构及竣工验收的时间；完成竣工结算、决算及竣工移交的时间等。如发生过事故，应编写事故情况和处理结论。

（5）目标及实现情况，采取的措施及其效果：应围绕质量、进度、投资三大目标及其实现情况，分析计划值与实际完成值的差距及其原因，目标控制过程中采取的措施及其取得的效果、经验、教训和对今后工作的建议等进行总结。这部分内容应作为项目管理工作总结的重点进行编写，只有这样才能显示项目管理工作的成效，并通过总结提升素质与业务能力。编写时应分阶段或针对子目标，可按照下列方式分阶段或针对子目标：

1）质量方面：

① 设计质量：描述方案设计、初步设计、施工图设计及施工阶段的设计管理满足业主需求（特别是功能）的情况，方案设计、初步设计、施工图设计审查与审批情况，施工阶段要求设计单位为满足业主需求，配合施工所作的设计变更及各专业深化设计的情况。

② 施工质量：描述建筑材料、构配件、设备的控制情况，各项功能、质量的检测情况，各项工序、分部分项、竣工验收情况，质量问题与质量事故处理情况。应描述施工质量满足设计要求与施工质量验收规范的情况。

2）进度方面：

① 设计阶段：方案设计、初步设计与施工图设计出图进度情况，方案设计初步设计阶段中规划许可、建设专项审查、项目的配套建设审查的进度情况等。

② 施工阶段：描述地基与基础、主体结构、装修与设备安装各阶段施工进度情况；描述项目管理团队为施工按计划进行所做的施工审批（含政府审批事项和施工方案等审批），确定分包单位和签订发包合同，提供施工图，提供甲供材料与设备等各事项完成情况。

③ 竣工验收阶段：竣工验收、交付计划（含竣工验收前的各项准备工作、竣工验收和竣工验收备案、项目交付使用前的专项验收和各项配套、竣工结算和移交）完成情况。

3）投资方面：

① 初步设计概算与策划阶段投资估算的比较；

② 施工图预算（招标控制价）与设计概算中相应价款的比较；

③ 施工中标价与招标控制价的比较；

④ 竣工结算价与施工合同价的比较；

⑤ 竣工决算价与设计概算的比较；

⑥ 各阶段资金使用计划值与实际发生值的比较。

（6）对项目实施总体组织和合同结构状况的评估分析：在项目管理规划和项目管理过程中，对项目实施总体组织和合同结构均有所策划，在实施过程中会根据需要进行完善与动态调整。应描述发生动态调整的原因，总结成功的经验，分析项目实施总体组织和合同结构中存在的缺陷和产生的原因，对日后其他项目在这方面的建议。

（7）对业主方在今后交付使用或投产后的建议：对项目实施过程中，由于客观条件限制或业主方未能采纳等原因，未能实施的工作在交付使用或投产后会产生风险和隐患的，应在项目管理工作总结中向业主方提出建议。另外，根据项目管理单位的经验，对今后预计可能会发生的问题，也应向业主方提出建议。

（8）本项目采用新材料、新设备、新技术、新工艺的情况：描述采用"四新"的过程、"四新"的特点及产生的效益。

7.7.2 编制好项目管理工作总结的要点

项目管理工作总结对于展示项目管理团队工作的成效，提升项目管理人员素质与业务能力有着重要作用，为了做好项目管理工作总结的编制工作，应掌握如下要点。

（1）项目管理单位重视：项目管理单位提高对项目管理工作总结的认识，做好项目管理工作总结，除了对展示项目管理团队工作成效，提升该项目管理团队素质和业务能力有重要作用外，对项目管理单位整体素质和业务能力的提高，对项目管理单位的标准化建设也有着重要作用（特别在当前项目管理没有规范标准的情况下）。项目管理单位应督促项目管理团队做为项目管理工作总结，将其作为对项目管理团队绩效考核的内容之一。

（2）项目管理团队经理重视：项目经理在项目管理工作开始时，就应指出项目管理工作总结的意义，要求团队各部门有专人负责日后的项目管理工作总结工作，平时应依据项目管理工作总结的内容，有意识地收集、整理项目管理工作总结的素材。

（3）工程项目实施过程中，重视阶段性总结：工程项目实施往往要两、三年或更长的时间，若项目竣工后才开始重视总结，往往会发生疏漏，对过程中的提高也不利。项目经理要重视阶段性总结，可按年度或阶段（如分设计阶段、施工准备阶段、地基、基础与主体结构施工阶段、装修与设备安装阶段、竣工验收阶段等）进行总结，为竣工后的项目管理工作总结打下基础。

（4）项目管理团队领导层亲自挂帅：项目管理工作总结应由项目经理或项目副经理主持编制，主持人除对各部门进行分工、督促检查外，在各部门提供素材或按分工完成各自初稿后进行统一整理、完善，编写项目管理工作总结。总结完成后应召集各部门负责人和相关人员讨论定稿，这不仅能提高编制质量，还能更有效地通过总结提升项目管理人员的水平。

(5) 项目管理单位加强审核、指导：相关管理工作总结完成后，项目管理团队应报送公司审核，公司领导或项目部门对其完整性、真实性和准确性进行审核，审核签认后由项目管理团队报送业主方。公司对该项目管理工作总结中有指导价值的部分内容可要求、指导项目管理团队进行专题总结。

7.7.3 项目管理资料归档

项目管理团队对项目实施过程中形成的项目管理资料，应认真收集、整理和归档，便于该项目相关参建单位查询，供其他项目借鉴，并有利于企业进行的标准化和数据库建设。当前，工程建设咨询企业从事全过程项目管理服务还在起步阶段，项目管理工作尚无标准、规范，项目管理资料归档尤为重要，应引起企业的重视。

可按下列原则，确定项目管理资料归档的范围：

(1) 法律法规与规范、标准要求归档的资料：项目管理单位在合同项目的实施过程中，实际上是行使了建设单位的职能，所以法规、规范、标准要求建设单位和监理单位留存归档的资料，原则上在项目管理单位也应留存归档。如北京市地方标准《建筑工程资料管理规程》中 A 类、B 类、C 8 类、D 类资料，项目管理单位也应留存归档，其他 C 类资料可选择性留存。

(2) 业主方和参建相关方今后可能要查询的资料：除上述按规定需归档的资料外，业主方和相关方今后可能还要查询其他资料，因为上述按规定归档的资料往往都是最终结论性的成果文件，如要查询过程中情况，特别是过程中发生变化的情况，就应将反映过程的重要资料归档。如设计任务书和设计过程中交换设计条件双方来往的文件；审批、报建过程中，与审批部门往来的文件；各项合同；与业主方或参建方召开的例会和专题会会议记录和纪要；在工程结算过程中，与施工单位双方往来的文件；向业主方请示、报告及其回复文件等。

(3) 规避风险类资料：在项目实施过程中，对业主方而言，项目管理单位提供咨询服务，决策权仍在业主方，对于项目管理人员的意见，业主方未必全部采纳；对其他参建单位而言，项目管理人员的意见、指令，他们也未必全部采纳、执行。项目竣工后，对那些因未采纳的意见、未执行的指令而可能存在风险的文件、资料应归档。

(4) 供其他项目借鉴或提升企业业务能力的资料：在项目实施过程中，项目管理团队编制的各项方案、实施细则、计划；对参建方各项方案、计划等的审查意见；投资管理中形成的各阶段计划值与实际完成值，材料、设备、构配件的询价结果与采购价等；新材料、新设备、新工艺、新技术的采用与效果；项目管理工作各阶段总结和专题总结等均可供其他项目借鉴、参考。企业积累这些资料，也有利于企业标准化建设，对这些资料进行总结、提炼，有利于指导其他项目的项目管理工作，提升企业的业务能力，故这类资料应整理归档，特别在企业开展项目管理业务的初期，更应大量收集、整理这类资料归档。对施工及施工监理在质量、安全控制方面的资料可缩小归档范围，因这些资料已很多，且工作已熟悉，又有规范、标准。

7.7.4 资料归档的主要依据性文件

（1）《建筑工程资料管理规程》DB11/T 695；

（2）《建设工程文件归档规范》GB/T 50328—2014。

参 考 文 献

[1] 上海市建设工程咨询行业协会. 建设工程项目管理服务大纲和指南. 2013 年 11 月；

[2] 张毅. 工程项目建设程序. 中国建筑工业出版社. 2014 年 8 月.

[3] 丁士昭. 工程项目管理（第二版）. 中国建筑工业出版社. 2014 年 6 月.

[4] 许元龙、徐帆. 业主委托的工程项目管理. 中国建筑工业出版社. 2005 年 3 月.

[5] 李明安、邓铁军、杨卫东. 工程项目管理理论与实务. 湖南大学出版社. 2012 年 7 月.

[6] 周子炯. 建筑工程项目设计管理手册. 中国建筑工业出版社. 2013 年 1 月.

[7] 肖时辉. 建设项目各阶段造价管理实务与操作. 中国建筑工业出版社. 2011 年 12 月.

[8] 中国建筑业协会工程项目管理委员会. 中国工程项目管理知识体系（第二版）. 中国建筑工业出版社. 2011 年 1 月.

[9] 孙占国、徐帆. 建设工程项目管理. 中国建筑工业出版社. 2007 年 7 月.